新中国
为什么
成　功

张桐策◎主编

人民出版社

策划编辑：刘智宏

责任编辑：苏向平　张　芬

图书在版编目（CIP）数据

新中国为什么成功 / 张桐策主编 . —北京：人民出版社，2019.8

ISBN 978-7-01-020770-4

Ⅰ.①新…　Ⅱ.①张…　Ⅲ.①中国特色社会主义—社会主义建设模式—研究　Ⅳ.① D616

中国版本图书馆 CIP 数据核字（2019）第 082019 号

新中国为什么成功

XINZHONGGUO WEISHENME CHENGGONG

张桐策　主编

人民出版社　出版发行

（100706　北京市东城区隆福寺街 99 号）

三河市龙大印装有限公司印刷　新华书店经销

2019 年 8 月第 1 版　2021 年 3 月北京第 2 次印刷

开本：710 毫米 ×1000 毫米　1/16　印张：19

字数：260 千字

ISBN 978-7-01-020770-4　定价：68.00 元

邮购地址　100706　北京市东城区隆福寺街 99 号

人民东方图书销售中心　电话（010）65250042　65289539

目 录 CONTENTS

第一篇

★ ★ ★ ★ ★ ★ ★ ★ ★ ★

党的领导与中国道路

中国共产党的领导是中国特色社会主义最本质的特征。党从中国实际出发，带领人民成功应对各种严峻考验，成功地走出了一条以农村包围城市的中国特色革命道路，也走出了一条中国特色社会主义建设的新路。中国共产党是一个有理想、有信仰的党，虽然也曾经历信仰危机，但都通过坚持理论创新、坚持发展民生、坚持全面从严治党等成功化解。从建党、管党到治党，党建理论不断演进，"自我革命"不断深入，就是要解决党作为执政党本身的现代化和现代性问题。党的使命与责任，就是要在中国建立起新社会、新国家，从而创造现代化发展的新时代、新历史。这是中国共产党的特殊品质。正是这个品质，决定了党与人民的关系，决定了未来中国的命运。

读懂中国，先要读懂中国共产党

郑必坚 曾任中共中央宣传部常务副部长、中共中央党校常务副校长，"中国和平崛起"的提出者，邓小平 1992 年南方谈话的整理执笔人，参与了 1982 年后历次中央大会文件的起草，是中国特色社会主义理论的主要专家之一。

一

要读懂中国的发展战略，离不开读懂中国共产党。这是因为，中国特色社会主义最本质的特征就是中国共产党的领导。

今天的中国共产党，一个鲜明重大的特点和优点就是同以和平与发展为主题的时代同行，而不是相脱离。邓小平同志有句名言："我们要赶上时代，这是改革要达到的目的。"

二

中国共产党成立于 1921 年，至今已近百年。今天的中国共产党，不仅将在其创党百年即 2021 年之际，在中国全面建成小康社会，而且还矢志到新中国成立百年即到 2049 年，引领中国基本实现现代化。这就是中国人通常所说的"两个一百年"。

围绕"两个一百年"，我们首先来看看 5 项数据。一是中国共产党党员人数，由 1921 年的 50 多名发展到今天的 8700 多万名。二是中国共产党领导中国人民干了 28 年革命（包括 22 年武装斗争），成立了中华人民共和国。三是又经过新中国成立后 66 年尤其是改革开放 30 多年的加快发展，中国经济总量排名世界第二，再有 5 年就将实现包括工业化的"全面建成小康社会"目标。四是无论人均 GDP 水平、科技教育水平、社会治理水平还是生态水平，中国还要再经过 35 年才能达到基本现代化。五是即便到那时，尽管 GDP 总量可能相当于甚至超过美国，但是人均 GDP 只能达到世界中等水平，中国还只能算中等发达国家。

这就叫作"一分为二"——"赶上时代"问题上的"一分为二"。

三

那么，中国共产党这个将近百年的老党是怎样走过来的呢？这要先看百年之内中国共产党所经历的两次根本性考验和两次根本性应对。

近代以来，西方列强（包括日本）一巴掌把封建腐朽的中国打进万丈深渊，中华民族面临生死存亡的严峻考验。从 1840 年鸦片战争，直到 1931 年开始的长达 14 年日本侵占中国大片领土的战争，历经大约百年的战争啊！

严峻考验逼出了中国革命。中国共产党应运而生，领导中国人民以革命战争反抗各种反动势力强加的战争，并最终取得胜利。中国共产党领导的中华人民共和国的成立，为中国社会主义基本制度的建立，为中国社会的改造和生产力的发展打开了大门。这就叫作考验转化为机遇——以"战争和革命"为主题的时代大考验，转化为中国人站起来的大机遇。这是第一次根本性考验和第一次根本性应对。

到了 20 世纪 70 年代后期，世界范围的新科技革命和新一轮经济全球化浪潮兴起，加上越南战争和阿富汗战争以后的国际变局，对中国来说，这又构成和平条件下另一种形态的严峻考验。

新形态考验又逼出了中国的改革开放。从 1978 年开始的改革开放，在中国被称为"第二次革命"。由此启动了直到今天且将继续推进的、以中国特色社会主义为旗帜的全面改革和社会生产力前所未有的巨大发展。这就叫作新考验转化为新机遇——以"和平与发展"为主题的时代大考验，转化为中国大发展的大机遇。这是第二次根本性考验和第二次根本性应对。

第一次根本性应对，中国走出了一条不同于俄国十月革命道路、以农村包围城市的中国特色革命道路。第二次根本性应对，中国走出了一条不同于计划经济和"以阶级斗争为纲"模式的、中国特色社会主义的全新战略道路。

四

再展开一点，看一看中国共产党将近百年之路的曲折历程。以最概括的方式来表达，就是百年之路"两大段"，走了"两个'之'字形"。

所谓"两大段"，即前段 28 年，民主主义革命阶段；后段 66 年，中华人民共和国成立后的革命、建设和改革开放新时期。

所谓"两个'之'字形"，前一个是指 28 年民主革命时期所走过的有如"之"字的曲折道路。初期 6 年比较顺利，国共合作进行打倒北洋军阀的北伐战争；中期 10 年国民党叛变革命，共产党发生"左"倾错误，中国革命遭遇严重挫折；后期 12 年走上正轨，经过抗日战争和全国解放战争，成立了中华人民共和国。后一个是指中华人民共和国成立至今所走过的有如"之"字的曲折道路。新中国成立后头 7 年，生产资料所有制的社会主义改造比较顺利；中期 22 年，社会主义建设取得重大成就，但"左"倾思想抬头，最终演变成"文化大革命"那样长达 10 年的全局性错误；后期改革开放，走出了一条中国特色社会主义的全新战略道路：一是坚持以发展生产力为中心，实行改革开放，发展社会主义市场经济；二是坚持社会主义基本制度，推进国家治理现代化；三是坚持独立自主而又与经济全球化相联系；四是坚持和平发展。

五

回过头来看，中国共产党在将近百年里经历的两次根本性考验、根本性应对和"两个'之'字形"，这当中一个贯穿全部历史进程的主题和要害就是通过应对考验、抓住机遇而"赶上时代"。只有"赶上时代"才能"救中国"，只有"赶上时代"才能"发展中国"。

即便到了今天，如果中国共产党不能在新的时代条件下领导中国"赶上时代"——基本实现现代化，那就依然不能自立于世界民族之林，依然会被"开除球籍"！这个"开除球籍"的警语，是毛泽东同志在1956年尖锐提出的。

中国共产党十八届五中全会审议通过的"十三五"规划建议，提出了创新、协调、绿色、开放、共享的新发展理念。习近平总书记强调，要直接奔着当下的问题去，体现出鲜明的问题导向，以发展理念转变引领发展方式转变，以发展方式转变推动发展质量和效益提升，为"十三五"时期我国经济社会发展指好道、领好航。这鲜明体现了中国共产党在今后5年全面建成小康社会进程中"赶上时代"的价值追求。

还应当说，"赶上时代"这个大命题，不仅贯穿中国共产党即将走过的100年，而且将在整个社会主义初级阶段决定中国共产党人的使命感和价值追求。这同时也就表明，中国共产党不是为一时之计而立党，更不是为一己之私而立党。

六

党要领导人民赶上时代，党的自身建设也要赶上时代。今天中国共产党自身建设理念的发展，根本一条就是伴随由革命到执政的转变而不断地赶上时代。

作为执政党，根本要求是发展党内民主、坚持依法执政，同时党要依法（包括国法和严于国法的党内法规）从严治党。这一点，中国共产党十八大以来得到突出强调和体现。正如习近平总书记所说："打铁还需自身硬"。十八大以来全面从严治党，"把权力关进制度的笼子里"，迎来了治国理政新阶段，提升了中国共产党"赶上时代"的能力和品质。这里尤其值得注意的是，中国共产党在反腐败斗争中所表现的自己起来揭露和消除自身阴暗面的气魄，以及与此同时坚持正确方向的定力。

七

百年考验和百年奋斗，表明中国共产党是世界政党史和国际共运史上一个很独特的伟大政党。这可以举出四条。

一是中国共产党不是在和平环境下成长起来的政党；而是领导最广大中国人民，经过人民革命战争血与火的考验而取得全国政权，并长期执政的世界最大政党。

二是中国共产党不是立党为私、松懈散漫的政党；而是既有严密组织纪律，又有广泛群众性的先进政党。中国共产党郑重申明，自己既是中国工人阶级的先锋队，又是中国人民和中华民族的先锋队。

三是中国共产党不是打着"世界革命"旗号搞霸权主义的政党；而是不拘泥于社会制度和意识形态差异，努力寻求与其他国家的利益汇合点，带领中国走和平发展道路，并同一大批发展中国家共同和平发展的政党。

四是中国共产党不是故步自封、僵化怠惰的政党；而是立足于社会主义初级阶段实际，自觉赶上时代的学习型、服务型、创新型政党。党以马克思主义为指导，但不把马克思主义当作教条；而是致力于马克思主义中国化，根据实际大胆讲"老祖宗没有说过的话"，同时努力学习借鉴人类文明一切有益成果。从毛泽东思想到邓小平理论，再到以邓小平理论为开端的整个中国特色社会主义理论体系，都是如此。理论、路线上与时俱进，组织队伍上吸纳各界英才，执政方式上改革创新，正成为中国共产党的鲜明风格。

八

前进道路依然漫长，各方面挑战依然严峻，中国共产党注定将在"不变"与"变"的统一中，在"赶上"与"超越"的统一中，"赶上时代"。

中国共产党全心全意为人民服务的根本宗旨，解放思想、实事求是的思想路线，建设中国特色社会主义的基本理论和基本路线，这几条不会变也不能变。但与此同时，一系列思想观念、工作思路、治理体系等，又必须因应形势发展而不断进行必要的"变"。这样的"变"正是为了更强有力地体现根本宗旨、思想路线、基本理论和基本路线的"不变"。

同样道理，不断改革创新发展是"赶上时代"的根本要求，而这本身就意味着一定要努力奋进到时代前列，那也就是超越。

以改革和发展而论，把市场在资源配置中的作用由"基础性"提升到"决定性"、进一步处理好政府和市场的关系，把投资拉动型经济转向创新驱动型经济，把城乡二元结构转变为城乡一体化等，都是"不变"中的"变"。尤其是中国提出"一带一路"建设和倡议成立亚投行等举措，是对外开放基本国策的升级版。

以国家治理体系的创新而论，包括调整党政关系、扩大党内民主、健全人民代表大会制度和社会主义协商民主制度等，都是为了建立现代化的国家治理体系，而这也即是中国特色社会主义政治制度的完善。

至于某种舆论，说只有多党竞争才算民主，只有搞这样的民主才有资格搞现代化，中国人的经验不能认同这一点。中国人记忆犹新，民国初期（1913年）就搞过300多个所谓"政党"，还"选举"出了袁世凯这个反动总统，他后来又复辟帝制，做了83天的短命皇帝。所以，今天还在世界某些地区大肆玩弄并造成严重后果的那种把戏，中国人100多年前就领教过了！当代中国，走的是另外一条民主之路。中国共产党是执政党，8个民主党派是参政党，还有日益发展完善、生动活跃的选举制和协商制这样两种制度，并且民主与法治相结合。这也是中国特色社会主义的有益实践。

归根结底，走自己的路，依靠改革创新和后发优势而进到时代前列，赶上与超越相统一，从而实现中华民族伟大复兴的中国梦，才是真正意义的"赶上时代"。

九

最后一点："读懂中国"和"读懂世界"。两个"读懂"，无论对中国，还是对世界，都要一分为二。

对世界，有我们要学习借鉴的人类文明成果，也有我们要认真汲取的教训。看看当前世界某些地区，种种乱局给国家命运和人民生活带来何等严重的后果，实在应当引以为戒。和平与发展仍然是时代主题，但天下并不太平，国家主权和安全无疑应当始终放在第一位。

对中国，改革开放的成功经验要珍惜，全面建成小康社会决胜阶段前途光明；但困难不可低估。今天中国人均 GDP 仅相当于全球平均水平的 2/3、美国的 1/7，在世界居于第 80 位左右。至于科技水平、国民素质、民主法治和生态环境建设等方面的社会发展和社会改造，更是任重道远。

这就要求中国共产党和全体中国人民更加努力奋斗，并且更加清醒、更加谦虚。同时，期望国际社会理解和尊重中国人的这种努力和愿望。

如果国际朋友能以这样的视角来"读懂中国"，更深入地理解中国共产党和中国人民；与此同时，中国共产党和中国人民也更深入地"读懂世界"，更好地"赶上时代"，则中国幸甚！世界幸甚！

（原载于《人民日报》2015 年 11 月 20 日）

中国共产党的政治信仰是如何坚持和发展的

关海庭　北京大学副教务长，北京大学政府管理学院教授、博士生导师，教育部高等学校政治学类专业教学指导委员会副主任兼秘书长。

政治信仰"是指将来要实现的一种社会制度"，也包含"关于为什么要和怎样才能实现这种社会制度的思想"，是人们对政治目标和学说的崇敬、仰慕、坚持和奋斗。中国共产党是一个有理想信仰的党，从建立的那天起，"就把实现共产主义作为党的最高理想和最终目标，义无反顾肩负起实现中华民族伟大复兴的历史使命"。毛泽东指出："共产主义是无产阶级的整个思想体系，同时又是一种新的社会制度。"邓小平说：我们革命取得胜利，"就是因为我们有理想，有马克思主义信念，有共产主义信念"。"没有这样的信念，就没有一切。"习近平总书记也多次指出：共产党人的理想信念就是"对马克思主义的信仰，对社会主义和共产主义的信念"，这是共产党人的政治灵魂，是共产党人经受住任何考验的精神支柱。2017年10月31日，中共十九大闭幕仅一周，习近平总书记带领中共中央政治局常委瞻仰上海中共一大会址和浙江嘉兴南湖红船，回顾建党历史，重温入党誓词，宣示新一届党中央领导集体的坚定政治信念。中国共产党从成立以来，"无论是弱小还是强大，无论是顺境还是逆境"，"都初心不改、矢志不渝，团结带领人民经历千难万险，付出巨大牺牲，敢于面对曲折，勇于修正错误，攻克了一个又一个看似不可攻破的难关"。中共在坚持和实现自己政治信仰的过程中，其历史进程可谓山重水复，柳暗花明，跌宕起伏，荡气回肠，其间经历了三次信仰危机和信仰缺失，也经历过四次典型的历史重大事件，通过这些危机和重大事件，可以更清楚地了解中共是如何坚持和发展政治信仰的。

一、中共历史上三次信仰危机和信仰缺失的化解

1927 年大革命失败后，中共遭到了成立以来的第一次信仰危机。据1927 年 11 月的统计，党员数量由大革命高潮时期的近 6 万人急剧减少到 1 万多人，从 1927 年 3 月到 1928 年上半年，有 2.6 万名共产党员被杀害。按照这一统计数字推算，起码有 2.4 万名共产党员脱离了党组织。然而优秀的共产党员写下了"砍头不要紧，只要主义真"的铮铮誓言英勇就义；活着的共产党员揩干净身上的血迹，掩埋好同伴的尸体，义无反顾地继续战斗。以毛泽东同志为代表的中国共产党人开创了"农村包围城市"的中国革命的新道路，通过"三湾改编"、古田会议和土地革命等一系列措施，解决了在白色恐怖的条件下如何坚持共产主义信仰的问题。到了 1930 年前后，各个革命根据地和红军都有了很大的发展，信仰危机得到了很大的缓解，但是随着"左"倾冒险主义路线逐步占据统治地位，被动的局面越来越严重，各个根据地的红军相续进行了战略转移。尽管当时大多数中国共产党人有坚定的政治信仰，但是受到"左"的错误影响，马克思主义基本原理没有与中国革命的具体实践相结合，使中国革命遭受严重的挫折。真正使全党全面发展政治信仰，从理论上解决政治信仰问题，是在抗日战争时期。其间中国共产党的理论水平大大提高，毛泽东发表了《新民主主义论》等一系列著作，从中国社会的半殖民地半封建性质、中国革命是世界无产阶级革命的一部分、中国的旧民主主义革命已经无法继续发展、中国民族资产阶级软弱和无产阶级日益成熟等因素出发，提出了中国共产党代

表了最广大人民的利益，要建立"一个独立的、自由的、民主的、统一的、富强的中国"。到了党的七大，中共明确提出：中国共产党代表中华民族与中国人民的利益。它在现阶段的目标是实现新民主主义的国家和社会，"我们的将来纲领或最高纲领，是要将中国推进到社会主义社会和共产主义社会去的，这是确定的和毫无疑义的"。

第一次信仰危机给我们的启发是多方面的，但其中最主要的，就是党把最高目标与民族的独立、人民的解放结合起来，以实事求是的思想路线为依托，坚持理论创新，进一步明确奋斗的目标，并在大革命失败后，确立了农村包围城市的中国革命新道路理论，正是有了这个理论创新，中国革命的面貌才焕然一新。

第二次信仰危机是"文化大革命"结束以后发生的。十年内乱，百废待兴，中国同西方发达国家的差距又拉大了。当国门打开时，大量国外信息被输入，人们看到了西方发达国家社会高度的文明程度和人民富裕的生活水平，特别是看到了中国台湾和港澳地区人们的生活水平也有很大的提高，与我们的生活状况形成强烈的反差，便对"左"的一套做法开始反感，对社会主义产生了怀疑。这一个时期，主要是1976年到1984年期间，信仰危机的状况十分严重。特别是在年轻人中间，对社会主义和共产主义的奋斗目标产生怀疑。

实际上，20世纪50年代中国进入社会主义建设时期后，中共的信仰体系也在向前发展。毛泽东在宏观上强调"要用共产主义理想教育人民"，始终把建设社会主义和共产主义作为自己的奋斗目标，他渴望在中国建立起一套全新的社会制度，力求找到一条适合中国特点的社会主义道路。这里触及了社会主义建设中的一个最基本的问题：即实现社会主义和共产主义的基本途径。毫无疑问，建设社会主义的目的是要让人民富裕起来，毛泽东让中国人民共同富裕起来的愿望更是强烈的。但是，他追求的是收入大致平均、政治上完全平等、精神上高度纯洁的理想社会。当他看到领导干部拥有一些特权和党内存在的官僚主义等脱离群众的问题后，非常担心

中国共产党出问题，在苏共二十大以后特别是中苏关系破裂之后，毛泽东
思考如何吸取苏联共产党的教训，防止中共蜕化变质，如何探索中国建设
社会主义的道路等问题。他从保持党的纯洁性和实现他心目中的理想社会
的角度，开始强调反对特权阶层和防止产生修正主义，提出要破除资产阶
级法权。实际上，他所要破除的就是党内存在的等级制、特权、官僚主义
以及脱离群众的现象，尤其是要防止党内出现"既得利益集团"。1965 年
8 月，法国总统特使马尔罗来访时曾问毛主席："你们是如何启发农民这么
勇敢的？"毛泽东回答："这问题很简单。我们同农民吃一样的饭，穿一样
的衣，使战士们感觉我们不是一个特殊阶层。"马尔罗又问："现在中国修
正主义阶层是否广泛存在？"毛泽东回答："相当广泛，人数不多，但有
影响。"

显然，当时毛泽东的政治信仰重点落在如何代表人民的根本利益上。
毛泽东认为："最根本的一条，就是联系群众。""就是直接依靠广大革命人
民群众"，为了实现共产主义的信仰和他所追求的理想社会，新中国成立后
毛泽东采取了三项基本措施。

第一，向社会主义过渡，建立社会主义公有制。毛泽东考虑：工业化
同农业改造的联系是密切的，对互助合作"是一次很大的推动"；农民"除
了组织起来集体生产，是无法抵抗灾荒的"，只有公有制才能从根本上解决
问题。因此，毛泽东发动农业、手工业、资产主义工商业的社会主义改造
运动，最初设想："大约需要经过三个五年计划，就是大约十五年左右的时
间"才能完成，后来 7 年就完成了。

第二，通过平均分配达到共同富裕。这种思想在基层的实践集中体现
为建立人民公社，一大二公。毛泽东强调：我们的方向，应该逐步地有次
序地把工（工业）农（农业）商（交换）学（文化教育）兵（民兵，即全
民武装）组成为一个大公社，从而构成为我国社会的基本单位。20 世纪 50
年代末曾流行这样的歌谣："共产主义是天堂，人民公社是金桥。"而在这
个大集体的内部，则采取平均分配劳动成果的方式。

第三，发动"文化大革命"，反对特权阶层。破除资产阶级法权的逻辑发展就是发动无产阶级"文化大革命"。毛泽东说："中国属于社会主义国家。解放前跟资本主义差不多。现在还实行八级工资制，按劳分配，货币交换，这些跟旧社会没有多少差别。所不同的是所有制变更了。"毛泽东对这些现实深感不满，有强烈的危机感，也逐步发展出了他解决这些问题的系统措施，即发动"文化大革命"，一方面在"破"——破除资产阶级法权，反修防修，反官僚主义，整党内走资本主义道路的当权派；另一方面也有"立"：就是各级领导干部不能搞特殊化，要遏制官僚特权阶层的发展。

应当说，毛泽东采取的这三方面措施，是在"追求一种社会主义"，这种社会主义包括公有制、平均分配、反对特权等。但是，毛泽东对平均主义的过分强调则导致了严重的后果。毛泽东的平均主义思想，不仅继承了传统的"大同""小康"理想，更有他个人见解。他不仅仅是反对分配上的过分差别，而且还力图消除工农、城乡、脑力劳动和体力劳动等三大社会差别和产生差别的根源，以实现人与人真正的平等。在生产力相对低下的背景下，是无法实现上述目标的，即使生产力发展了，也有一个对人们的激励问题。正是从这个意义上来说，毛泽东的主张"相当带乌托邦色彩"。毛泽东将建立公正的、平等的和谐社会的良好愿望纳入"以阶级斗争为纲"的框架，最终发动了"文化大革命"，他的错误被反革命集团利用，使党、国家和人民遭到严重的挫折和损失。

"文化大革命"结束以后，人民生活水平提高缓慢，同发达国家的差距进一步扩大，中共经历了新中国成立以来最严重的一次"信仰危机"。对此，中共在坚持共产主义信仰的前提下，把最高信仰与现实阶段的目标结合起来，在政治、经济上进行了调整。党的十一届三中全会提出了新的政治路线，放弃"以阶级斗争为纲"转为"以经济建设为中心"。邓小平指出："我们共产党人的最高理想是实现共产主义，在不同历史阶段，又有代表那个阶段最广大人民利益的奋斗纲领。"调整的主要手段有：一是"要切实保障工人农民个人的民主权利，包括民主选举、民主管理和民主监督"，"为了保障人民民主，必须加强法制"，国家法制建设全面进步；二是恢复党的密切联系群众的优良传统，"切实关心群众生活"，在 1979 年、1980 年两年间，集中力量安排了 1800 万名城镇劳动力就业；三是"反对干部特殊化"，"先从对高级干部的生活待遇作出规定开始，再进一步地作出关于各级干部的生活待遇问题的一些规定，克服特殊化"；四是发展生产力，增加人民群众的收入。提出领导好不好，就看"劳动生产率提高了多少，利润增长了多少，劳动者的个人收入和集体福利增加了多少"，即使在国家财政相对紧张的情况下，1979 年也为全国 40% 的职工上调了工资；五是解决历史遗留问题，"有错必纠"，平反冤假错案，"全国共平反纠正了约 300 万名干部的冤假错案"。由此，中共既在动机上，也在手段上保证了代表人民的根本利益。在这个调整的过程中，逐步改变了平均主义的倾向，确立了以发展为取向的人民主权思想。总之，这一时期的核心理念就是：让一部分人先富起来，先富带后富，最终走向共同富裕。正是我们坚持了改革开放的政策，注重提高人们的生活水平，稳健地走出了当时的信仰危机。

第二次信仰危机给我们的启发也是多方面的，但其中最主要的就是发展生产力，提高人民的生活水平，这是我们信仰体系中的基本内容，也是做好其他一切工作的基本前提。正如习近平总书记在十九大报告中强调的那样："带领人民创造美好生活，是我们党始终不渝的奋斗目标。"

第三次信仰危机是发生在 20 世纪 90 年代以后。其发生原因是复杂的，但直接促发这次危机的因素有四个大的事件。

第一件事是 1989 年的政治风波。随着改革开放的深入，社会贫富差距拉大，中共党内的腐败现象也逐渐增多，人民群众的民主意识、政治诉求也随之增长。在这个过程中，社会上一些别有用心的人利用群众和学生的爱国热情，煽动打砸抢烧，严重扰乱了社会治安和改革开放的顺利进行。1989 年 6 月 3 日，中央采取措施，平息了这场风波。但这也引起了广大人民群众的担忧，特别是下一步如何发展，中国改革开放如何深入等基本问题，急需从理论的高度加以说明。

第二件事是1991年12月的苏联解体。苏联是世界上第一个社会主义国家，曾经是中国共产党人尊称的"老大哥"和学习的榜样。但由于苏联领导人长期思想僵化，拒绝改革，特别是1985年以来，苏联领导人戈尔巴乔夫和叶利钦等人实行了错误的改革路线和模式，导致国民生活水平大幅下降，民族矛盾尖锐，并放弃了共产党的领导，使各加盟共和国纷纷独立，最终不仅导致了苏联的解体，也由此引发了多米诺骨牌效应，东欧的社会主义国家无一例外地宣布放弃社会主义。当然苏联解体东欧剧变的原因是多方面的，但最主要的是执政的共产党对社会主义的本质缺乏认识，尤其是他们蜕化变质，严重地脱离了人民群众。与此同时，国际上反对社会主义和共产主义的势力纷纷著书撰文，宣布共产主义已经终结。其中最有代表性的就是美国前总统国家安全事务助理兹·布热津斯基的《大失败——二十一世纪共产主义的兴亡》，书中开宗明义："这是一本论述共产主义的最后危机的书。"书中断言："到下个世纪，共产主义将不可避免地在历史上衰亡，它的实践与信条将不再与人类的状况有什么关系。"对继续坚持共产主义的中国共产党人来说，这是一个巨大的考验。

第三件事就是建立社会主义市场经济体系。1993年全面实施社会主义市场经济之后，随着我国社会主义市场经济的迅速发展，市场经济的价值体系同共产主义的理想、信念在某种程度及某些范围内出现了矛盾。

其一，市场经济的本质是商品经济，信奉等价交换的原则。金钱是等价交换的唯一衡量尺度；等价交换不考虑动机高尚与否，结果如何延伸，只考虑现实交易的公平性。对金钱的追求，逐渐成为一种普遍的社会现象。尽管这其中有着现实的合理性，但这同传统社会主义的价值观、分配资源的原则是相悖的。其二，市场经济是注重社会机会平等的机制，无须考虑每个人、每个地区先天条件和自然因素等问题，只强调给每个人、每个地区公平发展的机会。但实际上，每个人和每个地区所面临的条件和背景差别是很大的，其社会后果，势必是贫富差距拉大，与中共走向共同富裕和文明的理想目标存在着冲突，因此受到人们的质疑，进而侵蚀整个信仰体系。其三，市场经济是一种自由经济。在个体经济迅速发展的背景下，每个人自由活动的空间较以往大大增加，这就为人的信仰向多元化发展奠定了基础。在市场经济大潮汹涌澎湃，社会变化日新月异的情况下，社会个体越来越难以建立起统一持久的世俗信仰。

对金钱的崇拜，对社会分化产生的怀疑，个人主义发展对统一信仰的影响，都在我国不同程度地出现了。

第四件事就是领导干部的腐败和社会贫富分化现象。伴随着社会腐败的发展，特别是党内腐败现象的蔓延，本应成为共产主义坚定信仰者的领导干部，却成了党和社会的蛀虫。诚然，我们党反腐败的决心是坚定的，改革开放以来相继处理了胡长清、成克杰等一批贪官，但是党内的腐败势头没有得到有效的扼制，严重损害了党的威信，也使得党内政治生态恶劣，社会价值和道德水准下降，中国共产党内的信仰体系出现了严重的危机。社会主义和共产主义的基本价值观就是共同富裕，但是我们国家反映居民收入差距的基尼系数，从2000年以后一直在0.45至0.48之间，也对这种价值观构成了严重的挑战。

以上四件大事的相继发生和综合作用，导致了第三次信仰危机。

这次信仰危机主要表现在基本的价值观方面。随着社会主义市场经济的深入发展，很多深层次的问题逐步显现出来，一些人，特别是青年学生对诸如毫不利己专门利人、艰苦奋斗等价值取向产生了怀疑，利益至上倾向迅速发展，使人感到，国家的硬实力有了长足的发展，而国家的软实力亟待提升。可喜的是，党的十八大以后，以习近平同志为核心的党中央坚决惩治腐败，坚持从严治党，党内的政治生态和社会风气逐步好转，中国共产党的威信稳步提升。

中国共产党坚持自己政治信仰的决心是坚定的，邓小平、江泽民、胡锦涛主持通过的一系列重要文件都强调要"用共同理想动员和团结全国各族人民"。习近平更是将坚持政治信仰和从严治党提到了相当的高度，指出:"党要管党,才能管好党;从严治党,才能治好党。"从理论逻辑上来说,政治信仰是一种崇高的信仰,要有一部分先进分子为全社会作出榜样,带领人们实现这个信仰。中国共产党是实现政治信仰的领导核心,只有这个核心起到了先锋队的作用,这个政治信仰才有实现的可能。从实践逻辑上来说,"如果管党不力,治党不严,人民群众反映强烈的党内突出问题得不到解决,那我们党迟早会失去执政资格,不可避免被历史淘汰。这决不是危言耸听。这些年来,世界上一些老牌执政党衰败落伍、丢权垮台的教训极为深刻"。从严治党主要从以下几个方面入手:一是"必须用科学理论武装头脑",坚定理想信念;二是培养和选拔出人民需要的好干部;三是继承党的密切联系群众等优良作风;四是用制度治党、管权、治吏;五是用纪律法律维护党的团结统一;六是坚持以零容忍态度惩治腐败。另外,深入贯彻以人民为中心的发展思想,一大批惠民举措落地实施,人民获得感显著增强。

正是因为有了全面从严治党的英明决策,也正是有了严厉惩治腐败的良好实践,人民的理想和信念在逐步提升。2016年年末,笔者在河南农村通过发放问卷的方式进行调研,当问到"你所认同的价值观"时,40%的受访者认同社会主义和共产主义,30%的受访者认同民主和法治。其实,社会主义和共产主义是包含着民主法制内容的。诚然,要想牢固树立社会主义和共产主义的信仰体系,还有很长一段路要走,从严治党和惩治腐败永远在路上。2017年10月24日,中国共产党第十九次全国代表大会正式将"坚持从严管党治党"写进党章。一方面人们期望十八大以来开创的"全面从严党"良好局面一定要坚持下去;另一方面让改革发展成果更多更公平惠及全体人民,实现全体人民共同富裕的目标。这就是第三次信仰危机留给我们的最重要的经验。

二、政治信仰巨大作用的历史分析

纵观党的历史,通过以下重大历史事件,也可以看出政治信仰的巨大作用。

第一次就是中国工农红军长征。1934年至1936年，中国共产党领导的红军第一、第二、第四方面军和红二十五军主力，为了粉碎国民党军队的军事"围剿"，保存有生力量，实现北上抗日，陆续离开原有的革命根据地进行战略转移。在长征中，蒋介石调集上百万国民党军队进行前堵后追，企图置中国共产党和红军于死地。但英勇的红军在毛泽东等老一辈无产阶级革命家的正确领导和指挥下，以非凡的智慧和大无畏的气度，运用灵活机动的战略战术，纵横驰骋于赣湘川滇黔等按当年行政区划的14个省，长驱6.5万里，进行重要战役战斗600余次，终于粉碎敌军的围追堵截，并战胜了大自然的艰难险阻，跨越滔滔急流，征服皑皑雪山，穿越茫茫草地，克服饥寒交迫、缺医少药等重重困难，前进至陕甘宁地区，实现红军主力的大会师，取得了长征的伟大胜利。支撑红军走向胜利的根本原因，就是"革命理想高于天"的政治信仰。正如习近平所概括的："心中有信仰，脚下有力量。"红军长征的伟大胜利充分显示了政治信仰的决定性作用。

长征时期反映政治信仰坚定性和忘我牺牲精神的事例层出不穷。红四方面军翻过党岭雪山，行进中的红军战士看到一个战友的遗体被埋在雪里，但一只胳膊露在雪外紧握拳头，战友跑上去掰开一看，是一张党证和一块白洋，这实际是牺牲战友交的最后一次党费。红三军团的一个连队长征途中，因饥饿相继牺牲了9位炊事员，但"全连战士除了战斗减员以外，没有因饥饿而牺牲一个人"。长征途中不可能进行系统的政治信仰教育，这是古田会议以后坚持政治建军，中央苏区系统的思想政治教育在长征途中结出的丰硕果实。古田会议之后，红军基层连队普遍建立了党支部和士兵委员会，杜绝了打骂士兵现象，建立了新型的官兵关系。各个革命根据地建立之后，成立了多种红军学校和宣传队，系统地对各级干部和广大战士进行革命理想主义教育，使他们懂得了为什么要革命，政治信仰日益坚定。

第二次就是延安整风。延安时期的理论建设，对中共的信仰体系产生了深远的影响，表现出三个鲜明的特点：一是党的主要领导人从事理论研究，写出了一批高水平的理论著作，为毛泽东思想的形成打下了坚实的理论基础，其中以毛泽东的《中国革命和中国共产党》《共产党人发刊词》《新民主主义论》，周恩来的《论中国的法西斯主义——新专制主义》《关于党的六大的研究》《论统一战线》，刘少奇的《论共产党员修养》《论党内斗争》《论党》等著作为代表，系统地总结了中共成立以来的历史经验，阐明了中国革命过程中的一般规律和特殊规律，为中国革命的下一步发展指明了方向，是中国现代政治发展史上的代表之作。二是在党中央的统一领导下，全党开展了轰轰烈烈的学习运动，全党特别是高级干部的理论水平大大提高，为迎接中国革命的高潮做了充分的准备。1938 年秋，中共六届六中全会提出了马克思主义在中国具体化的任务。会后，在党的高级干部中就开始了学习运动。1941 年 5 月，毛泽东在延安高级干部会议上作了《改造我们的学习》的报告，对学习理论的基本原则做了论述，强调的着眼点就是理论联系实际。1941 年 9 月 26 日，中共中央发出毛泽东亲自修改的《关于高级学习组的决定》，指出成立高级学习组的目的是 "为提高党内高级干部的理论水平与政治水平"。1942 年 2 月 1 日，毛泽东在中央党校作《整顿学风党风文风的报告》，强调反对主观主义整顿学风，反对党八股整顿文风，反对宗派主义整顿党风。1942 年 5 月，中共中央决定成立中央总学习委员会，对学习的组织与领导、学习的方法都作了明确的规定。1943 年 12 月 14 日，中共中央书记处作出决定，将《共产党宣言》等马列的 6 本书作为高级干部的必读书。到党的七大召开之前，全党的理论水平大大提高，对党的历史上的重大事件也有了正确的认识。三是强调党要通过独立自主、理论联系实际和理论创新来解决中国革命的问题。这个阶段出现了共产国际解散这一重大事件。1943 年 5 月 15 日，共产国际主席团作出《关于提议解散共产国际的决定》，毛泽东代表中共中央明确表示，"各国共产党更加需要根据自己民族的特殊情况和历史条件，独立地解决一切问题"，因此 "共产国际之解散，是比较其继续存在，更加有利的"。他还强调，共产国际的解散，"增加了我们的责任心，每个同志都要懂得自己负担了极大的责任，从而发挥高度的创造力"。全党以坚实的符合中国国情的理论作为基础的政治信仰更加坚定。

第三次就是解放战争初期的基层组织建设。抗战胜利前后，尽管中共的力量不断壮大，根据地也日益巩固，但蒋介石国民党的力量也在不断壮大。当时，中国共产党和解放区面临着被动局面。以东北解放区为例，1946年5月的东北民主联军的四平保卫战之后，国民党趾高气扬大规模地北进。在东北的中国共产党人没有气馁，继承了中共的重视基层建设的优良传统。当时的中共东北局副书记陈云明确提出，什么是群众的迫切要求，就是迅速解决土地问题，这"是发动群众基本的办法之一"。中共便将主要精力放到农村，开展了大规模的土地改革运动，给农民以土地，同时落实各项民生政策，把普遍抽象的共产主义理想和农民的实际生活紧密地联系起来，很快就扭转了被动局面。当时中共东北局所辖的松江省仅有210万人口，从1946年至1948年，就向主力部队输送了12万名兵员。其他解放区的情况同东北解放区的情况大体相似。山东解放区广泛开展了土地改革和拥军优属运动，于是才有了百万农民支前的壮观场面，正如时任华东野战军司令员的陈毅所说，淮海战役的胜利，是人民群众用小车推出来的。解放战争初期，国共两党实力悬殊，因此毛泽东和党中央谨慎估计，要用10年时间打败蒋介石。在战争进行过程中，毛泽东又"准备五年左右（从一九四六年七月算起）根本上打倒国民党"，结果仅仅用了3年多一点的时间，中国共产党就取得了全国解放战争的胜利，这充分显示了信仰的伟大作用。

加强基层组织建设，是中共领导中国革命和建设所形成的基本特点，也是中共取得胜利的主要原因：其一，从理论上分析，中共的政治信仰是要解放最广大的人民群众，要代表最广大人民群众的根本利益，因此，其政策要惠及最广大的人民群众，惠及的人越多越好。任何一种政治主张和具体的政策，只能经过基层组织来执行，只有基层组织的建设抓好了，才能让人民感受到政治和政策的效力。其二，从历史经验上分析，只有抓好基层组织的建设，才能将政治信仰和具体的主张落到实处。中共在历史上在基层组织建设方面有几个成功的例子：建党时期，通过基层组织建设中共迅速发展，毛泽东在韶山建立了第一个农村党支部，三湾改编时支部建在连上，红军也迅速发展；抗日战争和解放战争时期建立武装工作队，发动群众，实行土地改革。解放战争时期东北的武装工作队广泛发动群众，先后动员了近100万名农民参军。豫皖苏地区的武装工作队带领群众抗击土匪的袭击，最后将土匪消灭。新中国成立以后，中国共产党正是抓好了基层组织建设，很快就实现了全国人民对新生政权的认同。"自1950年起，遍布上海的11155条里弄就逐步建立居民委员会。到1954年1月，全市共有居民委员会1847个，居民小组36000个，居民委员会委员95284人，形成了一个自上而下的覆盖到社会基层的组织网络。"

　　第四次就是新中国成立初期的思想政治教育。这次教育包括以下几个方面：其一，这次思想政治教育是全面的，由中国共产党统一领导。中共中央多次召开会议研究思想政治教育问题，并决定："加强工人阶级的组织与教育工作"，提高工人阶级的觉悟，使之能够担负起领导责任；进行爱国主义教育，"铲除帝国主义首先是美帝国主义在中国长期侵略所遗留下的政治影响"；"党中央发出建立宣传网的决定"。当时的宣传网，主要是指从中央到基层，都要有人专门负责宣传工作。在党中央的统一领导下，从小学到大学的教科书，从中央的广播到基层工厂和部分农村的广播站，从基层单位的文艺活动到各种专业文艺演出，都加进去了浓厚的政治教育的内容。很多老同志回忆，新中国成立初期到处是歌声和标语口号，人们的革命热情被充分地调动起来。其二，这种政治教育是深入联系实际的。客观地说，当时的物质条件是极其艰苦的，可以用"困难重重，百废待兴"来概括当时的状况，毛泽东坚持的一条基本原则，就是"需要发展共产主义的情操、风格和集体英雄主义的气概"教育人民，这种共产主义的思想教育体现在以下几个方面：一是"密切联系群众"，包括干部参加集体生产劳动；坚持调查研究的方法；"必须重视人民的通信"，"要给人民来信以恰当的处理，满足群众的正当要求，要把这件事看成是共产党和人民政府加强和人民联系的一种方法"，主张干部子弟学校应逐步废除；二是发扬艰苦奋斗的革命精神。毛泽东说，"艰苦奋斗是我们的政治本色。锦州那个地方出苹果"，"我们战士一个都不去拿。我看了那个消息很感动。""我们的纪律就建筑在这个自觉性上边。这是我们党的领导和教育的结果。"三是加强党的建设。"发扬正确的思想作风，纠正主观主义、官僚主义、宗派主义的错误的思想作风。"通过毛泽东的一系列指示，可以看出毛泽东对未来社会设计的大致轮廓，即官民平等、艰苦奋斗、深入实际、为了群众、加强教育、严格纪律。通过这次思想教育，不仅很快实现了人们对国家的认同，而且也极大地促进了国民经济的恢复和新生人民政权的巩固。

三、几点启示

纵观三次信仰危机和四次重大事件，给我们的启发是深刻的。

第一，三次信仰危机和缺失的化解，证明了毛泽东的论断：共产主义的信仰是一个完整的思想体系。这三次信仰危机和缺失分别出现在宏观、微观和中观层面，第一次主要是在宏观目标方面出现了问题，对革命前途丧失信心；第二次主要是在中观的党的政治路线上和微观的民生政策上出现了问题，政治信仰没有建立在社会经济发展基础上，脱离了现实；第三次主要是在基本的价值观上出现了问题，社会主义和共产主义的价值观同一般市场经济的价值观出现了矛盾，造成了人们价值取向的混乱。这些问题通过中国共产党的努力，基本得到了化解。这些事实告诉我们：政治信仰不仅仅是一个崇高的目标，还是一个完整的体系和结构，其内部分为宏观、中观和微观等不同层次：宏观就是奋斗目标，可以概括为实现中华民族伟大复兴，带领人民共同走向文明和富裕，正如习近平总书记在十九大报告所说的"为中国人民谋幸福，为中华民族谋复兴"；中观就是基本的价值观，主要内容有为人民服务、集体主义、艰苦奋斗，以及十八大以来倡导"富强、民主、文明、和谐，自由、平等、公正、法治，爱国、敬业、诚信、友善"的社会主义核心价值观等,特别要反对"享乐主义和奢靡之风";微观就是民生政策,主要包括发展经济、扶助贫困、社会救济等,当前重点要解决"人民日益增长的美好生活需要和不平衡不充分的发展之间的矛盾"。这种信仰体系内部的协调发展,是维持信仰体系的基本条件。

第二,纵观体现信仰作用的四大事件,充分说明了实现政治信仰要有支撑条件。最基本的支撑条件就是:其一,要向广大党员灌输革命理想。中共十九大通过的新《中国共产党章程》明确提出"对党员要进行共产主义远大理想教育"。理想是信仰的具体化。伟大的长征充分地说明了理想的作用。正是因为有了伟大的理想,每个红军战士都知道为什么要长征,为什么要同国民党反动派进行坚决的斗争,因为要解放天下劳苦大众;其二,要动员革命的先进分子学习革命理论,而延安整风充分地说明了理论在信仰体系中的重要作用。理论是连接信仰和实际的桥梁,特别对于世俗的信仰来说,理论就更显得极其重要。理论说明了为什么我们需要政治信仰,政治信仰为什么说是正确的。当我们走进党的七大会址的时候,谁都不怀疑当时中国革命一定会胜利,因为中共在这个时候将中国革命的基本理论问题都搞清楚了,胜利只是时间问题了。在今天,就是要深入学习习近平新时代中国特色社会主义的理论。其三,要加强基层组织的建设。这是由于政治信仰的性质所决定的。政治信仰是一种世俗的信仰,要反映最广大人民的利益,惠及的人越多越好,只有遍布各地的基层组织能起到这个作用。解放战争时期东北战局的扭转,充分说明了基层建设的重要。中共东北局的"七七决议"之后,广大干部一竿子插到底,深入广大农村开展土地改革,将中共的政治信仰传播到广大农村,被广大农民所接受,很快中国共产党就占领了全东北。这些历史的经验都值得我们认真思考。其四,要进行广泛的思想政治教育和动员工作。从本质上说,政治信仰是比较深奥的系统理论,要转化成老百姓能够明白的通俗的认知,需要一系列的中间环节,主要包括政治象征、政治典型、政治动员等,一句话,就是系统的思想教育。新中国成立初期的思想教育,大大加速了人们对新生政权的认同过程，这种认同对新生政权的巩固起到了巨大的作用。

第三，这三次信仰危机和四次重大事件，特别是后两次信仰危机和信仰缺失的现象，说明了我们的政治信仰在发展的过程中，既要防止空想社会主义的倾向，又要防止利益至上的实用主义倾向。因为我们的政治信仰，是思想、制度和实践的统一，"思想和实践或运动是不可分的"。在对理想追求中要坚持深入的实践；在具体的实践中要有理想来指引。要做到这样一种理想的状态是很难的，其中最重要的途径就是从党史上吸取经验教训，具体说来就是要坚持理论创新；坚持发展民生；坚持从严治党；坚持发扬共产党员的模范作用；坚持深入实际制定出正确的路线、方针、政策；坚持加强基层组织建设；坚持正确的共产主义思想的指导和教育，正是靠着这七个坚持，中共坚持和发展了自己的政治信仰体系。

党的十九大站在更高的起点上，将党的奋斗目标、社会主要矛盾、现阶段的具体任务融合为一个有机的整体，使党在带领人民前行的道路上，永葆青春和活力。

（原载于《中共党史研究》2017 年第 12 期）

中国共产党的"自我革命"
——党的十九大与中国模式的现代性探索

郑永年 ——

新加坡国立大学东亚研究所所长，英国诺丁汉大学终身教授。

前言

　　党的十九大对中国和世界都是一件大事情。对中国自身而言，正如中共十九大报告所强调的，国家已经进入一个新时期。这是一个承上启下的时期，一个总结过去、直面现实和通往未来的时期。对国际社会来说，中国早已经是第二大经济体、最大的贸易大国，不管内部怎样发展，都会产生巨大的外在影响力。自2008年全球金融危机以来，中国一直为世界经济的发展贡献着最大的份额。尽管中共十八大以后，中国本身的经济在下行，但较之仍然没有走出危机阴影的西方经济，中国是所有主权经济体中的佼佼者。无论从哪个角度来说，世界没有任何理由不关注决定着中国未来的中共十九大。

　　十九大究竟会如何影响中国和世界的未来呢？这就需要解读中共十九大报告，因为这份报告就是未来中国发展的蓝图。人们可以从不同的角度来解读中共十九大报告，政治的、经济的、社会的、军事的、文化的、外交的，等等。因为中共十九大报告是一份高度综合的文件，多角度来解释不仅应当，而且必须。

笔者认为中共十九大是中国共产党在新时期最重要的政治大会，中共十九大报告的核心是政治，是一份政治文件。在未来中国发展的很多问题中，政治是最关键的。尽管经济社会等方面的发展也很重要，但未来中国的命运掌握在中国政治家手中。在中国的政治构架中，说政治就是说中国共产党。也就是说，中共十九大报告的中心议题就是中国共产党自身的现代化问题。笔者把十九大称为中国共产党作为执政党进行的一场深刻的"自我革命"，通过这场"自我革命"，中国共产党重新规定了自己的现代性。在这个基础之上，才可以讨论国家的现代化和中国对国际社会的贡献。

一、如何认识中国共产党的"自我革命"

如何解读中共十九大所发生的"自我革命"呢？笔者认为，至少需要涵盖如下 4 个大的方面。

第一，中共十八大以来所发生的一切，尤其在政治领域所发生的一切。中共十八大以后，"自我革命"就已经发生了，中共十九大之后的"自我革命"会在这个基础上逐步展开。

第二，中共十九大的正式政治文本和非正式文本的解读。最重要的政治文本是习近平所作的十九大报告和有关修改党章的说明，也包括中共中央政治局召开研究部署学习宣传贯彻十九大精神会议之后，由新华社在2017 年 10 月 27 日发表的《中共中央政治局关于加强和维护党中央集中统一领导的若干规定》和《中共中央政治局贯彻落实中央八项规定的实施细则》。此外，非正式文件的文本也很重要，因为这些文本说明了正式文本产生的过程，其重要性不可忽视。这些非正式文件文本包括新华社所发表的两篇重要报道，即 2017 年 10 月 24 日发表的题为《肩负历史重任、开创复兴伟业——新一届中共中央委员会和中共中央纪律检查委员会诞生记》和2017 年 10 月 26 日发表的题为《领航新时代的坚强领导集体——党的新一届中央领导机构产生纪实》。

第三，显性的和隐性的或者直接的和间接的制度变化。有些制度变化是显性和直接的，例如设立依法治国领导小组和国家监察委员会；有些变化则是隐性的和间接的，但同样重要。最重要的隐性制度变化是《中共中央政治局关于加强和维护党中央集中统一领导的若干规定》中确立的政治局委员每年要向党中央和总书记书面述职的制度。

第四，中共十九大之后，对中国共产党"自我革命"的未来展望。同样，中共十九大对未来中国发展的影响是全方位的，但这里的讨论侧重于政治制度方面的变化。在强调"制度自信"的今天，人们迫切需要关切正在发生的制度变化。为此，我们需要在中共十九大报告丰富的内容中提取和勾勒出未来中国政治制度的大构架。制度建设是中共十八大的主题，更是中共十九大的主题。中共十九大成立依法治国领导小组已经发出一个明确的信号，那就是要把制度建设提到最高议事日程上来。

就制度建设而言，中共十九大释放出了什么重要的信息呢？最为重要的信息便是中国共产党对自身现代性的重新界定。经过"自我革命"，这是一个新的政党，或者说是一个新时期的政党。

自改革开放以来，无论海内外都在讨论中国方方面面的现代化过程和所获得的现代性。不过，在很大程度上，人们一直忽视了中国共产党本身的现代化和所获得的现代性。实际上，如果不能理解中国共产党的现代化和现代性就很难理解中国其他方方面面的现代化和现代性。一个最重要的事实就是：中国共产党是中国的政治主体，是唯一的执政党。也就是说，中国共产党决定了中国的一切。所以，讨论中国的现代化首先必须讨论中国共产党的现代化。如果中国共产党没有现代化，那么就不会有国家的现代化；如果中国共产党自身实现不了现代化，那么就会拖国家现代化的后腿；如果中国共产党自身首先实现了现代化，那么就有能力引领国家的现代化。简单地说，中国所有其他方面的现代化包括经济、社会和文化等方面都取决于政治的现代化，也就是作为政治主体的中国共产党的现代化。

二、世界权力危机与中国共产党的现代性

西方社会总是批评中国共产党的"保守性",认为其缺乏西方所认同的"现代性"。但事实上并非如此,甚至完全相反。中国共产党从诞生的第一天起就和国际背景分不开,中国共产党内部的发展和变化也一直是和国际背景相关的。改革开放以来的将近 40 年时间里,中国共产党内部发展和国际背景之间的关系发生了几次很大的变化。20 世纪 70 年代后期,中国共产党主动开放,抓住国际机遇,赢得了发展的机会。但在苏联东欧共产主义政权解体之后,中国共产党转向应对危机。这段时间里,尽管也有制度变化,但主要是通过应付危机来巩固自己的领导权。从中共十八大以来,中国共产党根据国际形势的变化再次转向,不仅巩固了自己的领导权,而且把制度建设提到议事日程上来。

从这个角度来看,要认识中共十九大所发生的"自我革命",就必须理解当今世界所面临的政治权力危机,尤其是政党危机。不理解世界性的权力危机就很难理解中国共产党所进行的"自我革命"的世界意义。

今天,在世界范围内,政党及其权力都深陷危机。从欧洲、美国和很多发展中国家的政治现状及其发展趋势来看,很大程度上,已经在世界范围内发生着一种可以称之为"核心危机"(或者"首脑危机")的现象,无论对各国国内政治还是国际政治都带来了巨大的不确定性。而"核心危机"的核心便是政党危机。近代以来,几乎在所有可以称之为"现代的"国家,政党无一不是政治生活的核心,政党组织社会、凝聚共识、产生领袖、治理国家。但现在,所有这些方面都出现了严重的问题,政治危机也随即产生。

(一)西方危机

在西方,今天的权力危机和民主政治密切相关,甚至可以说是西方民主政治的直接产物。当然,核心危机并不是说今天西方各国没有了核心,而是说西方所产生的核心没有能力履行人民所期待的角色和作用。今天西

方的政治核心或者统治集团至少表现为如下几类。第一，庸人政治。民主制度所设想的是要选举出"出类拔萃之辈"成为一个国家的领袖或者领袖集团，但现在所选举出来的领袖很难说甚至可以说绝非是最优秀的。第二，传统类型的"出类拔萃之辈"正在失去参与政治事务的动机。在大众政治时代，政治人物所受到的制约越来越甚，政治的"崇高性"不再。因此，很多"出类拔萃之辈"不再选择政治作为自己的职业，而选择了商业、文化或者其他领域，因为那些领域更能发挥自己的作用。第三，代之以传统"出类拔萃之辈"的便是现代社会运动型政治人物的崛起。今天，无论是发达的西方还是发展中社会，民粹主义到处蔓延，有左派民粹主义，也有右派民粹主义。民粹主义式的社会运动，一方面为新型的政治领袖创造了条件，另一方面也为各个社会带来巨大的不确定性。第四，强人或者强势政治的回归。从社会运动中崛起的政治领袖往往具有强人政治的特点，即往往不按现存规则办事情，往往可以轻易对现存政治制度造成破坏。

（二）非西方危机

非西方世界的情况甚至面临着更大的危机。西方世界由于政治制度化水平相当高，政治力量或者政治人物很难轻易撼动现存制度。但在发展中社会，政治制度化水平往往很低，很多仍然处于初级建设阶段，政治力量和政治人物可以轻易破坏现存制度，导致更大的不确定性。对很多转型中的体制来说，面临着两个最大的不确定性：一是体制的西方（民主）化；二是体制转型失去了方向，旧的体制不可行了，新的体制又无法建立，从而出现僵持局面。

正是在这样的国际背景下，中共十八大以来中国共产党进行了前所未有的"自我革命"，在矫正"领导弱化、党建缺失、从严治党不力"的情况下重新界定和获取现代性。多年来，笔者一直认为，中共十八大以来所提出的"四个全面"中，即全面实现小康社会、全面深化改革、全面建设法治社会、全面从严治党，最后一个"全面"即"全面从严治党"是最重要的。中国共产党是中国的政治主体。这一简单的事实表明，没有最后一个

"全面"，其他三个"全面"就无从谈起，因为前面三个"全面"都需要中国共产党这个行动主体去实现。如果我们把前面三个"全面"理解成为中国的现代化过程，那么也很容易理解，如果没有中国共产党本身的"现代化"，其他方面的"现代化"也都无法实现。

三、当代中国共产党的"现代性"

在中共十八大到中共十九大的 5 年时间里，中国政治领域发生了诸多重大的变化。中国共产党是中国的政治主体，重大的政治变化都是围绕党自身的变化，因此，这里所说的"政治领域"的变化指的是在中国共产党内部所发生的变化。再者，中国共产党内部的变化也具有"外溢性"，导致了其外部各方面关系的变化，包括党政关系、党军关系、党和经济的关系、党和社会的关系，等等。不难观察到，中共十八大之前中国共产党所发生的变化大都是调整其外部关系，即执政党对社会经济变化做出"与时俱进"的调整和适应。各种调整往往表现为反应性和被动性，在一些时候更是表现为"不得不"的方式。而中共十八大以来所发生的变化主要是内部的，也就是这里所说的"自我革命"。党内所发生的变化已经远超出内部关系的调整，而是诸多重大关系的重新构造，涵盖了上至顶层权力运作机制下至党内政治生活准则在内的各个领域。笔者一直有一个观点，因为中国共产党是中国唯一的执政党，因此其面临两种选择，即"被革命"和"自我革命"。"被革命"就是由他人来"革命"，而"自我革命"则是自己对自己的革命。中共十八大以来中国共产党选择的是"自我革命"。通过"自我革命"，不仅避免"被革命"，更是强化了中国共产党的领导力量。

在中共十八大至中共十九大 5 年间，中国共产党的"自我革命"表现为围绕着反腐败运动而展开的"破"和"立"两个方面。反腐败运动最早始于 2012 年年底由政治局审议通过的中央八项规定，内容包括轻车从简、严格控制出访随行人员、严格执行住房车辆的配备待遇等具体事项。到今天，这场反腐败运动普遍被视为是 1949 年新中国成立以来最持久深入的运动。"立"的方面表现为从严治党的制度化。作为执政党，"从严治党"也一直都是中国共产党高层所特别强调的。自 1987 年中共十三大以来，每次党代表大会的报告都会特别强调"从严治党"。不过，中共十八大之后，更进一步提出了"全面从严治党"。这一概念是习近平 2014 年在党的群众路线教育实践活动总结大会中首次提出，并在之后成为"四个全面"中的最后一个"全面"。针对党风党纪问题，2015 年中国共产党修订印发了《中国共产党纪律处分条例》。之后，中国共产党十八届六中全会更是通过了两个重要政治文件，即《关于新形势下党内政治生活的若干准则》和《中国共产党党内监督条例》。

对中国共产党内部所发生的这些变化，无论党内还是党外，无论是海内还是海外，很多人难以理解，甚至很不理解。例如针对反腐败问题，就有很不相同的看法和意见。一些人认为，反腐败过度了、已经走过头了。另一些人认为，反腐败表现为"选择性"，即表现为"路线"问题。还有一些人简单地认为，之所以如此反腐败只是这一代领导人想建立自己的"丰功伟绩"罢了。当然，更多的人则持传统的观点，即反腐败就是为了中国共产党的自我生存和发展。

不过，所有这些看法都忽视了中国共产党反腐败背后的真正目的，那就是对执政党本身的现代化和现代性的残酷无情的追求。现代性问题已经不仅仅是执政党的生存和发展问题，而是中国共产党的性质问题。对现代性的追求表明中国共产党要对新时期的一系列问题做出确切的回答，包括中国共产党是一个什么样的政党？依靠什么执政？如何获取合法性？如何执政？

如何解释中国共产党的现代性？这需要将其置于中国近代以来的政治启蒙运动的历史及其演进中。作为一个近代政治组织，中国共产党是中国近代政治启蒙的产物，是在启蒙运动中萌芽、产生和发展起来的。中外学界有这样一个共识，即中国传统政治体制和现代政治体制的最大不同在于，传统政治体制目的在于守旧和维持现状，而现代政治体制的目的在于转型和进步。传统体制也不是没有变化，但变化的目标在于维持现状，就是防止具有"革命性"的变化。汉朝之后，"罢黜百家、独尊儒术"，从思想上遏制了任何可以催生重大变化的因子。儒家成为唯一的统治哲学，而儒家的核心就是维持统治。德国近代哲学家黑格尔就认为中国没有历史。的确，从秦始皇帝到晚清数千年，中国只有朝代的更替，而没有基本制度的更替。人们既可以说这是传统政治体制的生命力，但也可以说是数千年缺少结构性的变化。现在的政治体制则很不一样了，主要是因为在启蒙运动过程中牢固确立了进步的观念，社会可以是有进步的，进步可以是无止境的。中国共产党选择追求最激进也是最深刻的变化，这也就是中国共产党成立以来所追求的社会主义革命，用革命来推翻旧政权，彻底改造社会，确立一个全新的制度。

那么，现代性表明什么？现代性不会从天上掉下来，也不会"随波逐流"而来。整个近代以来，现代性是通过"革命"或者"斗争"而来。今天，现代性仍然意味着中国共产党在向现代执政党转型过程中仍然不失其"革命性"。在成为执政党之后，在其传统意义上，继续的启蒙和革命显然已经很不适应。革命毕竟是要推翻现存制度，而执政则是要维持现行的体制。因此，中共需要通过重新确定自己的使命，复兴其革命性，再次界定自己的现代性。中共十八大以来，通过大规模的反腐败运动，"去除"政党的商业性，通过确立新的使命和建设新的制度机制规范党组织和党员干部的行为来重新界定党的现代性。

在西方，政党是竞选"选票"的工具，除此之外并无其他功能。在中国，政党是政治行动的主体，行动不仅仅是求生存和发展，而是引领国家各方面的发展。就是说，政党的现代性不是被变化着的环境所被动规定和界定；恰恰相反，执政党要通过行动来主动规定自身的现代性，追求和获取自身的现代性。通过不断更新和规定其现代性，执政党才能在不断更新自身的同时保持其引领社会发展的使命感。

| 四、现代性与政党的新使命

确立新时期的新使命是中国共产党追求现代性的关键。如前面所说，在西方，政党主要是通过选票计算来获取其合法性的。也就是说，社会决定了执政党的现代性，而非相反。其中的逻辑很简单，因为选票是社会成员给的，社会性决定了执政党的性质。这也是今天西方政党危机的根源，"随波逐流"，政党本身失去了自己的发展方向；政党不仅失去了自身的凝聚力，失去了整合社会的能力，反而演变成为分化社会的政治力量。在中国，情况是相反的。中国共产党的合法性是通过确立其使命、实现其使命来获取和实现的。换句话说，中国共产党的合法性来自于其是否能够兑现向社会做出的许诺。这里的逻辑也明显，即执政党不仅要有使命，更要有能力实现使命。

所以，在每一个时期，执政党需要对社会经济发展现状作出一个"基本判断"，再在这个判断之上确立自己的新使命。中国共产党历次全国代表大会召开，最重要的议题就是要回答我们从哪里来、到了哪里、往哪里去的问题，中共十九大也是如此。回答这三个问题需要一个基本判断，而这个基本判断对执政党的新使命是最重要的。只有有了这个基本判断，中国共产党才能确定新的使命和未来的发展方向。

新时代，新判断，新使命。今天，中国发展到了一个新时代。新时代不仅仅是一个名词，它是中国共产党基于中国社会经济发展水平达到一定阶段，但发展还不平衡不充分的现实，所作出的新的基本判断。中共十九大报告中指出："中国特色社会主义进入新时代，我国社会主要矛盾已经转化为人民日益增长的美好生活需要和不平衡不充分的发展之间的矛盾。"与此同时，中国社会主要矛盾的变化，没有改变中国共产党对中国社会主义所处历史阶段的判断，中国仍处于并将长期处于社会主义初级阶段的基本国情没有变，中国是世界最大发展中国家的国际地位没有变。

尽管中国改革开放以来取得了巨大成就，也赢得了很多国际上的掌声，但是执政党也看到自己所处的时代和内外部的环境。社会主义不是"敲锣打鼓"就能干出来的。中国共产党的领导层具有十分清醒的头脑，在充分肯定自身所取得的成绩基础之上，直面挑战并展望未来，对所面临的问题有着非常严峻和冷静的思考及判断。这也是中共十八大以来，执政党关切"两个百年"的重要背景。这次，中共十九大报告更描绘了走向未来的蓝图：从十九大到二十大，是"两个一百年"奋斗目标的历史交汇期。报告还对从 2020 年到 2050 年之间 30 年的现代化目标作出了两阶段具体规划：第一个阶段从 2020 年开始，在全面建成小康社会的基础上，再奋斗 15 年，基本实现社会主义现代化；第二个阶段，从 2035 年到本世纪中叶，在基本实现现代化的基础上，再奋斗 15 年，把中国建成"富强、民主、文明、和谐、美丽"的社会主义现代化强国。这个将持续 30 年的新两步走规划，就是新时代中国特色社会主义发展的战略安排。

从经济上说，中国已经到了全面建成小康社会的决胜阶段。从这些年的政策讨论来看，中国的焦点已经从如何避免中等收入陷阱转移到如何把国家提升成为一个高收入经济体，即富裕社会。中国目前人均国内生产总值（GDP）接近 9000 美元，按照"十三五"规划，到 2020 年人均 GDP 要达到 1.2 万美元。这个经济目标尽管也不容易，但鉴于现在的发展势头和中国共产党的强大动员能力，一般认为，这个目标并不难实现。

然而，要从中等收入提升到高收入经济体，困难是显见的。在东亚，到现在为止，能够逃避中等收入、进入高收入的经济体只有 5 个，即日本和亚洲"四小龙"（韩国、新加坡、中国的香港和台湾地区）。这 5 个经济体能够成为高收入经济体有其特殊的历史条件。首先，在这些经济体成长时期，世界（主要是西方）经济处于快速上升时期，并且它们都属于西方经济体，西方对它们"照顾有加"，至少没有设置很多市场进入障碍。其次，这些经济体的体量也比较小。再次，这些经济体能够形成有效的经济政策或者产业政策，成为学界所说的"发展型政府"。但中国今天的情况很不相同。其一，中国的经济体量巨大。日本是世界上第三大经济体，但今天中国的经济体量是日本的两倍还多。其二，世界经济形势不乐观。西方到现在为止还没有彻底走出自2008年世界金融危机以来的阴影。从西方经济现状看，要恢复正常增长仍然需要很长一段时间。因为中国和世界经济的高度融合，中国内部的发展必然受制于世界总体经济形势。其三，中国和西方经济体之间经常因为各种因素（例如西方所谓的国家安全、意识形态和政治制度）而产生矛盾，西方不愿意对中国全面开放市场。不过，较之这5个经济体，中国也有自身的优势。中国是个大陆型经济体，内部发展潜力巨大。同时，中国也在通过包括"一带一路"建设在内的策略大力发展国际经济、开拓国际市场。也就是说，中国有潜力逃避中等收入陷阱把自己提升为高收入经济体。但前提条件是具备一个有效政府。

更为重要的是，中国社会在满足温饱、总体实现小康的情况下，其他方面的需求，例如对美好环境、社会公平正义、政治参与等的需求，也在与日俱增，进而显现出中国经济和社会、经济和环境或者物质文明和精神文明之间的发展不平衡。所以，中共十九大报告中提出要"更好推动人的全面发展、社会全面进步"。

五、制度建设"永远在路上"

笔者一直以为，一个国家崛起的核心就是制度崛起，而外部崛起只是内部崛起的延伸而已。制度是人类文明的积累。对任何国家尤其是对发展中国家来说，制度建设是一切，所有其他方面的进步必须以制度的进步来加以衡量。尽管制度是人确立的，但制度比人更可靠；历史地看，制度更是人们衡量政治人物政治遗产最重要的衡量标准。

尽管中共十八大以来，外界关切的焦点主要集中在中国轰轰烈烈的反腐败运动和经济的新常态，但如果站在未来的立场上看，中共十八大以来最主要的进步也在制度层面。甚至可以说，无论是大规模的反腐败运动还是经济新常态，都为其他方面的制度建设提供了一个环境和条件。当GDP主义盛行的时候，制度建设很难提上议事日程；同样，当腐败盛行的时候，政治体制和执政党本身的体制建设也很难提到议事日程上来。

中共十八大以来，制度进步并不表明中国的制度建设已经完成了。在任何国家，制度建设永远不会终结。如果有了"历史终结"的观点，那么就是制度衰败的开始。西方是这样，中国也是这样。正因为如此，中共十九大在"校正"了此前一些制度发展偏差的基础上，明确了未来制度发展的方向、目标和路径。中共十八大之后成立了全面深化改革领导小组，把中国各方面的改革提到一个新的高度。中共十九大成立了全面依法治国领导小组。"依法治国"是中共十八届四中全会的主题，是中国最大的政治改革方案。毋庸置疑，依法治国领导小组的目的就是为了推进中国全面制度建设。可以预见，到中华人民共和国成立一百周年，一个以法治为中心的新型中国政治制度或者中国模式必将屹立在世界的东方。

（原载于《全球化》2018 年第 2 期）

不断推进理论创新是中国共产党的重要法宝

王伟光 — 第十三届中国人民政治协商会议全国民族和宗教委员会主任，
中国社会科学院大学校长。

中国共产党走过的 90 多年，是把马克思主义基本原理同中国具体实际相结合而不断追求真理、开拓创新的 90 多年。不断推进理论创新，是我们党的一大显著特征和突出政治优势。习近平总书记在庆祝中国共产党成立 95 周年大会上的重要讲话中指出，坚持不忘初心、继续前进，就要坚持马克思主义的指导地位，坚持把马克思主义基本原理同当代中国实际和时代特点紧密结合起来，推进理论创新、实践创新，不断把马克思主义中国化推向前进。

一、不断推进理论创新使我们党开辟出民族复兴灿烂前景

我们党自诞生之日起，就以实现中华民族伟大复兴为己任。面对中国特殊国情，使中华民族从沉沦走向复兴应当走什么路？马克思主义经典作家并没有也不可能给出现成答案，完全靠我们党自己来摸索。我们党通过不断推进实践基础上的理论创新，实现了马克思主义中国化的两次飞跃，

产生两大理论成果，即毛泽东思想和中国特色社会主义理论体系，成功地走出了中国革命和中国特色社会主义建设的新路，开辟出民族复兴光辉灿烂的远大前景。

指引中国革命走向胜利。十月革命一声炮响，给我们送来了马克思列宁主义，中国共产党应运而生，给灾难深重的中国带来光明和希望。但是，当时的中国不像欧洲那样处于资本主义社会，与十月革命前夕处在帝国主义链条最薄弱环节的俄国也有很大区别。在中国这样一个半殖民地半封建社会、经济文化极其落后的东方大国，如何选择适合自己的革命道路，是一个极为复杂的新课题。年轻的中国共产党人经验不足，思想理论准备不足，对中国社会的性质特点，对中国革命的固有规律认识不够，党内流行将马克思主义教条化、将共产国际决议和苏联经验神圣化的错误倾向，致使中国革命在起步阶段即遭受严重挫折。以毛泽东同志为代表的中国共产党人经过艰辛探索与实践，科学认识中国国情，正确揭示中国革命客观规律，把马克思主义与中国半殖民地半封建的具体国情结合起来，创立毛泽东思想，实现马克思主义中国化的第一次飞跃，给中国革命指出一条新路：中国革命要分两步走，先进行以中国工人阶级政党领导的反帝反封建的新民主主义革命，在农村创建根据地，以农村包围城市，最后夺取全国政权；然后不间断地转入社会主义革命。经过28年浴血奋战，党带领人民终于取得新民主主义革命胜利，成立新中国，实现了民族独立、人民解放，为实现中华民族伟大复兴创造了必要条件。

探索社会主义建设道路。新中国成立后，我们党把马克思主义基本原理创造性地运用于中国实际，带领人民完成社会主义改造，建立起社会主义基本制度，实现了中国历史上最广泛最深刻的社会变革，为当代中国一切发展进步奠定了根本政治前提和制度基础。在中国这样一个一穷二白、没有经历资本主义发展阶段、落后的东方大国建设社会主义，同样是一个崭新课题。1956年，社会主义改造完成后，我国转入社会主义建设时期。在毛泽东同志领导下，我们党积极探索适合中国国情的社会主义道路。虽然在探索过程中走了弯路，包括经历"文化大革命"那样的严重曲折，但仍然取得了社会主义建设的伟大成就，积累了社会主义建设的经验，也创造性地提出了一系列适合中国国情的社会主义建设理论，这为新的历史时期开创中国特色社会主义提供了宝贵经验、理论准备、物质基础。

开创和发展中国特色社会主义。改革开放以来，我们党坚持在实践创新的基础上进行理论创新，在理论创新指导下推进实践创新，开创了中国特色社会主义成功之路。邓小平同志、江泽民同志、胡锦涛同志集中全党智慧，相继创立邓小平理论、"三个代表"重要思想、科学发展观，系统回答了在中国这样一个十几亿人口的发展中大国建设什么样的社会主义、怎样建设社会主义，建设什么样的党、怎样建设党，实现什么样的发展、怎样发展等重大问题，形成了中国特色社会主义理论体系，实现了马克思主义中国化的又一次历史性飞跃。沿着中国特色社会主义道路砥砺前行，我国取得举世瞩目的发展成就，迎来中华民族伟大复兴前所未有的光明前景。党的十八大以来，以习近平同志为总书记的党中央围绕坚持和发展中国特色社会主义，提出一系列治国理政新理念新思想新战略，丰富和发展了中国特色社会主义理论体系，开辟了21世纪马克思主义发展新境界，续写了中国特色社会主义新篇章。

｜二、不断推进理论创新使我们党永葆活力

坚持用科学的态度对待马克思主义。不断推进理论创新，其实质就是必须做到坚持和发展马克思主义的统一。马克思主义基本原理不能丢，如果丢了就会丧失根本，我们的事业就会因为没有正确的理论基础和思想灵魂而迷失方向。同时，马克思主义具有与时俱进的理论品质，不是僵化的教条。这就提出了以何种态度对待马克思主义的问题：一种是从本本出发，用马克思主义经典作家说过的话来"裁剪"中国的实际；一种是从实际出发，运用马克思主义的立场观点方法来研究和解决中国的现实问题。前者是教条主义态度，会使马克思主义失去活力，使我们的指导思想产生偏差，

进而使我们党失去活力；后者是科学态度，不是离开本国实际和时代发展来谈马克思主义，而是理论联系实际，在不断发展的实践中推进理论创新，又通过理论创新来解决现实紧迫问题，推动实践创新。中国特色社会主义道路、理论体系、制度，既体现了马克思主义基本原理，又凝结了中国共产党人的实践经验和中华民族的传统精华，进而赋予马克思主义强大生命力，赋予我们党无限活力。

坚持理论联系实际。党的七大将理论联系实际列为党的三大优良作风之一，并把"反对任何教条主义的或经验主义的偏向"写入党章，在全党确立了实事求是的马克思主义思想路线。党的十一届六中全会将实事求是概括为毛泽东思想活的灵魂之一。邓小平同志常说自己是"实事求是派"，他在著名的南方谈话中指出："实事求是是马克思主义的精髓。要提倡这个，不要提倡本本。我们改革开放的成功，不是靠本本，而是靠实践，靠实事求是。"江泽民同志在2001年七一讲话中强调："社会实践是不断发展的，我们的思想认识也应不断前进，应勇于和善于根据实践的要求进行创新。"党的十五大提出了"一个中心、三个着眼于"，即"一定要以我国改革开放和现代化建设的实际问题、以我们正在做的事情为中心，着眼于马克思主义理论的运用，着眼于对实际问题的理论思考，着眼于新的实践和新的发展"。胡锦涛同志在2011年七一讲话中指出："党和人民的实践是不断前进的，指导这种实践的理论也要不断前进。"党的十八大以来，习近平总书记高度重视推进实践创新基础上的理论创新，强调要根据时代变化和实践发展，不断深化认识，不断总结经验，不断实现理论创新和实践创新良性互动，在这种统一和互动中发展21世纪中国的马克思主义。纵观我们党的历史，我们坚持理论创新，不断根据新的实践推出新的理论，为我们制定各项方针政策、推进各项工作提供了科学指导。

坚持理论创新与理论武装相结合。我国社会主义建设不时受到各种干扰，有人鼓噪"普世价值"、宪政民主、新自由主义、历史虚无主义等错误言论；有人把改革开放说成是"引进和发展资本主义"，否定和质疑改革开放。我们党坚定地立足社会主义初级阶段这一当代中国的最大国情、最大实际，排除各种错误思潮的干扰，坚定不移地贯彻党在社会主义初级阶段的基本路线，坚持把思想理论建设放在党的自身建设的首位，面对从未遇到过的一个个艰巨课题，不断在实践基础上奋力开拓马克思主义的新境界。同时，我们党高度重视理论武装，努力做到理论创新每前进一步，理论武装就跟进一步，坚持用马克思主义中国化最新理论成果武装全党，坚持以发展着的马克思主义指导新的实践，又努力从实践中作出新的理论概括，并把实践中已见成效的方针政策及时上升为党和国家的制度，将道路、理论体系、制度统一于中国特色社会主义伟大实践。通过发展马克思主义，我们党更好地坚持了马克思主义，有效抵御错误思潮的干扰和影响，做到"咬定青山不放松"，义无反顾地把改革开放不断向前推进，使中国特色社会主义道路越走越宽广。在这个伟大历史进程中，我们党充满生机活力，始终走在时代前列，当之无愧地成为中国特色社会主义事业的坚强领导核心。所有这些都得益于始终坚持在实践创新基础上从不间断地推进理论创新。

三、不断推进理论创新必须始终坚持以人民为中心

始终重视从人民群众中汲取智慧。人民群众是历史的创造者，是社会实践的主体力量，因而也是理论创新的主体力量。毛泽东同志在谈到反对教条主义，大兴调查研究之风时指出，"群众是真正的英雄"，"没有满腔的热忱，没有眼睛向下的决心，没有求知的渴望，没有放下臭架子、甘当小学生的精神，是一定不能做，也一定做不好的"。邓小平同志明确指出，"改革开放中许许多多的东西，都是群众在实践中提出来的"，"绝不是一个人脑筋就可以钻出什么新东西来"，"这是群众的智慧，集体的智慧"。习近平总书记也强调，"在人民面前，我们永远是小学生，必须自觉拜人民为师，向能者求教，向智者问策"。90多年来，我们党始终尊重人民主体地位，聚焦人民实践创造，故而拥有理论创新的源头活水，充满创新的力量。

正是在人民群众的实践创新基础上不断推进理论创新，才使我们党充满创新的生机和力量。

　　始终以人民群众根本利益为旨归。毛泽东同志提出，我们是为人民服务的，是彻底地为人民的利益工作的。邓小平同志强调，要把人民拥护不拥护、赞成不赞成、高兴不高兴、答应不答应作为制定方针政策和作出决断的出发点和归宿。江泽民同志提出"三个代表"重要思想，强调我们党必须始终代表中国最广大人民的根本利益。胡锦涛同志提出科学发展观，强调必须始终把实现好、维护好、发展好最广大人民根本利益作为党和国家一切工作的出发点和落脚点。习近平总书记在阐释中国梦时明确指出，中国梦归根到底是人民的梦，必须紧紧依靠人民来实现，必须不断为人民造福。党的十八届五中全会首次提出以人民为中心的发展思想。90 多年来，我们党深深植根于人民群众的伟大实践之中，在推进理论创新时始终重视契合人民意愿、顺应人民期盼，始终与人民群众心心相印，充分体现了党的群众路线，体现了党性与人民性的高度统一。中国特色社会主义之所以成为全党全国各族人民的共同理想，就是因为我们党能够把人民紧紧凝聚在一起，拥有取之不尽的力量源泉，造就源源不断的理论创新的动力，构成实现中国梦的牢固政治基础，从而永葆创造性的青春与活力。

（原载于《求是》2016 年第 13 期）

从建党、管党到治党：中国共产党
党建理论的历史演进

张荣臣——

中共中央党校（国家行政学院）党的建设教研部教授。

中国共产党成立后，在党的建设问题中，最重要的一项历史性课题是"建设什么样的党、怎样建设党"。马克思主义党建理论的丰富、发展和创新，是在建党、管党到治党的历史进程中进行的，这本身就是对马克思主义党的学说的新贡献。"打铁还需自身硬"，这是进入新时代后，我们党的庄严承诺。以习近平同志为核心的党中央，积极推进党的建设新的伟大工程，科学回答了"怎样管好党、治好党"，把党建设得更加坚强有力，党焕发出更大的生机和活力，党的执政地位和人民的拥护度得到了大幅度提升，领导核心的地位得到巩固，开辟了马克思主义党的学说中国化的新境界。

一、建党——中国共产党党的建设伟大工程的逻辑起点

1921 年 7 月 23 日，各地共产主义小组的代表在上海举行成立中国共产党的大会。在这次大会上，提出了党的思想、路线、目标。一个全国性

的统一的无产阶级政党在古老的中国就这样建立起来了，这有如一声春雷，震醒了原来冰封的大地。中国人民革命斗争有了新的领导核心，这是中国历史上开天辟地的大事。

相对于肩负领导中国革命取得彻底的胜利的重任，党的成立只是中国革命的一小步。在革命的实践中要能够肩负起这个重任，就必须思想上政治上组织上完全巩固并且完全布尔什维克化。在经历了一个艰难的实践和探索过程后，中国共产党成功地解决了这个问题。在建党初期相当长的一段时间里，关门主义的建党的思想和路线影响着党的发展，这种思想为了防止农民小资产者思想的影响，拒绝吸收大量农民小资产阶级革命分子入党，一味地强调党员的出身。在这种思想和路线的影响下，不但农村环境下保持党的工人阶级先锋队性质问题得不到解决，把党建设成为全国范围的、广大群众的工人阶级的政党也是不可能做到的。毛泽东对中国共产党建设中遇到的这种特殊困难进行了深入的思考，他把党的建设道路的问题同中国革命道路的问题一并探索。毛泽东看到，在中国要战胜强大的敌人，就必须建设一个全国范围的、广大群众性的革命政党，而建设这样一个政党是不能拒绝农民和其他革命分子入党的，因为革命的敌人是非常强大的，旧中国是半殖民地半封建社会，农民占人口大多数，这是中国所处的特殊社会的实际。而要领导中国革命取得彻底的胜利，要保持党的工人阶级先锋队的面貌，中国共产党在吸收大量农民和其他革命分子入党后，就必须解决党员的思想入党问题。因此，不但要大胆地吸收真诚拥护党的纲领和章程的革命分子，在党的建设和党的组织上的"左"的机会主义路线必须坚决反对。与此同时，党内的各种非无产阶级思想要及时有效地纠正，开展积极的党内思想斗争，在党的建设和党的组织上的右倾机会主义路线也必须坚决反对。毛泽东是在创立和发展井冈山革命根据地的斗争中，经过实践和斗争的磨砺睿智地发现了中国共产党建设的这种特点，他从中国革命的实际出发，实事求是地思考和探索，成功地解决了中国共产党建设中所遇到的特殊困难和问题。他把加强思想教育和思想领导放在党的建设的突出地位，提出了首先着重在思想政治上建设党，同时也重视从组织上建设党。

毛泽东早期的建党学说，主要反映在1929年他为红军第四军第九次代表大会所写的决议即《古田会议决议》中。决议提出要用无产阶级的思想建设党建设军队，这是毛泽东对马克思列宁主义党的学说的重大贡献，同时也是毛泽东建党学说形成的重要标志。正确的思想路线，是毛泽东能够独创性地提出适合中国农村革命根据地情况的党的建设路线的根本原因所在。1930年，毛泽东写的《反对本本主义》一文，反映了毛泽东注重调查研究、理论联系实际、一切从实际出发、实事求是的思想。正是在把马克思主义同中国实际相结合的基础上，毛泽东发现和掌握了中国革命和党的建设的客观规律，从而产生了毛泽东建党学说。从1935年到1941年，毛泽东就有关党的路线、方针和政策等写了许多文章，主要有《论反对日本帝国主义的策略》《中国共产党在民族战争中的地位》《实践论》《矛盾论》《论政策》，等等。在这些文章中，毛泽东系统性地论述了党的思想建设、组织建设、政治建设等，形成了一套完整的理论。毛泽东的上述思想表明，他已创造性地把马列主义党的学说应用于中国党的建设实践，这种应用是建立在正确的思想路线基础上的，是独立地把马克思主义同中国实际相结合的结果。这种结合证明，毛泽东建党学说已经成熟。正是在1945年党的七大上，刘少奇在为党的七大所作的修改党章的报告中，正式提出了"毛泽东同志的建党学说"的概括，并阐述了"毛泽东同志的建党路线"的内容，这就是"着重在思想上、政治上进行建设，同时也在组织上进行建设"。毛泽东建党学说体系的完备和毛泽东建党路线的提出并被全党所确认，标志着毛泽东建党学说的最后形成。中国共产党建设中的一系列特殊矛盾和复杂问题，被以毛泽东为代表的中国共产党人成功地解决了。在农民和其他小资产阶级占人口大多数的半殖民地半封建的国家，无产阶级人数很少而战斗力很强，经济文化非常落后的社会里，在长期被敌人分割的农村根据地和战争环境中，如何建设一个具有广大群众性的、马克思主义的无产阶级政党的重大历史课题得到了回答，党不断成长壮大，在人民革命斗争中的领导核心地位得到彰显，党的建设的伟大工程得到了开创。

二、管党——社会主义现代化进程中党的建设的核心要义

"管党"是中国共产党建设的一项基本要求。1961年12月21日，邓小平在中央工作会议上所作的报告中提出，"我们要搞好，还是要抓党"。1962年年底，全国组织工作会议和监察工作会议召开，邓小平把"抓党"转换成"管党"，提出"党要管党，一管党员，二管干部"。他还进一步指出，许多党员都在当大大小小的干部，因此，党要管党，最关键的是干部问题。这条基本原则和经验，在中国共产党自身建设过程中始终得到坚持。改革开放之后，邓小平进一步发展了"管党"思想，"这个党该抓了，不抓不行了"，就是他在1989年6月16日谈到的，并强调"要聚精会神地抓党的建设"。他还谈到了"整党"的问题，整党的一个重要内容就是要对高层的腐败现象进行整治，当然，这里的整党讲的是比较具体的工作。因而，"管党"就成为整个邓小平党的建设思想中最核心的内容。

邓小平管党的思想虽然早就提出来了，但其背景更多的是针对改革开放以来党的建设的实际。"文化大革命"结束后，我国进入了一个新的发展时期，尤其是党的十一届三中全会后，党的建设也进入了一个新的阶段。整个国家开始从计划经济体制向市场经济体制转变，从封闭僵化转向开放搞活。党的建设的侧重点也随着肩负任务的调整而调整，党的中心任务从以阶级斗争为纲转到以经济建设为中心。社会主要矛盾、党的历史任务的转变，给党的建设带来了许多新情况新问题。解决好这些问题，也就能够使党的建设走出一个新的局面。而这些问题解决不好，就有可能给党的建设带来损害。因为当前是对外开放、对内搞活，而从僵化的体制、封闭的环境转变过来，不但要坚持党的领导地位，更要改善党的领导内容、领导体制和领导方式。对执政党来说，要做到自身改革与社会改革相协调，自身建设与市场经济的发展相适应，就要把依法治国和依规治党统一起来、

建立起以制度建设为主的从严治党的监督和管理体系。也就是说，市场经济的发展要求我们必须认真研究党自身改革的问题，在党的干部制度、反腐倡廉、从严治党、党内监督等方面做出有效回应，迎接市场经济的挑战。恰恰是在回答这些问题的过程中，产生了邓小平关于管党的思想。

邓小平关于管党的思想是具有丰富内涵的。其中，管党管什么是首要的内容。在我们党的基本经验和优良传统中，很重要的一条是注重从思想上政治上建设党。党的建设是同党的正确政治路线密切联系着的，党的正确的思想路线是制定和执行党的政治路线的理论基础。邓小平论述得最多的是新时期党的思想建设和政治建设的基本要求，也就是解放思想，实事求是，坚持正确的思想路线，这是邓小平建党理论的突出特点。其次，管党要管好党的组织。邓小平认为最根本的、最便利的、最有效的制度是民主集中制，党的各项制度建设都要在这个根本组织制度的基础上加强。为了形成完善的制度体系，要求制度建设要整体配套。在党的建设上，邓小平认为，根本性、全局性、稳定性和长期性是领导制度、组织制度的特征。提出要改革党和国家的领导制度和干部制度，从历史的经验和教训出发，提出制度不能因领导人或其看法、注意力的改变而变化，完善党规党纪，使党内生活制度化。再次，管党要管好党的干部。组织路线问题，是一个很重要的问题，对党、对国家的发展和政权的巩固意义重大。政治路线确立了，要靠具体的人来执行，而执行的人对政治路线的态度决定着政治路线的执行情况，这就提出了一个要什么人来接班的问题。选好接班人，是解决组织路线最大、最难、最迫切的问题。最后，管党要管住腐败。新时期，党风建设成为更突出的问题，而党风建设的根本要求是从严治党，反对腐败。邓小平提出，在整个改革开放过程中都要反对腐败。在改革开放和发展社会主义市场条件下，要获得人心，要使我们的政策更加明朗，就要"一手抓改革开放，一手抓惩治腐败"。

办好中国的事情，关键在党。作为我们党第二代中央领导集体的核心，邓小平始终高度重视党的建设。他科学地分析国际形势的种种新变化和当今世界的时代特征，在建设中国特色社会主义新道路的实践中，积极探索和论述党的建设问题，在改革开放和现代化建设条件下，回答了"建设一个什么样的党，怎样建设这个党"的重大问题，开创了党的建设新的伟大工程。

三、治党——新形势下进行具有许多新的历史特点的伟大斗争的根本保证

打铁还需自身硬，在风险和挑战面前，中国共产党人从不畏惧。"必须准备进行具有许多新的历史特点的伟大斗争"，这是 2012 年召开的党的十八大明确提出的要求。对中国共产党自身而言，这既是提醒，更是要求，可以起到振聋发聩、发人深省、鼓舞斗志的积极作用。在十八大之后中央政治局第一次集体学习时，习近平特意引用了这句话，充分体现了党的责任意识、忧患意识和斗争精神。进入新时代后，面对新的形势和任务，习近平提出了党的建设的许多新思想、新观点、新论断、新要求，阐明了党要管党、从严治党的现实紧迫性，这里最重要的无疑是他提出的全面从严治党的思想。他强调，在建设中国特色社会主义的伟大事业中，把抓好党建作为最大的政绩，一定要适应时代的发展和人民的要求，坚持从巩固党的执政地位的大局看问题。要靠全党、管全党、治全党，全面从严治党，把党建设得更加坚强有力，不断提升人民的满意度和巩固党的执政地位。

（一）阐释了全面从严治党的深刻内涵

在新时代的背景下，全面从严治党有着深刻的内涵。习近平指出，"全面"是从严治党的基础。党的建设是一项系统工程，因而推进党的建设基础在于全面。加强党的建设，就要着眼全局，统筹部署党的建设的各个方面，使各个方面的建设相互配套、相互促进，既突出重点、又整体推进，不断提高党的建设工作水平。全面就是要面向全体党员和各个党组织，不允许存在特殊的党员和党组织，就是要覆盖党的建设各个领域、各个方面、各个部门，不留任何死角。"从严"是全面从严治党的关键。"全面从严治

党"之"从严",就是对党员干部严格管理、对腐败分子严肃查处,强调的是党的建设制度的严密性和科学性,推进党的建设的科学化、制度化、规范化,严格遵循执政党建设规律进行制度建设。"全面从严治党"之"治党",就是各级党组织都要肩负起主体责任,切实推进全面从严治党的各项工作,"治"是全面从严治党的要害。在全面从严治党问题上,如果没有这个"治"就不可能体现出"全面",就不可能体现出"严"。因为,不论任何工作,离开了人的实践活动,都将成为没有任何效果、效益的空话。因此,全面从严治党,必须把"治"这个要害抓好,才能把党锻造成为中国特色社会主义事业的坚强领导核心。

(二)列出了全面从严治党的原则和方针

中国共产党的领导是中国特色社会主义最本质的特征,这是习近平在庆祝全国人民代表大会成立 60 周年的讲话中提出的科学论断。这一论断在党的十九大被正式写入了党章并载入了中华人民共和国宪法,这一论断不但对坚持和加强党的全面领导有深远意义,反映了对三大规律认识的进一步深化,更是对推进国家治理体系和治理能力的现代化意义非凡。不但推进了理论上的发展,更有力地指导了实践。中国特色社会主义的最根本属性是最本质特征论断中所强调的主要内容,因此"坚持党对一切工作的领导","党政军民学,东西南北中,党是领导一切的",是我们在中国特色社会主义新时代坚持和发展中国特色社会主义的基本方略,坚持党的全面领导是夺取新时代中国特色社会主义新的伟大胜利的要求和原则。

党要管党、从严治党,是党的建设的一贯要求和根本方针。坚持党要管党、全面从严治党,是坚持和加强党的全面领导的要求。全面从严治党永远在路上,这是习近平总书记在党的十九大报告中提出的论断。因为坚持党的全面领导,实现党的历史使命,并不是轻轻松松的事情,也不是理所应当的事情,而是必须解决党内存在的突出矛盾和问题,使我们党更加先进、更加纯洁、更加坚强有力。正如习近平总书记在党的十九大报告中所强调的,人心向背不但决定着政党的命运,也决定着一个政权的命运。

因此要坚决防范和纠正群众反对和痛恨的东西。只有坚持问题导向,保持战略定力,"四大考验"和"四种危险"才能得到有效解决,全面从严治党向纵深发展才能得到有效推进。

(三)创新了全面从严治党的方式方法

全面从严治党要真正取得实效,离不开科学的方式方法。习近平同志强调,全面从严治党,要坚持思想建党与制度治党紧密结合。全面从严治党需要刚柔并济相统一,同向、同时发力,而思想建党和制度治党就是一刚一柔。思想建党的根本任务是解决好"三观",经常打扫思想上的灰尘,加强党性、道德教育、警示教育,把坚定理想信念作为根本任务,坚守共产党人的精神追求。思想教育要结合落实制度规定来进行,否则就不能达到预期的目的和效果,要使加强思想建党的过程成为加强制度治党的过程。制度治党是全面从严治党的根本保证,要增强制度执行力,使制度成为硬约束而不是橡皮筋。既解决思想问题,也解决制度问题,把制度建设贯穿到党的各项建设之中。这是对党的建设历史经验的科学总结,是对全面从严治党特点和规律认识的深化,更是在新时代需要继续坚持的基本原则。在从严治党实践中,只有把教育和制度有机统一起来,使教育和制度相得益彰,才能最大限度地发挥教育和制度各自的优势。与此同时,还要发挥道德感召力和强化纪律约束力,坚持以德治党与依规治党相统一。

治国必先治党、治党务必从严,党规党纪严于国家法律。党是肩负神圣使命的政治组织,只有严字当头、从严治党,才能实现宏伟的目标。党员是有着特殊政治职责的公民,坚持从严治党,目的就是让党员在政治上讲忠诚、组织上讲服从、行动上讲纪律。因此,在实践中不管采取什么样的措施,实质就是以严的标准要求党员、严的措施管住干部。面临的形势越复杂、肩负的任务越艰巨,党章党规党纪、国家法律法规只有被各级党组织和全体党员严格遵守,中国共产党才能更好地执政。党内法规是管党治党的重要依据,2014 年 10 月召开的党的十八届四中全会提出加强党内法规制度建设,这是在新时代对全面从严治党的方式方法的创新。明确要求"运用党内法规把党要管党、从严治党落到实处",为了能够让制度真正起到作用形成制度网,配套完备的党内法规制度体系建设也被提上日程,还要求提高党内法规执行力,促进党员、干部带头遵守国家法律法规,有力地促进了全面从严治党的发展。

（四）落实了全面从严治党的主体责任

要把全面从严治党真正落到实处,需要落实责任制。党委负主体责任,纪委负监督责任,这是落实党风廉政建设责任制的要求,党的十八届三中全会明确提出这一点。在十八届中央纪委六次全会上,习近平明确提出,各级党组织及其负责人都是全面从严治党的责任主体,必须担负起全面从严治党的主体责任。"两个责任"的提出,是新形势下党风廉政建设和反腐败斗争的重要理论创新成果。适应新时代新任务新形势的要求,发展了落实党风廉政建设责任制的基本格局,进一步丰富了中国特色反腐倡廉理论体系。既强调了党的集中统一领导,又强化了纪委监督作用。党委的主体责任是什么?习近平同志在十八届中央纪委三次全会上概括为5个方面。对为什么要强调党委的主体责任,习近平同志在十八届中央纪委三次全会上是这样分析的:党风廉政建设成效,与党委能否落实好主体责任紧密联系。有的党委对主体责任认识不够,没有履行好应有的职责,导致了不好的结果。在强调党委主体责任的同时,还要强调纪委的监督责任。明确要求"各级纪委要履行好监督责任",对如何发挥好监督责任作出具体的指示。习近平还要求以深化改革推进党风廉政建设和反腐败斗争,对纪律检查体制和反腐败体制机制不断改革、完善,各项改革举措要体现惩治和预防腐败要求,强调纪委监督权的相对独立性和权威性要保证。

正所谓"天下何以治? 得民心而已! 天下何以乱? 失民心而已! "民心是最大的政治,正义是最强的力量。习近平强调,全面从严治党是各级党组织的职责所在,各级党组织要担负起全面从严治党的主体责任,确保从严治党取得实效,不断推进全面从严治党向纵深发展。从党风廉政建设主体责任到全面从严治党主体责任,是实践的发展、认识的深化,而不仅只是字面上的变化。把党的领导落到实处，是落实主体责任的关键。要把党的领导体现到日常管理监督中，在工作的方方面面体现党的领导。党委书记要做管党治党的书记，对本地区本单位的政治生态负责，对干部健康成长负责，当好第一责任人，对党负责。与此同时，为确保责任落到实处，要把责任传导给所有班子成员，压给下面的书记。

（五）明确了全面从严治党的目的

"重构政治生态"这个重要概念是2015年年初，习近平总书记在十八届中央纪委五次全会上讲到当前反腐败形势时提出的，我们应高度重视并作深层次的思考，为什么把一个生态学的概念应用到政治领域。实际上，早在2014年，"加强党的建设，必须营造一个良好从政环境，也就是要有一个好的政治生态"就被习近平总书记提出来了。后来在2015年3月，"自然生态要山清水秀，政治生态也要山清水秀"，更是被习近平总书记明确要求。到此，"政治生态"被进一步阐释和发展，"着力净化政治生态，营造廉洁从政良好环境"成为全面从严治党的目标。

提出"重构政治生态"并不是无的放矢，因为在一段时间以来，一些党员领导干部背离了党的性质和宗旨，把政治环境和社会风气弄得乌烟瘴气，2014年，在党的十八届四中全会第二次全体会议上，习近平明确指出无视党的政治纪律和政治规矩的"七个有之"。这"七个有之"是客观存在的，也值得我们反思，尤其要警觉并坚决反对那些毫无党性的现象。

提出"重构政治生态"，对党一贯的优良传统和作风的内容要恢复和发扬，使党的面貌焕然一新。为实现干部清正、政府清廉、政治清明的任务，还要从当前问题入手，严明党纪党规。党内如果有腐败分子藏身之地，政治生态必然会受到污染。因此，保持政治生态山清水秀必然要求严惩腐败分子。为使领导干部受到警醒、警示、警戒，必须下大气力拔"烂树"、治"病树"、正"歪树"。进入新时代以来，在继承了我们党始终重视反腐倡廉建设的光荣传统的基础上，以习近平同志为核心的党中央，对新形势下的反腐倡廉建设提出了新要求，作出了新部署。习近平更是在同中外媒体记者见面时的讲话中和在十八届中共中央政治局第一次集体学习时的讲话中，两次提到对党内存在的问题特别是腐败问题要"警醒"。"物必先腐，而后虫生。"贪污腐败是民怨载道、社会动荡、政权垮台的一个很重要的原因。对党内发生的严重违纪违法案件，我们必须要警醒。各级党委要旗帜鲜明地反对腐败，各级领导干部特别是高级干部要自觉遵守廉政准则，对一切违反党纪国法的行为都要严惩，永葆共产党人清正廉洁的政治本色。

（六）亮出了全面从严治党的态度

全面从严治党永远在路上。解决党内存在的突出矛盾和问题，把党建得更好更强大，才能确保实现党的历史使命。习近平强调，要一以贯之推进党的建设新的伟大工程，勇于进行自我革命，把党建设得更加坚强有力，才能把新时代坚持和发展中国特色社会主义这场伟大社会革命进行好。这既是态度，又是决心。继续推进全面从严治党向纵深发展，把党建设得更加坚强有力，才能完成广大人民群众的重托和期待。

一是要正视党内存在的思想不纯、政治不纯、组织不纯、作风不纯等突出问题。新时代党的建设与党在新时代肩负的使命密切相关，与中国特色社会主义伟大事业紧密联系，是对党面临的"四大挑战""四种危险"的有效回应，是解决党内思想不纯、政治不纯、组织不纯、作风不纯等问题的有效手段。在党的建设问题上，尤其是在先进性和纯洁性的问题上，尽管我们党采取了多种手段和措施，取得了一定的成效和经验，但影响党的先进性、弱化党的纯洁性的因素是复杂的，"四大考验"和"四种危险"是长期的、尖锐的。因此，需要我们党坚持"革命理想高于天"，正视党内存在的各种不纯的问题，以自我革命和不断奋斗的精神一以贯之推进党的建设新的伟大工程，勇于把我们党领导人民进行了97年的伟大社会革命继续推进下去，在新的历史时代为人民建功立业。

二是坚决贯彻新时代党的建设的总要求。首先是"坚持和加强党的全面领导，坚持党要管党、全面从严治党"的根本原则。在党的建设问题上，习近平总书记经过长期思索，提出了"坚持和加强党的全面领导，坚持党要管党、全面从严治党"的根本原则。"坚持和加强党的全面领导，坚持党要管党、全面从严治党"是新时代全面从严治党成功经验得出的科学结论，更是对党多年加强党的建设历史经验的深刻总结。只有从根本上强化"坚持和加强党的全面领导，坚持党要管党、全面从严治党"，才能为执好政、掌好权奠定基础，才能完成新时代艰巨的历史使命，确保党始终成为坚强的领导核心。在中国特色社会主义新时代，我们党要永远立于不败之地，就必须在党的建设中始终不渝地遵循"两个坚持"原则。其次是党的建设总体布局。明确了新时代党的建设的主线，将以往党的建设主线中的执政能力建设调整为长期执政能力建设，增加"长期"二字，两字之差意蕴深刻，指明了中国共产党执政的长期性，更体现了新时代党的建设的新要求，使党的建设的主线更加科学，彰显了在新时代的背景下我们党对自身建设规律的科学认知，标志着党更加明晰地认识到新时代党的历史方位。提出"以党的政治建设为统领"，政治建设直接决定着党在政治上的先进性和成熟程度，中国共产党始终把政治建设放在极为重要的位置，并根据不同时期党所处的历史环境和中心任务确定政治建设的主要内容。在新时代，习近平要求以党的政治建设为统领，这就把党的政治建设提高到一个新的高度来认识和阐述，强调了政治建设在新时代党的建设中的首要地位。这不仅是对党和国家事业发展对执政党建设的时代要求的有效回应，有利于巩固党的建设效果，更体现了党对自身建设规律的深刻把握，是马克思主义政党建设理论的重大创新。"以坚定理想信念宗旨为根基"，在任何情况下，坚定马克思主义的信仰，树立和坚持明确的理想信念是中国共产党的鲜明特征。共产党人的精神之"钙"就是理想信念，"精神缺钙"，要得"软骨症"。习近平总书记强调的理想信念是共产党人的政治灵魂，特指的是社会主义和共产主义，在新时代的背景下，强调远大政治理想和中国特色社会主义共同理想的统一。"以调动全党积极性、主动性、创造性为着力点"，要永葆党的先进性，就要充分发挥积极性、主动性、创造性。新时代的背景下要致力于完成党的建设、推进党的建设新的伟大工程需要全党共同努力，更需要找准重点着手之处，全党积极性、主动性、创造性就是突破口。习近平根据新时代党的建设的新情况和新要求，科学地调整了"五大建设"的内容。在强调全面推进思想建设、组织建设、作风建设的同时，把关乎党的方向、目标、道路、原则的政治建设放在了首位，把纪律建设纳入新时代党的建设的总体格局，体现了与时俱进，更是对党的建设规律认识的深化。把制度建设贯穿"五大建设"之中，党的建设是长期性工程，必须高度重视制度制定和制度执行，把制度建设贯穿其中可以为新时代推进党的建设提供重要保障，可以巩固和深化党的各项建设的经验成果。这是对党的建设理论的丰富和发展，是对党的建设总体布局所作的一个重大理论和实践创新。强调深入推进反腐败斗争，人民群众最痛恨腐败，党就要坚决防范和打击腐败。加强自身建设，保持先进性和纯洁性，把坚决惩治腐败作为全面从严治党的重要抓手，巩固压倒性态势。再次是"一项基本要求"。即不断提高党的建设质量，这是总结我们党以往建设经验的内在要求，是适应新形势、完成新任务的迫切需要。不仅体现了党对自身建设的新要求新思路，更表明了全面从严管党治党的鲜明态度、坚定决心。最后是新时代党的建设新目标。新时代，习近平综合各方面因素和条件，从战略的角度出发，在坚持马克思主义执政党建设原理基础上，为党的建设确立了新的目标，为党的建设明确了方向。即"把党建设成为始终走在时代前列、人民衷心拥护、勇于自我革命、经得起各种风浪考验、朝气蓬勃的马克思主义执政党"。新目标内涵丰富：走在时代前列，坚持了党的先进性，揭示了中国共产党"两个先锋队"的本质，强调了中国共产党必须做时代的领航者，带领着广大人民群众走向民族的伟大复兴；人民衷心拥护，体现着马克思主义的群众观和党的唯一宗旨、体现着中国共产党同人民群众特殊的关系，要求中国共产党在前进的道路上必须真正以人民为中心，努力解决好人民内部矛盾，为实现人民对幸福生活的向往而不懈奋斗，创造经得起人民检验的成绩；勇于自我革命，体现着马克思主义政党的政治基因、政治品格和共产党人的精神本色，要求中国共产党为了人民的根本利益勇于坚持真理、"经常自己批判自己"，改正错误、解决问题，以最长远的战略眼光科学解决发展中的矛盾问题，不断开辟自我完善的新境界；经得起各种风浪考验，体现着党在新时代背景下更高更新的要求，揭示着马克思主义执政党的能力要求和广大人民群众对党的驾驭能力提升的期待，要求中国共产党在挑战和考验面前，不忘初心、牢记使命，坚定不移地走自己的道路，尤其是在前无古人的开创性的事业发展中和深刻而伟大的历史变革面前始终保持定力、体现高超的驾驭能力；朝气蓬勃的马克思主义执政党，体现着马克思主义政党的伟大追求，要求中国共产党杜绝僵化，始终保持活力，与时俱进地保持马克思主义执政党本色。

三是要不断把全面从严治党引向深入。实现中华民族伟大复兴的根本保证是全面从严治党，因为完成伟大事业离不开党的领导。党长期执政的根本要求也是全面从严治党，因为只有治好党才能赢得广大人民群众的真心拥护。从根本上讲，使思想更为纯洁、作风更为纯洁、队伍更为纯洁，自己解决自己内部存在的问题，是全面从严治党的实质。全面从严治党，就是要自我净化、自我完善、自我革新、自我提高，就是要祛病疗伤、激浊扬清。2018年年初，在党的第十九届中央纪委二次全会上，习近平对全面从严治党提出了"六个统一"的新目标新要求。完成这六个统一的目标要求，不是轻轻松松的事情，需要各方面积极努力。一方面要始终保持党员、干部思想、组织和作风的纯洁，这需要教育引导广大党员、干部坚定理想信念。另一方面还需要我们拿起纪律的武器，善于运用纪律的武器，为了党的团结统一，同一切分裂党、瓦解党的活动作坚决的斗争，还要坚决抵制党内的派别活动、小集团活动、非组织活动。要通过把全面从严治党不断引向深入，努力在全党形成又有集中又有民主、又有纪律又有自由、又有统一意志又有个人心情舒畅生动活泼的政治局面。

2018年5月4日，习近平在纪念马克思诞辰200周年大会上的讲话中指出，我们党始终重视思想建党、理论强党，所以能够历经艰难困苦而不断发展壮大。进入新时代之后，中国共产党要掌舵"中华号"巨轮，要经受时代考验，要承担起肩负的历史重任，克服"四大危险"和应对"四大挑战"，带领广大人民群众实现中国梦，自身必须坚强有力。正如习近平总书记所说，"打铁必须自身硬"。在许多新的历史特点的伟大斗争中，习近平高度重视党的自身建设问题，朝着把党建设得更加有力的目标，将马克思主义无产阶级政党建设理论与中国的时代特征相结合起来、与中国特色社会主义的实践紧密结合起来，尤其与中国共产党党的建设实践结合起来，从自身存在的问题出发，体现出强烈的责任担当，进行不懈的探索和实践，形成了特色鲜明的关于党的建设重要论述。习近平总书记关于党的建设的重要论述，为新时代党的建设提供了行动指南。在习近平关于党的建设重要论述的指导下，党的建设新的伟大工程得到有力推动，党的建设开创了新局面，全面从严治党向纵深发展，党焕发出更大的生机和活力，党的执政地位和人民的拥护度得到了大幅度提升，领导核心的地位得到巩固，中国共产党在世界上展示出极大的自信。我们只有认真学习习近平关于党的建设的重要论述，深刻体会其中的思想精髓，把精神贯彻到实践中去，认真推进全面从严治党，才会继续赢得广大人民群众拥护，党的坚强领导核心才能得到巩固。

（原载于《湖湘论坛》2019 年第 1 期）

坚持党的领导是改革开放成功的关键和根本

沈传亮——　中共中央党校（国家行政学院）党史部新时期改革开放史教研室主任、教授、博士生导师。中央马克思主义理论研究和建设工程专家组主要成员、项目组首席专家。

习近平总书记在庆祝改革开放 40 周年大会上的讲话中强调："正是因为始终坚持党的集中统一领导，我们才能实现伟大历史转折、开启改革开放新时期和中华民族伟大复兴新征程。"40 年来，在党的坚强正确领导下，中华民族迎来了从站起来、富起来到强起来的伟大飞跃，中国特色社会主义迎来了从创立、发展到完善的伟大飞跃，中国人民迎来了从温饱不足到小康富裕的伟大飞跃，中华民族正以崭新姿态屹立于世界的东方。改革开放 40 年积累的宝贵经验是党和人民弥足珍贵的精神财富，必须倍加珍惜、长期坚持，在实践中不断丰富和发展。

一、以实践基础上的创新理论为行动指南

40 年来，我们党坚持理论联系实际，及时回答时代之问、人民之问，廓清困扰和束缚实践发展的思想迷雾，不断推进马克思主义中国化时代化大众化，不断开辟马克思主义发展新境界，形成了邓小平理论、"三个代

表"重要思想、科学发展观和习近平新时代中国特色社会主义思想。这些重大理论成果，科学回答了"什么是社会主义、怎样建设社会主义""建设什么样的党、怎样建设党""实现什么样的发展、怎样发展""新时代坚持和发展什么样的中国特色社会主义、怎样坚持和发展中国特色社会主义"等根本性问题，以我国改革开放和现代化建设的实际问题为基点，以我们正在做的事情为中心，推动马克思主义同当代中国发展的具体实际相结合，是立于时代前沿、与时俱进的科学理论，是引领改革开放实践、不断铸就新辉煌的行动指南。

党的十八大以来，在习近平新时代中国特色社会主义思想指导下，我们党着力增强改革系统性、整体性、协同性，着力提升人民群众获得感、幸福感、安全感，推出 1600 多项改革方案，啃下了不少硬骨头，闯过了不少急流险滩，改革呈现全面发力、多点突破、蹄疾步稳、纵深推进的局面；顺应经济全球化潮流，积极参与经济全球化进程，以更加开放包容的姿态，加强同世界各国的互容、互鉴、互通，不断把对外开放提高到新的水平，使中国实现了从赶上时代到引领时代的伟大跨越，并日益走近世界舞台中央，成为国际社会公认的世界和平的建设者、全球发展的贡献者、国际秩序的维护者。

实践充分证明，改革开放是中国人民和中华民族发展史上一次伟大革命，以不可辩驳的事实彰显了科学社会主义的鲜活生命力。实践发展永无止境，解放思想永无止境。前进道路上，我们必须坚持马克思主义指导地位，不断推进实践基础上的理论创新。发展 21 世纪马克思主义、当代中国马克思主义，是当代中国共产党人责无旁贷的历史责任。要强化问题意识、时代意识、战略意识，不断回答时代和实践提出的新的重大课题，让当代中国马克思主义放射出更加灿烂的真理光芒。

二、始终坚持改革开放的正确方向

方向决定前途命运、事业成败。中国是一个大国，决不能在根本性问题上出现颠覆性错误。所谓根本性问题就是方向问题、战略问题，就是举什么旗、走什么路的问题。40年来，我们党牢牢把握改革开放的前进方向，始终推动改革开放沿着中国特色社会主义道路、完善和发展中国特色社会主义制度的正确方向前进。

在1979年的中央理论工作务虚会上，邓小平指出，必须在思想政治上坚持四项基本原则，这是实现四个现代化的根本前提。在党的十二大开幕式上，邓小平鲜明指出，我们总结长期历史经验得出的基本结论就是"走自己的道路，建设有中国特色的社会主义"。党的十三大提出以"一个中心、两个基本点"为主要内容的基本路线，从基本路线的高度指出了两个基本点之间的辩证统一关系：四项基本原则是立国之本，改革开放是强国之路，统一于社会主义现代化建设事业之中。同时，改革开放必须坚持四项基本原则；改革开放伟大实践又为坚持四项基本原则注入生机活力。1992年，邓小平在南方谈话中指出："我们要在建设有中国特色的社会主义道路上继续前进。"1993年，他在和弟弟邓垦对话时还强调"四个坚持"是成套设备，没有什么输理的地方。1998年12月18日，江泽民在纪念党的十一届三中全会召开20周年大会上的讲话中指出："我们的经济建设，是以四项基本原则为政治保证、以改革开放为强大动力的；我们的改革开放，是以进一步解放和发展生产力、巩固和发展社会主义制度为目的的；我们的四项基本原则，是保证改革开放和经济建设沿着正确的方向前进，同时又从新的实践中不断吸取新的经验来丰富和发展的。"2008年12月18日，胡锦涛在总结改革开放30年创造性实践中积累的宝贵经验时也强调："必须把坚持四项基本原则同坚持改革开放结合起来，牢牢扭住经济建设这个中心，始终保持改革开放的正确方向。"

当前，国内外形势发生深刻复杂变化，全面深化改革和对外开放进入了新阶段。改革到了一个新的重要关头，推进改革的复杂程度、敏感程度、艰巨程度，一点儿都不亚于改革之初。世界正处于百年未有之大变局，我国的对外开放也遇到不少新情况新挑战。习近平总书记在主持召开中央全面深化改革委员会第五次会议时强调："继续高举改革开放伟大旗帜，把握完善和发展中国特色社会主义制度、推进国家治理体系和治理能力现代化的总目标，不断把新时代改革开放继续推向前进。"

40 年来，我们党始终强调坚定不移把握改革开放的正确方向，这充分体现了我们党对坚持和发展中国特色社会主义的政治自信和使命担当。我们党已经找到一条适合中国国情的正确发展道路，那就是既不走封闭僵化的老路，也不走改旗易帜的邪路，而是坚定不移走中国特色社会主义道路。中国特色社会主义道路是当代中国大踏步赶上时代、引领时代发展的康庄大道，必须毫不动摇走下去。

三、顺应开放合作时代潮流，促进共同发展

当今世界是开放的世界，开放合作潮流浩浩荡荡。世界已经成为你中有我、我中有你的地球村，各国经济社会发展相互影响，推进互联互通、加快融合发展成为促进共同繁荣发展的必然选择。只有顺应历史潮流，积极应变，主动求变，才能与时代同行。40 年来，中国积极融入世界，顺应时代大潮，坚持对外开放的基本国策，实行积极主动的开放政策，形成全方位、多层次、宽领域的全面开放新格局，书写了改革开放的精彩篇章。

改革开放之初，邓小平明确提出中国实行改革的目的就是跟上时代。所谓跟上时代，就是不做落伍者、不闭关自守、不夜郎自大，就是在自力更生基础上与世界各国开展平等互利的交流合作。党的十一届三中全会开启了对外开放的历史新时期。1979 年年初蛇口工业区设立，1980 年深圳、珠海、汕头、厦门设立经济特区，1984 年大连等 14 个沿海港口城市进一步对外开放，1990 年中央推进形成了以上海浦东为龙头的长江流域开放带，这一阶段的对外开放，引进了大量国外资金、技术和先进管理经验，使国内商品市场丰富和繁荣起来。1992 年，邓小平南方谈话之后，对外开放步伐进一步扩大，由沿海地区向内陆腹地迅速拓展。2001 年年底，我国加入世界贸易组织，对外开放进入一个新阶段。党的十六大以后，我国吸收利

用外资实现新发展，规模和质量全面提升。党的十八大以来，对外开放水平进一步提升，中国经济不仅仅局限于引进来，更提升了走出去的高度，提出"一带一路"倡议、设立亚洲基础设施投资银行，中国在国际经贸体系中的地位越来越突出，已经逐渐成为经济全球化的重要推动者。

过去 40 年中国经济发展是在开放条件下取得的，未来中国经济实现高质量发展也必须在更加开放的条件下进行。习近平主席在博鳌亚洲论坛 2018 年年会开幕式上的主旨演讲中指出："中国 40 年改革开放给人们提供了许多弥足珍贵的启示，其中最重要的一条就是，一个国家、一个民族要振兴，就必须在历史前进的逻辑中前进、在时代发展的潮流中发展。"沿着历史前进的逻辑前进，就是为了满足人民美好生活的需求，朝着正确的方向不断推进改革。在时代发展的潮流中发展，就是契合世界各国人民要发展、要合作、要和平生活的时代潮流，高举开放合作旗帜，积极开展互利合作，努力构建人类命运共同体，共同建设持久和平、普遍安全、共同繁荣、开放包容、清洁美丽的世界。

｜四、锻造具有改革精神的干部队伍

治国之要，首在用人。40 年来，我们党坚持不懈用敢想敢干、敢为人先的改革精神教育武装广大党员干部，不断完善干部激励机制，着力培养忠诚干净担当的高素质干部队伍和宏大的人才队伍，为顺利推进改革开放提供了坚强的组织保证。

党的十八大以来，随着改革进入深水区和攻坚期，改革每前进一步，都是难啃的硬骨头，越来越需要一大批党员领导干部做拥护改革、支持改革、敢于担当的促进派，做把改革抓在手上、落到实处、干出成效的实干家，真正在谋划、推动、落实改革中破解难题、冲破阻力、锐意进取、推动落实。习近平总书记多次强调，党员领导干部既要当改革促进派，又要当改革实干家。近年来，党中央在全党积极营造让更多崇尚改革的党员领导干部涌现出来的良好氛围，一大批奋发有为、敢于担当、敢闯敢试、创新创业的行家里手和骨干力量脱颖而出。

推动新时代改革开放事业不断向前发展，关键在干部。党的十九大报告指出，坚持严管和厚爱结合、激励和约束并重，完善干部考核评价机制，建立激励机制和容错纠错机制，旗帜鲜明为那些敢于担当、踏实做事、不谋私利的干部撑腰鼓劲。为敢闯敢冒的干部撑腰，为敢担当、敢开拓的干部鼓劲，切实把那些积极支持改革、自觉参与改革、大力推进改革的干部选出来、用起来。给那些想干事、敢干事的干部舞台，把敢试、敢闯、敢负责的干部推上前台，引领各级干部投身改革、推动改革，在全面深化改革中大显身手，在推动改革发展的实践中干事创业。

五、善于抓住重点推进改革开放

以重点带动全局，是我们党推进改革开放的重要方法论。重要领域"牵一发而动全身"，关系改革大局，是改革的重中之重；关键环节"一子落而满盘活"，关系改革成效，是改革的有力支点。以重要领域和关键环节为突破口，可以全面改革起到牵引和推动作用。

改革开放以来中国经济体制改革的历史，就是一部以重要领域和关键环节为突破口，推动改革不断向纵深发展的历史。党中央提出改革思路、明确改革目标，在重点领域改革破局开路，对经济体制改革全局起到牵引和推动作用。党的十一届三中全会后，改革首先从农村开始，逐步向城市推进；先开展改革试点，积累经验，再逐步推广，对外开放从兴办经济特区向开放沿海、沿江乃至内地推进。以党的十四大确立社会主义市场经济体制的改革目标、党的十四届三中全会通过《中共中央关于建立社会主义市场经济体制若干问题的决定》为标志，我国正式确立社会主义市场经济的改革方向和基本内容。到2002年，社会主义市场经济体制的基本框架初步建立。党的十六大提出，到2020年建成完善的社会主义市场经济体制的改革目标，党的十六届三中全会对建设完善的社会主义市场经济体制作出全面部署，改革进入完善社会主义市场经济体制的新阶段。党的十八大以来，国有企业改革、财税体制改革、金融体制改革、农村土地制度改革、开放型经济新体制构建、教育体制改革、医药卫生体制改革、司法体制改革、生态文明体制改革……一系列重要领域和关键环节改革稳步向前，以点带面，牵引带动其他改革一并推进，为中国发展注入了强劲动力。

40 年来，从开启新时期到跨入新世纪，从站上新起点到进入新时代，我们党引领人民绘就了一幅波澜壮阔、气势恢宏的历史画卷，谱写了一曲感天动地、气壮山河的奋斗赞歌。40 年的伟大实践充分证明：坚持党的领导是推进改革开放进程并不断取得胜利的关键所在。在坚持党的领导这个决定党和国家前途命运的重大原则问题上，必须保持高度的思想自觉、政治自觉、行动自觉，丝毫不能动摇。新时代把改革开放这场伟大革命继续向前推进，必须坚持党对一切工作的领导，不断加强和改善党的领导，确保我们党在革命性锻造中坚定走在时代前列，确保改革开放这艘航船沿着正确航向行稳致远。

（原载于《红旗文稿》2018 年第 24 期）

第二篇

★ ★ ★ ★ ★ ★ ★ ★ ★ ★ ★

改革开放与中国道路

改革开放走出了中国特色社会主义道路。改革开放是决定当代中国命运的关键一招。它首先从经济领域开始，然后扩展至政治、文化、社会、生态文明和党的建设等领域。我们的改革开放充分考虑到本国的国情，以渐进的方式展开，面对西方政治思潮的冲击和其他发展模式的影响，我们保持了清醒的头脑，坚持了改革的自主性。改革开放没有现成的成功经验可以借鉴，中国道路是从没有路的地方走出一条新路来。因此我们必须勇于创新、善于创新，既要在实践中创新，也要在理论上创新，还要在制度和体制上创新。改革开放的实践证明，中国特色社会主义是具有强大生命力的社会主义，中国道路是实现社会主义现代化、创造人民美好生活的必由之路。

中国改革开放 40 年来的国家治理之道

杨光斌 中国人民大学特聘教授、博士生导师，中央马克思主义理论研究和建设工程首席专家，教育部长江学者特聘教授，全国哲学社会科学领军人才。

杨森 中国人民大学国际关系学院博士研究生。

2018 年是中国改革开放 40 周年。从孙中山领导的辛亥革命到共产党领导的新民主主义革命，都围绕着建立一个什么性质的现代化国家问题。1978 年开启的作为"第二次革命"的改革开放，则是围绕如何建设一个现代化国家的问题。在改革开放的进程中，中国政府打赢了互为因果关系的"三大战役"，才走到今天。第一场战役就是最有挑战性的"政治战役"。这是在改革开放 10 年时的一次政治遭遇战，即在世界范围内所谓"第三次民主化浪潮"的冲击下，强大的国家自主性使得中国度过这场危机，从而也就为未来的各种发展奠定了坚实的制度基础。第二次是"技术战役"，即中国拥抱互联网。这一战役发生在 1991 年（放在当时的背景下考虑，这一决定是非常不容易的）。第三次战役是"经济战役"。1992 年邓小平南方谈话，把中国的经济体制定位为社会主义市场经济；在 2001 年果敢地加入 WTO。

有了稳定的社会制度和社会主义市场经济体制，互联网把中国和世界在技术上连接起来，WTO把中国和世界在经济上融合起来，中国犹如归海之蛟龙，在全球化体系中如鱼得水，大显身手。

经历了"三大战役"，有了这几个关键点，才有今天的"40年"这个大话题，才有"中国模式"之说，才有中华民族伟大复兴之说。中国从一个世界上极端贫困的国家，40年间就成为人均GDP接近1万美元的国家，其意义不亚于英国工业革命给世界带来的变化。中国是第一个通过自身发展而非战争掠夺发展起来的国家。所以，改革开放40周年的2018年，不但是中国历史的"关键时刻"，也是世界文明史上的"中国时刻"。如何看这40年，如何总结其成功之秘籍，必然是全球思想界的热门话题，各有不同的答案。

这个大问题不但是学术性的，更是政治性的。套用亨廷顿的话说，本研究并非严格意义上的社会科学作品，更不是那种"掉书袋"式的卖弄。我们的志趣在于思想对话，我们追求的是解决问题。不进入"政治"场域的"学"毫无意义。这是"政治学"的学科规定性所决定的。我们深深地理解，成就越大，代价也越大，教训也越多；但是历史的书写总是要聚焦于结果性模式的成就，而不会停留在各种过程性代价的讨论上。对结果性模式的总结，就难免省略一些过程性的细节，这是众所周知的一种知识论。笔者对40年的过程性模式的总结是"坚持方向，包容混合"，这一过程所导致的结果性模式契合了现代性"好政治"的一般原理：权威—民主—法治的动态平衡。

作为人类文明主干道的社会主义秩序

（一）"百年马拉松"：自由主义秩序与社会主义秩序之争

按照亨廷顿的说法，近代以来有3大意识形态，分别是自由主义、社会主义和保守主义。保守主义是一种因时因地的哲学，可以和任何秩序联姻，因此，近代以来的人类秩序主要是自由主义（资本主义）和社会主义。

在笔者看来，自由主义价值的核心要素是个人权利（本体论）、资本权力（组织力量）和自由（终极价值）；相对而言，社会主义的核心要素是人民主体性（本体论）、组织性（政党）和公正（终极价值）。从英国资产阶级革命算起，在资本主义秩序出现 200 年左右的时候，遇到了社会主义的挑战，从此开始了自由主义秩序与社会主义秩序的"百年马拉松"式的竞争。

作为一种人类历史上全新的制度和事业，正如自由主义的实践屡遭挫败一样，社会主义的事业也并非一帆风顺，因此才有了所谓的第三次民主化浪潮，即自由主义民主对社会主义民主、对民族主义政权的冲击。在美国，出现了所谓的"历史终结论"，"资本主义必然灭亡、社会主义必然胜利"之说被颠倒过来了，即所谓的"资本主义必然胜利"。然而，一个代表特定阶层即资本阶层的意识形态，怎么就变成了"必然胜利"？变成了"历史终结论"？非资本阶层的人甚至受制于资本阶层而不能自拔的人，为什么也相信这种神话？

建构起来的"世界"在现实中到底如何呢？自由民主听起来很美好。但是，自由的前提是法治，社会最重要的是法治；民主背后有权威，你说要民主，不可能不要权威。所以，自由民主掩盖了很多东西。这样一个理论在新时期变成了新自由主义，笔者称之为"百慕大三角区"：政治民主化、经济私有化和市场化、治理社会化。这"三化"都是去政府化、去国家化，强调的是个体权利；而发展中国家本来就组织不起来，如果再强行推行"三化"方案，那就会出大问题。这就是民主的"第三波"普遍性地失败的根本原因。

比较而言，经历了第三次民主化浪潮冲击的中国，事实上就是坚持了社会主义道路中最重要的制度即社会主义人民民主专政国体。这一制度在比较中更显优势，当然并非没有挑战。

只有比较，才能"发现"中国。比较研究首先是可比性问题。这里既有国家规模问题，也有国家建设的历史阶段问题。全世界人口过亿的国家只有 12 个，其中实现工业化的俄罗斯、美国和日本所走过的路世人都知道。掠夺是其发达的一个重要因素。比如日本借助《马关条约》掠夺了中国 2.3 亿两白银，比其两年的国民生产总值还多，日本从此成为强国。其余 9 个人口过亿的国家是：亚洲的中国、印度、孟加拉国、巴基斯坦、印尼和菲律宾，非洲的尼日利亚，拉丁美洲的巴西和墨西哥。比较研究发现了什么呢？1∶8，即只有 1 个国家——中国实行的是社会主义民主制度，其余 8 个实行的全是西式民主。美国经济学学者按照制度主义的套路，提出所谓包容性制度与榨取型制度是国家兴衰的根源，宣称贫穷国家要想富裕，只能先政治转型即走向自由民主，并大赞转型后的巴西。巴西今天怎么样了？政治恶斗不止，何来包容性增长？

比较研究发现，由于中国社会科学研究的相对滞后性，使得有些人把碎片化知识乃至虚假的知识当作信仰，并把碎片化知识道德化，以为自己占据了道德高地。我们需要在研究的基础上发现"新常识"，而不能把虚假的知识当作常识。

（二）社会主义秩序的实现之道：坚持人民主体性的政党

社会主义的本体论是人民性，终极价值是公正。但是，人民性和公正都不会自动实现，需要一个坚持人民主体性的政治组织去整合制度性资源，需要一个代表性政党体现人民性。这就需要党性与人民性的统一性。在中国，这个政治组织就是中国共产党，共产党的党性体现在人民性之中。

别说中共不能变成美国式的多元主义政党，就是变成派别林立的国民党，那也将是社会主义民主的灾难。社会主义民主的生命力来自党性与人民性的统一性，来自共产党的代表性；代表性来自团结性。对此，习近平直率地指出："党除了工人阶级和最广大人民群众的利益，没有自己特殊的利益。如果有了自己的私利，那就什么事情都能干出来。党内不能存在形形色色的政治利益集团，也不能存在党内同党外相互勾结、权钱交易的政治利益集团。党中央坚定不移反对腐败，就是要防范和清除这种非法利益关系对党内政治生活的影响，恢复党的良好政治生态，而这项工作做得越早、越坚决、越彻底就越好。"这些利益集团的存在，表面上看是败坏了政治生态，根本上是社会结构利益集团化，其对社会公正和人民主体地位的侵害的程度，决不能低估。

前车之鉴，后事之师。苏共失败的原因很复杂，但其中一个重要教训就是特权阶层的利益集团化。这个阶层是后来改革的根本阻力。戈尔巴乔夫试图从根本上清除这个"制度性障碍"，但因改革战略上犯了颠覆性错误，结果导致亡党亡国。

鉴于此，中共在 2015 年提出"四个全面"战略布局，其中包括全面从严治党。从严治党的关键在于"关键少数"。"关键少数"的"上"是上层的团结，"下"是直接联系百姓的 2000 多个县委书记。如果上有团结的领导层，下有接地气即真正为人民服务的县委书记，中国政治发展的基本盘就不会出问题，不会被动摇。在从严治党中，不仅要解决长期以来形成的形式主义、官僚主义、享乐主义和奢靡之风这"四风"，还要有向党中央看齐意识、守政治规矩、讲政治纪律、有正确政治立场和政治定力，即政治建党。对于"关键少数"，最重要的是重视其政治性。一些大案、要案的背后，如令计划、薄熙来等，不仅是思想出了问题，组织管理出了问题，而且问题出在政治上——他们在政治上另有所图。

（三）社会主义秩序面临的挑战与对策

比较产生自信，但是也不能盲目自信，我们必须看到社会主义民主所面临的一系列挑战。第一，社会主义民主是制度、道路，也是一种思想和思潮，因此作为政治思想的社会主义民主必然受到国际政治思潮的影响乃至冲击。第二，作为第一政治主体的"人民"，在政治生活中表现为公民个体所构成的社会组织和各种性质的组织，因此，公民权利的实现程度，就决定了社会主义民主的实现程度。第三，与此相关，市场经济所带来的社会结构的深刻变化，使得"人民"处于不同的结构或社会等级之中，顺其自然的市场化必然冲击着作为社会弱势群体的那一部分"人民"的权益。第四，在长链条的行政体制中，政府有脱离民众的危险。这样，社会主义民主至少面临着国际思潮、社会结构、官僚制以及民主政治建设方面的

"四大挑战"，其中根本性挑战是社会结构变化所带来的。

党的十六届四中全会的决定指出：改革开放以来，中国的社会结构发生了深刻变革，由此也发生了利益关系的深刻调整和政治观念的深刻变化。市场经济趋向的改革，必然带来利益多元化和社会结构的分化，形成长期讨论的而又难以避免的"强势""弱势"结构问题。

国家权力由政治权力（在中国就是党的领导）、资本权力和社会权力构成。西方政治学理论把资本权力打包处理，包装在社会权力之中，与政治权力相抗衡。其实，资本权力哪能等同于一般民众的社会权力？那些行贿当选的"代表"代表的正是资本权力。这说明资本权力很容易和政治权力形成同盟关系。

很多国家的民主政治告诫我们：民主形式容易为各种利益集团所绑架，除了资本集团，还有包括家族势力和宗教势力在内的各种地方势力的介入，结果民主选举、公民社会组织等反而成为强化旧的社会结构的新形式而已。这样的选举政治强化了亨廷顿所说的"普利多社会"和米格代尔所说的由军阀、地主、部落酋长、商人所构成的"强社会"。在"强社会"的社会结构中，"人民"不过是原子化个人，其地位如鱼虾，选举权只不过是一种象征性安慰。因此，必须在发展民主政治中坚持共产党的人民性领导。这是中国政治发展的关键所在。

"坚持方向、包容混合"的政治、经济与价值体系

治国理政，很多时候讲究的是常识、老百姓都能懂的生活中的道理，而不是高深的理论或者所谓的"原理"。无论是政体也好，治道也罢，人类有很多智慧可以汲取。中国倡导的是"过犹不及""中庸之道""执两用中"。西方从一开始就提出最好的政体是集君主制、贵族制和民主制为一身的"混合政体"。从人性上看，单纯的君主制、贵族制和民主制都会出大问题并诱致政体溃败。原因很简单，人有不同的观念，更有不同的利益和不同的诉求，这样，人群不但可以在观念上划分为左、中、右，更有经济地

位上的上、中、下等。满足一个群体利益或观念的政策就可能是对其他群体的一种伤害，因此国家治理只能走"坚持方向前提下的包容混合"之路，何况是中国这样的巨型国家。不远的历史有很多惨痛的教训，20 世纪的不妥协政治导致很多灾难性后果；而现实中，中国人以治理为导向的价值诉求又意味着，除了"坚持方向前提下的包容混合"没有出路，政治的、经济的、文化的治理都需要"坚持方向、包容混合"。

先看"主义之战"的百年史。远的历史不说，以进入 20 世纪以来的西方历史为例，简直就是"主义之战"的世纪，是哈耶克所追求的"以观念打败观念"的历史。古典自由主义即放任自由主义的结果是 1929 年开始的经济大萧条——这是第一个 30 年。古典自由主义的失败不但催生了法西斯主义，也催生了社会主义革命和发达国家空前的社会主义运动。1940 年代之后，凯恩斯主义开始流行，以国家拯救资本主义，结果是 1970 年代经济滞胀——这是第二个 30 年。从 1980 年代开始，哈耶克等人所复兴的古典自由主义即被称为新自由主义的思潮开始风靡，结果就是 2008 年的金融海啸——这是第三个 30 年。古典自由主义和新自由主义经济学都被认为是"科学"，但即使是"科学"，也只是为极少数人的利益言说的"科学"，否则就不会破产，也不至于招致如此大规模的"反向运动"——国家干预和大众抗争。

资本主义国家和社会主义国家的实践证明，再完备的学说、再科学的理论，如果演变为极端化的或者只照顾到部分人的政策，最终都行不通。传统的计划经济属于极端化政策，古典自由主义和新自由主义则属于分利型乃至掠夺性政策。

再看现实中治理导向的价值诉求。以最有争议的民主观为例，中国人的民主观并非简单的"竞争性选举"，而是实质性民主或者说民生治理导向的价值观。这就决定了必须在坚持方向的前提下以包容混合的政治、经济和文化体系满足治理导向的价值诉求。

为了检视当代中国民众的民主观，我们选取了第三波亚洲民主动态调查（Asian Barometer Survey，ABS）中的中国大陆数据作为参考。ABS 既为了能与其他国家特别是西方国家民众的价值观形成比较，也为了能与 PolityIV（政体 4）和 Freedom House（自由之家）提供的所谓"客观指标"形成对照，这项调查采用全球民主动态调查（Global Barometer）计划公认的对民主的测量指标。我们通过对一系列的问题测度分析发现中国民众的民主观呈现出以下特点：

第一个维度分别从"政府不浪费公共财富""人们能自由公开表达观点""自由公正选举领导人""要求政府缩小贫富差距"4 项指标加以测度，有 36.13% 的民众认为民主要能促使政府缩小贫富差距，32.43% 的民众认为民主要能自由公正地选举政府领导人（不一定是多党竞争选举），而认为民主就是"政府不应该浪费公共财富"和"保障言论自由"的分别占 14.62% 和 16.83%。

第二个测量维度分别选取了"自由结社""分权制衡""政府提供优质服务"和"政府提供基本公共物品和保障"4 项指标加以测度，不难看出"政府提供公共物品"和"政府提供优质物品"占据了中国民众民主观的前两位。这个维度揭示了中国民众认为民主就是"政府为人民服务"，比例高达 76.52%，而被认为是自由主义民主中必备的"自由结社"和"分权制衡"在中国民众中间的支持度却占相对少数，比例分别为 5.25% 和 18.23%。

第三个维度则围绕"新闻自由""多党竞争""维护法治与秩序""要求政府提供就业机会"4 项指标进行测量，其中分别有 37.56% 和 36.39% 的中国民众认为民主就是要求"政府向所有人提供就业机会"和"能确保法治与政治秩序"，这两项主张一共占受访者群体的 73.95%，而西方高度认可的"新闻媒体对政府的自由批评"与"党争民主"在中国的支持率并非主流，分别只有 12.27% 和 13.78%。

最后一组测量问题分别聚焦"游行抗争""失业救济""廉洁清明""司法正义"，结果再次表明中国民众认为"法院在公民受到政府侵害时提供司法救济""政治清明，没有腐败"以及"失业时能得到国家救济"是民主的主要特征，三者比例高达 93.89%，而认为民主就是能"自由游行抗争"的只占 6%。

从上述 4 组测量民主的题目可知中国民众的民主观具有独特性。相比西方民主以参与和竞争、游行为导向的程序性诉求，中国民众更强调民主的实质性导向，认为民主就是要能满足自身物质需求，保障自身物质利益，要求政府为人民服务，同时认为民主应当包括制度公正的取向。事实上，民主在中国人这里就是"好政治"的代名称。如何实现好政治呢？只能通过坚持社会主义方向前提下的包容混合型治理。

（一）民主集中制政体

政体是以统治权为核心的权力组织形式或者说权力关系，也可以说是权力关系的总和。在中国，民主集中制不仅是一种政体，体现了党和国家领导体制的关系原则，同时也是一个政策过程，在"中央—地方、国家—社会、政府—市场"各个维度上把不同领域组织起来，展现了中国国家治理的制度组织力和国家能力。

1. 民主集中制组织原则下的中央—地方关系。中国宪法规定的民主集中制的中央—地方关系，其实是政治学理论上的单一制或中央集中统一领导的中国特色表述。对于中国这样一个具有大一统传统、多民族的发展中国家来说，单一制有效地保障了现代化进程中的"国家性"——要知道很多多民族的发展中国家在现代化进程中发生了分裂。因此，单一制的中央—地方关系不可动摇。另一方面，作为"第二次革命"的经济改革给中央—地方关系带来了解构性的变革，地方政府越来越享有利益主体的角色，从而出现了学术界所说的经济关系上的"经济联邦主义"。所谓"经济联邦主义"，就是经济权力的分权带来的经济权力的分享与共治，其中以财政权为核心。这样，在中国，一方面传统的政治上的单一制在结构上并没有发生大的变化，但在经济上则出现了分权化，中央—地方关系出现了政治和经济二元化结构。中央—地方关系的二元化现象，是和整个中国政治相一致的，即从计划经济时代的政治经济一体化演变为民主集中制的政治和市场经济制度的经济。即便如此,无论是中央—地方关系还是政治—经济关系,都离不开民主集中制,或者说是一种事实性民主集中制。

2. 国家—社会关系中的民主集中制原则。由于中国社会科学学术概念的匮乏,中国政治就成了西方社会科学的解释对象和理论的试验场,其中最典型的就是关于中国国家—社会关系的研究。从国外到国内,用得较多的概念就是"国家统合主义"(the state corporatism),这是一个解释南欧和南美的概念,现在用于解释中国政治。国内学术界则借用这个概念指称改革开放以来的国家—社会关系。我们认为,中国社会的规模及其带来的复杂性,不是一个单纯的学术概念所能解释的。一方面,我们确实有中央政府批准才能成立的行业组织,其与国家的关系相当于国家统合主义;但另一方面,还有大量自发的自治性社会组织,在英国和美国,后者则相当于所谓的社会统合主义,即不受国家控制的自主性社会组织之间的合作与博弈。但是,在中国,即使是自发自治的社会组织,因为文明基因的关系,其与国家或者政府的关系也很难说就和英美国家的一样。即使生搬硬套,中国既有欧陆的国家统合主义,又有英美式的社会统合主义,这不就是既有集中又有自由和民主的民主集中制吗?因此,如果说改革开放前的国家—社会关系是典型的集中制的话,改革开放这几十年的国家—社会关系则属于典型的民主集中制。

民主集中制政体具有国际社会科学意义。与代议制民主平行的民主集中制政体,在冷战时期曾经是西方政治学研究的焦点问题,苏联的解体使得这个概念在西方政治学中几乎消失,即苏联的失败也是这个理论和概念的失败。但是,在冷战结束之后的1/4世纪之际,随着"中国模式"成为世界舆论的焦点,也就有必要"找回民主集中制",正如当年"统合主义"概念在第二次世界大战后消失30年之后被重新找回来一样。其实,在中国,民主集中制一直是理论上和实践中的热点问题,也是政治中的核心问题,只不过许多人没有对这个核心问题给予足够的重视。

（二）社会主义市场经济

宪法中规定的社会主义市场经济制度，是一种典型的包容混合型经济体制的政治经济学表述。如果说经典市场经济是经济学的，讲的是微观主体即企业和市场，社会主义则更多的具有政治学意涵，讲的是政府的作用。因此，社会主义市场经济体制的核心是政府与市场的关系。

中国的经济改革是由政府启动的，但经济体制改革又必然带来政治—经济关系或政府—市场关系的变化。但是不管如何变化，国家依然在经济生活中居主导性地位，学术界一般用"发展型国家"来形容中国的国家形态。在国家主导的经济发展中，国家的自主性或者决定性作用，并不妨碍或者无法阻止作为利益主体的经济利益集团的出现，利益集团已经深深地嵌入中国的政治经济过程之中。如果说"发展型国家"相当于国家集中性同时不乏民主因素的一面，那么作为多元主体的利益集团的出现则是经济自由的一种表现，因此说中国的政府—市场关系是一种事实上的民主集中制并不牵强。

集中：强发展型国家。政府机构中与经济相关的部门有许多，它们直接或间接地参与到工业化进程中，驾驭市场经济按国家目标的预期计划发展。这些主导工业化转型的部门里，首当其冲的是作为宏观导航部门的国家发展和改革委员会。在计划经济时期，国家计划经济委员会有"小国务院"之称，可见其地位和作用。历经机构改革，国家发展和改革委员会以及在其统筹下的众多产业主管部门，形成了中国独具特色的经济部门制度设计；它们采取了现代经济学中常用的金融工具以及发展型国家流行的产业政策，夹杂着计划经济遗留的管理方式，从宏观到微观上践行着国家意志，推动市场经济按照国家认为的最优方向发展。作为经济导航部门，我们可以将发改委的职能笼统地分作两个大类，一是编制发展规划与经济政策，二是领导和协调经济活动，统筹经济发展。在国家发展和改革委员会之下，还对众多行业设置了产业主管部门。"强发展型国家"的另一个重要标志是"五年计划"机制。

自由：市场经济体制中的经济利益集团。国内经济学界不乏专门研究中国的市场化指数的学者，意图推进中国的市场化改革。且不说市场化到什么程度是合适的，衡量市场化的标准也是可争议的。笔者认为，衡量市场化程度的一个非常重要的指标就是资本权力与国家权力的关系。

根据中国的利益集团的组织状况及其在政治经济过程中的作用大小，我们把中国的利益集团分类为：机构型利益集团（institutionalized interest group）、公司型利益集团（enterprised interest group）、社团型利益集团和无组织型利益集团，与市场经济有关的主要是前两类。

大权在握的公司型利益集团，不仅利用各种资源将自己的偏好和利益要求输入政治过程，影响政策决策的指向；而且当它们成为政策目标时，还极力采取选择性服从，即支持对自己有利的政策，抵制甚至是暗中改变不利于自己的政策。

以政府—市场关系为核心的社会主义市场经济体制，是社会主义政治经济学的最好素材。遗憾的是，经济学界流行的研究还是聚焦在微观市场主体，集中在企业与市场上，至于国家、政治、政治能力对于经济增长的作用，基本上没有得到量化模式意义上的研究，因而很多经济学家只能依据没有"国家权力"概念的西方经济学，去解释"国家权力"作用很大的中国经济，结果必然有违大多数人的直觉或者常识。另外一种不好的倾向是，在试图构建社会主义政治经济学的过程中，把政治经济学搞成了"政治学"，这同样不能解释"中国奇迹"。在很多国外观察家看来，中国模式的关键是国家决定着经济，而不是资本集团绑架国家。社会主义政治经济学不能鹦鹉学舌，也搞成"政治学"，但中国模式的关键特征需要体现在新政治经济学中。

（三）社会主义核心价值观

由"富强、民主、文明、和谐，自由、平等、公正、法治，爱国、敬业、诚信、友善"所构成的社会主义核心价值观，是一个长久以来中国人民的梦想。这些梦想有的来自人类优秀文明成果，比如自由、文明、法治；更有生生不息的中华文明基因，比如和谐、平等、诚信、友善，可谓兼容并蓄了古今中外的美好理想与价值追求。同时，社会主义核心价值观坚持马克思主义的指导地位，以中国化的马克思主义为底色。

坚持方向，走向共识：以经济体制和价值观的演化为例

"包容混合"的政治体制、经济体制和价值体系是一种结果性的现状性结构，而达成这个结果的过程性结构艰辛而曲折，几乎每一个现状性结构都是各种力量博弈的结果——当然是在"坚持方向"这个既定的制度性结构中的博弈。回到过程性结构，我们还发现，需要抛弃习惯上的所谓"左""右"标签——"右"的被称为"改革派"，"左"是所谓的"保守派"。改革过程其实是一种"固本革新"的利益互动，其中固本革新的力量可能来自一个人，如邓小平提出"四项基本原则"并推动社会主义市场经济；也可能来自不同的势力，有的要固本，有的要革新。只固本不革新不叫改革；只革新不固本也不叫改革。据此，我们才能更客观地评价过去40年中的人和事。

（一）在"摸着石头过河"中定型经济体制

如何在我国进行改革，是一个"摸着石头过河"的过程，其间20世纪80年代的政治经济关系体现了"收放"循环的钟摆特征。巧合的是，双年份总体上体现为"放"的特征，而单年份则体现为"收"的特征。当然这种划分并不绝对，在有些年份，收放有时交替进行。更重要的是，鉴于"文化大革命"的惨痛教训，在20世纪80年代的最初几年，以邓小平为核心的党的第二代中央领导集体一直在进行新的制度建设。

收放循环的政治经济关系在1992年邓小平南方谈话后终于结束，中国从此走上了比较平稳的发展道路。中共十四大以来的政治发展表明，中国已经步入以经济发展为主要导向的政治时期，政治改革在很大意义上是指行政体制的改革。

40年改革的成就表明，我们"摸着石头""过了河"。鉴于改革进程中极大的利益张力和观念冲突，尤其是苏联东欧社会主义国家在改革中倾

覆，一时间悲观主义盛行，流行所谓的"改革找死，不改革等死"的咒语，国外更是长期流行"中国崩溃论"。中国非但没有崩溃，没有死，反而走出了一个以民主集中制政体为核心的"中国模式"，而且还被福山等人视为一种替代西方政治的模式，由此又衍生出思想上的"中国威胁论"。中国何以有今天？关键是国家自主性得到保证。作为"第二次革命"的改革是一个利益重组的过程，这个过程很容易失序或者失去方向。因此，改革的过程最需要坚强的政治组织力量，需要自主性把握政策方向。要知道，当代世界从 1980 年至 2010 年的 30 年，政治上流行的是自由民主，经济上流行的是自由市场，按照这些"主流"去改革的话，很多国家——无论是社会主义国家还是所谓的其他威权主义国家，都不得善终。因此，是民主集中制所保证的国家自主性，使得中国在改革中不至于迷失方向，在"固本"中"纳新"。

（二）在"固本"与"纳新"之间：以价值观的演变为例

中国的改革开放是一个固本纳新的过程，不仅体现在经济体制等正式制度的形成，同样还体现在价值体系的构建。如果将时间倒退几十年，很难想象"自由""法治"这些词汇能够作为社会主义核心价值观出现。新价值观固然有其魅力，但如果不能固守文化传统这个根本，如果新价值观脱离了一个国家的文明基因，又会是什么样呢？

对优秀文化传统的坚守可以避免国家在世界政治大潮中迷失方向，这在 20 世纪 80 年代的思想交锋中尤为突出。随着改革开放的到来，社会尤其是在大学校园里不断涌现出对新引进的西方哲学和政治理论的热情。改革开放之后，许多知识分子有机会出国学习。他们回国后一般会回到大学做一些有关外国情况的报告，通常他们会将西方描绘成完美社会，既误导了学生和民众的观念，同时加深了他们对现实的不满。在 20 世纪 80 年代中后期针对北京市大学生的一项调查显示，认为"资本主义将使中国发展更快"的群体在比例上呈逐年上升的趋势。很多学者用一些不伦不类的概念来解释中国，中国变成了西方各种理论的试验场。

政治审慎既是知识精英的社会责任，也是优秀领导者的应有品格。早在改革开放肇始的 1979 年，邓小平代表中共中央在北京召开的理论工作务虚会上作了题为《坚持四项基本原则》的讲话，指出坚持四项基本原则是"立国之本"。传统的社会主义是围绕平等而展开的，正是因为改革开放 40 年来中国恪守着这一最宝贵的传统，从科学发展观到以人民为中心的发展思想，作为第二大经济体的中国在人类发展指数（HDI）上也步入了高等发达的行列。反观其他发展中国家，如俄罗斯的休克疗法和拉美新自由主义实践，由于抛弃自身发展优势，贸然进行全盘私有化、市场化，不仅引起经济的巨大波动，同时导致财富被少数阶层攫取，社会不平等扩大。

因此，改革开放过程，就是围绕着"固本"与"纳新"的互动，"包容混合"的价值与实践逐渐形成：既有党政机构改革、简政放权，也有坚持党的领导；既有强调市场在资源配置中的作用，也有坚持公有制的主体地位；既有百花齐放、百家争鸣，也有坚持马克思主义在意识形态中的主导地位。"既不走封闭僵化的老路，也不走改旗易帜的邪路"，是对改革开放40 年来固本纳新的权威阐述，也是中国稳步快速发展的宝贵经验。

结论：何谓"好政治"

进入文明社会以来，人类就开始探讨好制度所构成的好政治。现代社会的好制度无疑不同于古代社会，但是现代社会发展自古代社会，因而现代性好制度必然要汲取几千年来人类赖以生存的基本经验。在这个意义上，好制度来自传统性的权威与现代性的民主的统一性。

权威性秩序是民主的制度保障，但是带有权威光环的公共权力也可能被滥用，因此必须以法治来保障权力的正当权威性。这是人们追求法治的主要根据。另一方面，民主本身也是一种权力，是一种分配权力的制度安排，不受约束的民主所产生的权力并不比其他权力形式更值得称道。因此，分配权力的民主同样需要法治的约束。

作为一套约束权力机制的法治，是现代性好制度的根本所在。但是，依法治国不是美国式的"政治司法主义"，政策如果靠司法判例去决定和实施，其政治后果就是如美国所显现的"否决型政体"——漫长的司法官司让政策难以形成。因此，虽然法治具有根本的重要性，但其与民主和权威之间是一种动态平衡，法治不能伤害权威的有效性，法治要为人类福祉的增益服务。

如果说权威—民主—法治的动态平衡是一般性政治原理，而中国人常说的"坚持党的领导、人民当家作主和依法治国的有机统一"（简称"三统一"），其实就体现了权威—民主—法治的动态平衡。"三统一"很好地概括了中国政治制度的基本结构与功能定位，分别规定了共产党、人民代表大会制度和"一府两院"的功能与行为规范。"三统一"制度暗合了好制度的一般原理，保障了权威—民主—法治的动态平衡。巧合的是，福山为追求好政治所建构的"制度三支柱"，即强国家—法治—民主问责，似乎也都包含在中国的"三统一"制度中，中国的制度安排和政治实践体现了强国家、民主、法治的逻辑。

"三统一"制度不但符合好制度的一般原理，还直接表现在强大的国家治理能力上。历经了第三波民主化的浪漫和"民主的衰败"尤其是血腥的"阿拉伯之春"，我们更加相信这样的道理：国家之间的差异不但体现为制度形式是否符合各自的文明基因，更直接表现在国家治理能力上。好看的制度、好听的理论，如果不能治理国家甚至祸及民生，那都是蛊惑人心的说辞而已。保障了权威—民主—法治的动态平衡的"三统一"制度，其比较优势已经得到证明。但是，要进一步彰显中国的制度优势，事关权威、民主和法治的政治理论和制度安排，需要在政治理论上得到丰富，在实践中得到进一步完善。

（原载于《探索与争鸣》2018 年第 10 期）

中国改革开放的核心逻辑、精神和取向
——为纪念改革开放 40 周年而作

刘志彪 —

教育部首批长江学者特聘教授，南京大学教授、博士生导师，国家高端智库建设培育单位"长江产业经济研究院"院长。

在过去的 40 年中，中国经济发展取得了世界瞩目的成就。由此产生了"中国经济增长之谜"，它是一个亟待破解的有着重要经济学意义和现实政策价值的问题。中国经济增长所取得的世界奇迹，是坚持市场取向改革的胜利。改革中遇到的一系列问题和困难，是市场取向改革推进不足或市场取向改革推进过度的综合产物。新时代推进改革开放的新思路、新局面和新思考，仍然要在市场取向改革的大背景下进一步解放思想，塑造政府和市场在各自领域中"双强"的经济体制。

一、中国改革开放以来的发展历程、主要阶段和特点

我们大体上可以从三个视角对中国改革的阶段和特点进行梳理、归纳和整理。

（一）改革阶段划分视角之一，就是十八届三中全会报告中讲的，中国经济改革的核心逻辑是正确地处理政府和市场的关系

第一个阶段是在 20 世纪 70 年代末至 80 年代末。我国经济体制改革在这个阶段的提法是计划经济为主、市场调节为辅。这当中一个最重要的特点是计划经济体制占主导地位，在计划经济体制里引入市场调节。很显然，体制中的主体仍然是计划，辅助的东西才是市场。比如工业企业产出的主要部分交给国家安排，按照计划定价进行调拨；超过计划安排的部分允许放到市场上进行销售。这就出现了价格的双轨制，一个是计划内的价格非常低，经常发生短缺；另一个是市场上的价格非常高。由此出现的一个现象是，大家都有积极性做市场，而对完成计划任务得过且过。于是就产生了另外一个现象，即一些有权的人会想办法把计划内的实物指标拿到市场上倒卖，以获取高额的差价和利润，这也就是所谓的"倒爷"。计划与市场的摩擦在这种经济体制中是必然的，1988 年后摩擦达到顶峰，引起了整个国家广泛的通货膨胀。

第二个阶段从 1992 年开始，一直延续到中国加入 WTO 之前。在这个时期中我国对经济体制进行了以市场取向的大幅度改革。早在 1987 年 10 月，党的十三大报告就正式提出，社会主义有计划的商品经济体制，应该是计划与市场内在统一的体制，就是说主体已经是商品经济了，但这个商品经济是有计划的。这种有计划，并不意味着它是计划经济，因而这种提法发生了根本性的变革。应该说，改革从此进入了计划与市场有机结合——计划调节市场、市场引导企业——这样一种新型的经济模式。实际上，这种经济体制其实就是政府放开大部分计划控制的部分，但是在重要领域当中，中央计划还占据主导性的位置。不过，从总体上看，绝大部分的生产销售活动已经全部放开了，其本体已经是市场经济了。在这一阶段中所发生的重大的变革，最主要的是国有企业改革，同时随着外资的大量进入和竞争，大量的地方国有企业、集体经济被改制为民营企业。因为市场经济作为本体，商品经济代替了计划经济，国有企业、集体经济要适应

市场经济的变化，所以这一时期最大的变化是微观基础的变革。

第三个阶段，就是在中国加入 WTO 后到现在这段时间，我国对经济体制改革有了新的提法，即改革的目标是建立社会主义市场经济体制。根据邓小平的理论，计划经济不是社会主义的特征，市场经济也不是资本主义特有的东西。我国的经济体制改革在这一段时期中有了大踏步的前进。在十八届三中全会以前，社会主义市场经济强调坚持市场要在资源配置中起基础性作用，其实就是坚持市场取向的改革，这是当时经济体制改革的核心。十八届三中全会以来到十九大，我国经济体制改革在这个表述上又做了两次微调。一次微调就是把市场在资源配置中起基础性作用，改成了市场要在资源配置中起决定性作用和政府更好发挥作用。另一次微调，就是改为使市场在资源配置中起决定性作用，政府发挥更好的作用。现在把这个市场和政府用逗号分开，意味着市场做市场该做的，政府做政府该做的。十九大之后，中国经济体制改革的方向仍然是市场取向，而且是非常彻底的，既要纠正市场取向改革过度的地方，又要推进市场取向改革不足的地方，重点是通过要素市场化改革纠正资源配置的扭曲，提高全要素生产率。过去两年，中共中央下发过两个文件，分别是《关于完善产权保护制度依法保护产权的意见》和《中共中央国务院关于营造企业家健康成长环境弘扬优秀企业家精神更好发挥企业家作用的意见》。这两个文件是社会主义市场经济运行的核心和灵魂。同时，2018 年在宪法修正案中赋予设区的市一定的立法权。显然这些都是中国经济规范竞争的坚实的微观基础。首先，没有企业家，市场怎么能够运行呢？没有企业家，这个国家的财富怎么会大量地创造呢？其次，对于财产权的保护，如甄别和纠正一些冤假错案，是中央近期正在做的一些事情，它给予人以发展的信念和信心，这是市场经济不能动摇的基础。最后，中国经济的发展长期以来都是靠地方政府竞争。过去，地方政府的权力边界在法律上并没有非常明确的界定，因此宪法修正案对于地方政府给予了很多的立法权，这是一个强化竞争取向的重要信号。所以十九大之后，我国市场改革取向的方向仍然是坚定不移的，而且比过去更加强调竞争对资源配置的效率，这就是高质量竞争。

（二）改革阶段划分的视角之二，就是从政府和市场的改革方法来考虑中国改革的阶段

在这种视角的考虑下，第一个阶段就是政府造市场，或者说叫政府放开市场。因为以前是没有市场的，是政府放开控制后才逐步形成了市场。这是 1978 年之后逐步放开到 1980 年代末的情况。因为这个阶段市场的主体、机制、门类、功能都不具备，所以放开之后出现混乱就是必然的，比如 1988 年、1992 年出现的严重的通货膨胀以及市场秩序的混乱现象。第二个阶段，就是市场冲击政府。在这个阶段中，一个值得注意的问题是混乱过程中形成的各种腐败现象。过去政府官员的权力没有变现市场，现在不规范的混乱市场可以浑水摸鱼，批批条子、弄一些计划指标，就可以把权力货币化，这就是腐败。第三个阶段，政府矫正市场。也就是政府制定规则，规定什么该做什么不该做，市场取向改革过度的地方，把它收回来；市场取向改革不足的地方，就进一步推进改革。这个过程也是治理整顿的阶段。第四阶段，政府调节市场。此时市场已经基本形成了，其功能也开始代替行政计划。但是市场是不完善的，有很多的缺陷，需要政府去发挥弥补市场失败的调节功能，如公共基础设施的建设，等等。最后一个阶段，其实我们还没有彻底完成，但是现在正在不断地往前推进，这就是通过市场来造市场，市场活动的日益泛化，内生地起到了深化市场的作用。

（三）改革阶段划分的视角之三，可以按照经济学套利理论来划分

第一个阶段是城乡套利阶段。表现为农村的劳动力和生产要素往城市流动。尤其是乡镇工业的不断发展，农村社队企业变成乡镇企业，乡镇企业变成中小企业，不断进军原来被城市计划经济控制的领域，从而打开了市场经济的大门，冲破了计划经济的禁锢。农村的要素往城市大规模地流动，是中国改革开放中最伟大的、最激奋人心的重大事件，从江苏、广东、浙江大量的乡镇企业进入到城市工业为基本标志。

第二个阶段，就是国内外市场套利阶段。表现为 1988 年中国加入国

际经济大循环、1992年邓小平南方谈话后浦东开发开放以及2001年中国加入WTO三个时期。这个过程当中,中国经济利用国内外两种生产要素、两种资源,发展出口导向的经济,贸易的爆炸性增长赋予了中国经济增长巨大的动能。进出口贸易对于中国经济增长的贡献比重,最高曾经达到三分之二。我们现在仍然在进行的这个模式,已经遇到逆全球化趋势的巨大挑战,可能需要逐步更新为基于内需的新的经济全球化模式。这些外向型经济模式的基本特征是国内外市场套利。

第三个阶段,实际上已经跨越到要素套利的特征。就是要从过去利用低价格的生产要素来获取世界竞争力的发展格局,转向利用高级生产要素进行创新驱动的发展格局。这种要素套利才刚刚开始,还远没有完成。如果这个套利过程没法完成,那么中国就会陷入中等收入陷阱。因为这个阶段随着发展水平的提高,各种要素的价格都在上升,这就很容易导致单位产品生产成本的上升。如果这种生产成本的上升,不能被随之而来的生产率上升、技术进步所消化掉,就会导致产业的国际竞争力下降。过去为什么中国的产品可以在世界上所向披靡,攻城略地,取得巨大的成就?就是因为有所谓的"中国价格",极大地降低了国外生产商采购成本。为什么会有这种中国价格?其实就是中国的要素竞争力强。中国的生产要素成本现在正在逐渐上升,我们的竞争力也在削弱,而竞争对手的竞争力,如中南美国家、印度、越南、马来西亚等,都正在往前赶。所以,如果你的要素价格在上涨过程中,没法通过技术进步来抵消的话,那么意味着你的产业国际竞争将逐步变得毫无竞争力可言。最终的结果只有一个,那就是经济增速下降,生产力下降,整个国家经济陷入中等收入陷阱。所以这当中的一个核心问题,在国际上可以用一个指标来进行对比,即一个国家从低收入到中等收入再到中高等收入的过程中,如果没有伴随研发投入、人均专利拥有量的迅速提高,一般来说,这个国家就会进入中等收入陷阱。我们国家现在正在面对着这样一个套利阶段的转换,这是跨入到现代化国家前必须给予高度重视的一个门槛。

二、对 40 年来中国改革开放精神内涵的提炼

提炼中国改革开放精神的内涵，有助于我们简要地知晓中国过去所取得的世界经济奇迹的有效经验，并在新时代继续保持和发扬这些精神，为早日实现基本现代化注入不可战胜的精神力量。另外，这些精神也是全世界人类发展史上宝贵的知识性财富。毕竟，全球迄今为止还没有出现过十几亿人口的大国大规模地从贫困走向现代化国家的先例。在此意义上我们可以毫不犹疑地说，中国市场取向改革的经验具有推动世界发展的巨大价值。

提炼、归纳中国改革开放精神内涵的方向和途径很多，不同途径和方向的归纳，都会有不同的特点和观察。如我们可以从中国优秀传统文化发扬光大的角度，把 40 年来的发展概括为中国人民在中国共产党领导下的觉醒与奋斗、学习与创新、勤劳与勤奋等，也可以根据经济学原理，把这种精神概括为从利用比较优势，到创造动态竞争优势的学习能力。这里，笔者觉得比较有意思的，还是要结合我国的具体国情，联系作为执政党的中国共产党的三大工作作风，来切合实际地进行大众容易认可的概括。

（一）走群众路线，充分发挥民间、市场、企业和个人的积极性和主动性，调动全体中国人民投身发展的积极性和创新创业的热情

计划经济和行政命令体制的实质，是不信任人民群众的力量，靠的是少数人的智慧，发挥的是少数人的积极性。坚定市场取向的改革，实际上就是把计划经济条件下的集中决策变为分散决策，纵向命令协调变为横向市场协调，行政动力变为利益动力，由少数人推动的发展努力和积极性，变成全部社会成员的自觉的整体行动，变成全社会的自发的积极性。这就是在发展问题上走群众路线。市场取向的改革把进程建立在民众个人努力的基础上，鼓励大家都来投身发展，这就使全社会的生产力不断增加，使得中国人民的财富不断增加，使经济运行的效率不断上升。在过去计划经济的大锅饭制度下，个体无经济选择权，群体中成员个人无法获取与已投

入努力有关的成果，这势必助长群体成员的分配性努力，降低生产性努力。如此制度安排，社会生产力怎么能得到激励而迸发出来，怎么能不长期表现为短缺经济和供不应求呢？因此，当市场取向的改革纠偏了这种制度安排，就不难想象中国社会开始出现了活力的涌动，开始出现全民追求发展和财富增长的巨大浪潮。

（二）实事求是，一切从实际出发去解决发展当中遇到的困难和问题

改革显然是艰难的、有波折的，但是在改革过程中遇到了困难，不是退却，不是恢复旧体制旧做法，而是勇于面对矛盾和问题，在中国共产党的领导下，始终以实事求是、一切从实际出发的精神和态度去解决问题。正是因为有了这样一种精神和态度，才有了前面所讲的市场经济体制改革的不断前进。例如，过去中国改革中遇到的最大问题，就是如何对待和处理既有利益者的问题。西方人推荐的激进的"休克疗法"的改革，本质上是急速地、彻底地否定旧体制下形成的既有利益。实践证明，这种所谓的大刀阔斧地推进一揽子改革的办法，非但得不到广大社会成员的大力支持，反而会把许多本来赞成改革的人推到改革的对立面去，陡增改革的反对力量和社会成本。与休克疗法不同，中国共产党以实事求是、从实际出发的精神，智慧地、聪明地采取了"增量改革"或"边际改革"，也称为"新人新办法、老人老办法"的改革，从而通过以时间换空间，有效地稳住了部分重要的社会成员，顺利地推进了新旧体制的交替和转换。

（三）勇于批评和自我批评，勇于否定自己，纠正改革开放中的偏差，不断给自己加压

这实际上就是在不断地否定自己的过程中进步，在给自己不断加压的过程中前进。在广东、江苏、浙江这些中国经济改革开放的前沿阵地，都有这样一种不断给自己加压然后奋勇前进的精神。在20世纪90年代初之前，"农转工"是这些地区发展的初始阶段，浙江发展的是私营经济，广东发展的是"三来一补"的外资经济，而江苏走的则是集体经济为主的乡镇

企业道路。90 年代初中期，一直到加入 WTO 之后，两头在外的外向型经济发展，是它们选择的主要发展道路。为适应这种发展模式，江苏在 90 年代后期曾经对集体经济体制做过重大的修正，学习浙江和广东的经验，大力推进民营化取向的微观基础改革。广东和浙江在 21 世纪初，则对其产业结构进行了痛苦的大规模的调整，由此奠定了如今这两个省份经济的强大竞争力。党的十八大之后，这些地区都在反思自己过去的发展理念和发展模式，自加压力，纷纷提出投资驱动转向建设创新型省份的目标，争取早日率先基本实现现代化的战略目标。

三、新时代推进改革开放的新思路、新局面、新思考

未来的改革，坚持的仍然应该是市场取向的改革。其中最根本、最核心的问题在于，过去我们一直侧重于治理体系和治理能力现代化中的纵向治理体系改革，现在需要高度重视和转向其中的横向治理体系改革。

以放权让利为标志，纵向治理体系的改革是我国全部改革的起点。作为国家治理体系和治理能力现代化的基础，财税改革是纵向治理中首选的改革突破口。我国过去的改革，往往局限于政府垂直封闭系统中的内部权力配置调整，或者局限于横向政府职能部门的分工或撤并，一个是条条放权，一个是块块放权。条条放权表现在中央各个部门向所属的底下部门放权，一直放权到基层部门；块块放权是中央给地方放权，一直延伸到基层政权。这些改革都是必需的，但是缺陷是并不真正涉及政府与社会、民间、市场、企业、家庭个人等层面的改革。这是中国社会、市场、民间和个人缺乏活力和创新力量的主要原因，也导致了民间、市场、社会组织形式趋于消失，功能不断弱化，无法承担起资源配置和各种社会经济治理的功能。

下一步进行的全面深化改革，仍然要坚持过去的一些正确做法，这就是要在坚持纵向改革的同时，为了推进改革开放新局面的形成，需要重点转向横向治理的改革。横向治理体系改革是全面深化改革重点和难点，主要应在推进市场取向改革的前提下，努力发育社会组织、民间机构、市场

机制和企业家群体，把大量的集中在政府的权利，分散到市场、企业、企业家、家庭、个人这些主体上去。比如说企业行业协会功能要增加，企业家功能要增加，个人决策功能要增加，从而给企业真正的放权，增加个人的权责利对等性。因此未来改革的方向，其实就是要坚持以横向放权为主的市场改革方向。与此同时，政府应该从过去的盈利性部门中逐步退出，专职社会发展、民生发展，尤其是民生发展应成为政府的主要责任。这是治理体系和治理能力现代化的最重要的内容之一。

一般来说，纵向治理改革尤其是作为突破口的财税关系改革，相对比较容易取得突破性的成就。因为这类改革是在政府部门内部进行的，改革表现为财权、事权和调控权在不同层级政府之间的重新配置和调整，所涉利益并没有发生任何的外溢，而且在统一政体下，官员工作岗位频繁变动，其特定位置与个人利益的关系之间，并不存在那种固定的、长期的紧密联系。同时，考虑到政府内部具有令行禁止的科层特征，因此自上而下的改革可以用行政命令方式顺利推动，抵制和摩擦成本都比较小。这已被过去的改革实践所证明。

回顾分析中国历史上几次重要的改革的经验教训，可以发现，政府之间财权事权的重新配置和调整、集权抑或分权问题，一直是过去的改革首先要解决的问题，过去很多人对政府纵向权力配置的动态变迁特征，有过精彩的概括，即"合久必分，分久必合"。如果回顾中国当代历次改革，则可以发现没有一次真正走出"一统就死、一放就乱、一乱就收、一收又死"的恶性循环的陷阱和巢穴。其中的原因值得深思。

走不出集权与分权问题的恶性循环的陷阱和巢穴，不在于强调中央权力大一些还是地方权力大一些的替代选择，而在于改革的主要措施和方针，局限于重建中央与地方的关系，即所谓"放权让利"。这种分权化改革的主要形式，一是中央向地方主动放权，另一是地方向中央主动要权。在纵向改革取得突破性成就之后，都没有及时由纵向改革路径转向横向改革路径，没有使改革的主要措施转向政府与社会、政府与市场、政府与企业、政府与公民个人的关系的调整，没有把发展权力柔性地下放给社会、民间、市场、企业和个人，因而受到严重行政压制的主体不可能有充分的活力和创造力，既缺少来自社会、民间、市场、企业的发展动力支持，也使政府规模在若干次非实质性改革中越做越大。这是过去纵向改革中集权与分权问题无解的本质原因，也为我们破解这个难题提供了正确的方向和实质性措施。

为什么我们难以顺利地进入横向分权改革？应该说，这种道理我们不是不知道，而是在实际的运行中，可能由于政府力量长期过于强大，使民间、市场、社会组织形式趋于消失，功能不断弱化，因而在其发育不足、功能残缺的条件下，中央集权体制难以放手实施这种本质性的调整和改革，无法让其承担资源配置和各种治理的功能，最后只能再次由政府承担起它自身不应该、不能够和不足以承担的各种社会经济职能。这大概是现在的政府"越位、错位、不到位"现象普遍盛行、难以克服的真正原因。

如果上述分析是对的，那么促使纵向改革转向横向改革的基本对策，就应该是选择改革政府职能和机构、放松市场和社会管制、培育替代政府配置资源功能的各种横向组织和机制等。即我们在推进市场取向改革的前提下，斩断政府与其千丝万缕的包办型联系，努力发育社会组织、民间机构、市场机制和企业家群体。显然，这与推进国家治理体系和治理能力的现代化的改革总目标是一致的。因为，与过去强调"政府管理"等完全纵向的控制关系不同，现代国家治理的关键在于要从政府单方面支配社会，转变到政府与社会的有效互动与互相制衡。这需要重构政府与社会、政府与公民、政治权力与经济权利等各种治理关系。这是一个需要长期探索和建设的任务。

放松纵向控制的范围和程度，一个可能引起担心的主要问题是可能引起社会动乱。确实，在社会和民间的自组织机制匮乏的情况下，横向放权的过程可能就是混乱的过程。因为人类社会不可能像自然科学那样，可以在这个问题上进行大范围的试验，因此这就制约了纵向改革转向横向改革的现实可行性。解决这个问题的根本办法，是必须把依法治国的大政方针摆到全面深化改革的第一线中来。只有在法治框架下培育和发展市场和民间的自组织功能，才能够使整个国家和社会具有健康的微观基础，也才能够反过来促进现代社会的契约精神、法制观念和法治实践的成长。

党的十九大报告提出，当前我国的社会主要矛盾，已经转化为人民日益增长的美好的生活需要和不平衡不充分的发展之间的矛盾。人民对美好生活的需求，不单是对收入和物质的需求，还有对就业、医疗、教育、安全、环境等一系列方面的现实和增长的需求。从需求的这些方面的内容看，其实绝大部分都是社会发展问题和民生发展问题。这就意味着，市场作为资源配置的决定性机制，它在这些领域和活动中是失灵的，是难以起正常的调节作用的，需要政府的强力干预和作为。政府其实是应该在人民对美好生活的追求当中发挥更好的作用，也就是政府要帮助国民创造更多的就业机会、更高的收入水平、更好的教育、更安全的社会、更美好的环境等。只有在这一系列领域当中变成强政府，跟经济与市场领域当中发挥决定性作用的强市场结合起来，才能形成所谓市场、政府双强的格局。否则，政府和市场的"双强"作用是不可能实现的，一种可以预料到的逻辑是：政府代替市场，此功能增，而彼功能减。界定政府和市场各自的领域，在各自的领域中成为"双强"，应该成为中国未来经济体制改革的取向。

（原载于《东南学术》2018 年第 4 期）

改革开放的历史变迁与理论变革

韩震 ——

教授，博士生导师，曾任北京师范大学副校长、北京外国语大学党委书记，教育部社会科学委员会委员，教育部高等学校哲学教学指导委员会委员。

习近平总书记在党的十九大报告中指出：改革开放 40 年来，"我们党团结带领全国各族人民不懈奋斗，推动我国经济实力、科技实力、国防实力、综合国力进入世界前列，推动我国国际地位实现前所未有的提升，党的面貌、国家的面貌、人民的面貌、军队的面貌、中华民族的面貌发生了前所未有的变化，中华民族正以崭新姿态屹立于世界的东方。"中国的改革开放是人类历史上波澜壮阔的历史变革进程。历史将证明，它在人类文明史上的影响和效应完全可以与欧洲的"文艺复兴"和"启蒙运动"相媲美。本文试图对中国改革开放以来历史的变迁与理论的变革，作一次历史哲学的思考。

一、启动改革开放

哲学思想往往成为社会变革的舆论先导。德国诗人海涅曾经说，"思想走在行动之前，就像闪电走在雷鸣之前一样。"中国的改革开放进程就是由一次思想的闪电、一次真正意义上的哲学讨论所启动的，这就是"真理标准"的大讨论。邓小平指出："只有解放思想，坚持实事求是，一切从实际出发，理论联系实际，我们的社会主义现代化建设才能顺利进行，我们党的马克思主义、毛泽东思想的理论也才能顺利发展。从这个意义上说，关于真理标准问题的争论，的确是个思想路线问题，是个政治问题，是个关系到党和国家的前途和命运的问题。"人类是在改造自然、改造社会的实践活动中不断提升自己，推动文明进步和社会发展的。不是理论活动创造历史，而是实践活动推动发展、创造历史。真正的哲学来自人类的实践活动，是时代精神的精华。改革开放的时代，需要解放思想的哲学。真理标准大讨论就扮演了思想解放的理论先导。

真理标准大讨论推动我们冲破思想的牢笼。要真正打破陈规旧制的束缚，在体制机制上进行结构性改革，就必须让思想冲破牢笼。在描写欧洲从中世纪走出来的变革时，德国社会学家滕尼斯指出："新时代的精神可以称之为改变的精神、改造的精神和变革的精神。"作为"第二次革命"的改革开放，就是以自觉而强烈的变革精神推动了中国的发展，使中国社会发生了翻天覆地的变化。旧的习惯和陋俗往往成为限制我们创造力的枷锁，只有打破思想的牢笼，才能挣脱陈规旧俗的束缚，如对来自苏联模式所谓"计划经济"的膜拜、对市场的排斥、对商品经济的恐惧。正如邓小平指出的，"不打破思想僵化，不大大解放干部和群众的思想，四个现代化就没有希望。"无论党还是国家，"如果一切从本本出发，思想僵化，迷信盛行，那它就不能前进，它的生机就停止了，就要亡党亡国"。重要的是，中国的思想解放是着眼于历史发展。邓小平把改革看成是社会主义制度的自我完善。要完善社会主义制度，就要正视我们在体制机制方面存在的问题。邓小平指出："党和国家现行的一些具体制度中，还存在不少的弊端，妨碍甚至严重妨碍社会主义优越性的发挥。如不认真改革，就很难适应现代化建设的迫切需要，我们就要严重地脱离广大群众。"要变革、要创新，就必须让思想冲破旧意识的牢笼，摆脱"两个凡是"的禁锢，让思想在更加广阔的空间思考，这样的思想才能规划更加宏大的发展路径，激励整个中华民族历史变革的实践，从而拓展中华民族发展复兴的可能性空间。

真理标准大讨论推动我们走出自我封闭。理论是认识世界和改造世界的工具，而教条主义是束缚我们思想的桎梏。要真正解放思想就必须摒弃教条主义，如计划经济的教条、"一大二公"的教条、阶级斗争的教条。在真理标准大讨论中，我们不仅摒弃了"两个凡是"的教条，而且通过进一步的思考扬弃了苏联教科书模式的哲学，让带着实践温度的哲学运思多样性展开。思想的解放推动了改革，改革的实践淬炼了思想。在改革中思想持续得到解放，解放了的思想成为进一步改革的推动力量。为了发展社会主义，我们不仅可以引进发达资本主义国家的先进技术装备，也可以学习他们的管理经验。当时邓小平曾经说："中国坚持社会主义制度。吸引外资，合资经营包含资本主义成分，但我们并不担心这方面的问题，它不会影响我们社会主义的基础。至于管理方法、科学技术，则没有社会主义和资本主义之分，资本主义管理方面好的东西，社会主义也可以用。"一个人只有开放自我，才能构建一个内涵更加丰富的自我；同样，一个民族只有放开胸襟，才能成为一个具有世界历史意义的伟大民族。哲学思想启动了改革开放进程，改革开放又推动了哲学视野的拓展。哲学思考与改革开放的实践，进入了双向塑造、相互促进的历史进程。一个民族，只能在与其他文明体的交流互鉴之中，才能激发创造性的内在活力。改革给中国发展注入了动能，而且以最大的发展中国家的海量人力资源和市场推动了世界经济繁荣。不仅经济和文化发展需要国际间的交流互鉴，社会主义制度的完善同样需要在国际交流中得以实现。正像邓小平指出的，"我们的制度将一天天完善起来，它将吸收我们可以从世界各国吸收的进步因素，成为世界上最好的制度。"中国经济社会的发展，充分展现了邓小平论断的预见性，正是这种预见性思想规划并引领了当代中国的跃升式发展，让中国走向以经济建设为中心、优先发展生产力的改革开放进程。

| 二、开拓发展道路

改革的哲学启动了改革的实践，改革的实践检验着改革的哲学，促进了哲学理论的深化与发展。中国改革开放的成功，背后有坚实的科学世界观和方法论。真理标准大讨论让我们重新回到马克思主义的立场观点方法，再次获得了进行彻底理论思考的勇气。我们认识到，为人民谋幸福才是我们的奋斗目标，而贫穷不是社会主义，生产力落后也不是社会主义。社会主义只有创造比资本主义更强的生产力，才能体现社会主义的优越性。正是有了这种关于社会主义新的理论发展，才能指导发展着的社会实践。

探索新的发展道路。中国改革开放的成功，就在于我们按照"解放思想、实事求是、与时俱进、求真务实"的精神，不断深化改革、扩大开放，独立自主地走出了一条中国特色社会主义道路。唯物史观在道路探索中持续地发挥着探路火炬的功能。在改革开放的道路上，我们面临着艰难的选择，一方面要走出让我们陷于徘徊和困境的"老路"，另一方面也不能走向与中国国情不符的"邪路"。在当时的历史情境下，除了"左"的思想影响之外，还有种思潮非常强劲，即"发达国家拥有最完善的制度体系，因此，这种体系同样可以灌输到其他国家，而不考虑每个国家不同的文化特征和历史条件"。但唯物史观告诉我们，社会发展都必须从特定社会的既有历史条件出发，发展不是从无到有，而是一个基于既定社会条件的历史生成过程。不同的文化和历史条件形成了人们之间不同的权利关系，这就构成不同社会发展的不同历史条件或历史前提。中国以及许多国家的改革进程正反两个方面的经验，都明确告诉我们："这种在不考虑基本权利关系和文化差异条件下进行的制度灌输，不仅其本身是无效的，而且事实也毫不留情地证明：这种做法是反生产力的。""显然，把一种解决机制强加给另一个国家，而不考虑这个国家的特殊性，不可能是一种理想的解决方式。"中国只能在马克思主义指引下走自己的路。邓小平指出："改革是社会主义制度的自我完善。"这就是说，改革开放是中国社会的自我成长、自我完善，我们是要成为更加丰富和强大的自我,而不是变成自我否定的"非我"或"他者"。

从苏联那里学来的模式也越来越缺乏活力,东欧剧变显然有其复杂的历史原因。资本主义的市场比较有活力,但又存在贫富分化的根本制度缺陷;历史也证明,凡是走新自由主义道路的发展中国家,基本上都不成功。我们应该何去何从呢?改革开放之初,以邓小平为主要代表的中国共产党人作出了走自己的路、建设中国特色社会主义的历史性抉择。在对比中俄两国的情况时,俄罗斯高等经济学院东方学教研室主任阿列克谢·马斯洛夫指出,中俄"两国改革的主要区别在于,我们是突然采取西化方针,用西方经济模式代替苏联模式。而中国的改革方式从一开始就是反映国家特色和非常务实的:从西方借鉴一切对中国有利的东西。同时保持经济上的独立性。中国广泛对外开放市场,但做得非常谨慎……启动改革的同时,中国人并未放弃自己的遗产,而是将其发扬光大"。显然,我们是独立自主地开展改革开放:坚持社会主义,又引进市场经济;坚持自力更生,又广开大门引进外资。我们逐渐走出了一条有中国特色的社会主义道路。"这是一条从本国国情出发确立的道路。中国立足自身国情和实践,从中华文明中汲取智慧,博采东西方各家之长,坚守但不僵化,借鉴但不照搬,在不断探索中形成了自己的发展道路。"中国坚持独立自主的发展道路,是为了探索符合历史规律的社会主义发展路径。中国改革开放取得举世瞩目的成就,让社会主义重新焕发了生命力、提升了吸引力和影响力,使某些发达资本主义国家也感受到了模式之争的压力,这充分证明了邓小平高瞻远瞩的战略眼光。

实际上,在发展中国家寻求现代化路径过程之中,如果没有独立自主的方针,就很容易成为西方发达国家的附庸。中国40年的改革开放,"显著地缩小了与发达经济体的发展水平和生活质量差距。这一经验充分证明,只要选对了道路,即坚持改革开放促进经济发展的方向,相对落后的国家完全可以实现赶超。"

寻找促进社会发展的新动力。社会要发展，就要有强劲的发展动力。动力来自何处？按照唯物史观，就是要改革生产关系，使生产力的活力得到充分释放。一方面，中国特色社会主义市场经济的建立，激活了中国社会，极大地释放了人们的创造力；另一方面，则带来了生产力的提升和生产效率的提高。

在生产力诸要素之中，人是最具能动性的力量，具有创新能力的人，是生产力水平跃升的关键。在中国改革开放过程中，尊重劳动、尊重人才，越来越成为全社会的共识。先是通过高考和教育改革，激发了全社会学习科学技术知识的热情；然后摘掉了"臭老九"的帽子，把知识分子纳入工人阶级和劳动人民的行列；随后是国家科教兴国战略和创新驱动战略的出台，鼓励人才成长、促进创新文化；创新越来越成为中国社会发展的第一驱动力，这也是中国竞争力提升的战略支撑点。我们越来越认识到，唯有不断创新者才能立于不败之地。有人说，改革开放初期中国靠的是劳动力的成本低廉，但这只是问题的一个方面；更重要的因素是，新中国成立之后，中国教育特别是义务教育的发展为改革开放和社会发展储备了人才队伍。随着社会的发展，中国的竞争力越来越走向了知识和技术创新的方向。按照经济学家费尔普斯的说法，"一个民族的繁荣取决于创新活动的广度和深度。"世界知识产权组织等机构于2018年7月10日发布的全球创新指数报告指出，中国已经跻身全球最具创新性经济体的行列，名列第17位。世界知识产权组织总干事弗朗西斯·高锐指出，通过精心策划、自上而下的创新战略，中国建立了一流的知识产权制度，推动了中国创新发展。"我们看到中国经济正在进行大规模的结构转型，从低成本的劳动力密集型制造业向知识密集型产业转型，而创新是这种转型成功的关键。"可见，我国创新驱动战略和不断完善的国家创新体系，越来越显现了其引领发展的威力。

循序渐进稳妥推进系统性改革。唯物史观和中国传统哲学都强调历史性，一方面要有历史发展，另一方面任何发展都必须以历史条件为前提，不能割断历史。因此，我们没有搞"休克疗法"那一套，而是摸着中国实际的"石头"过市场经济这条"河"。斯蒂芬·佩里说："中国在40年内实现了经济现代化，而美国花了100年，英国花了200年。中国做到了，不是靠机遇和运气，而是运用科学方法。这种科学方法和马克思主义有关：确认想要做的事，进行不同的试验，然后调整，再形成政策……因此有中国特色的社会主义是经历过几十年实践考验的。"实际上，中国改革开放是在马克思主义科学方法论指导下展开的：如实事求是，问题导向；如改革与稳定的统一，两点论与重点论的统一；如历史思维、战略思维、创新思维、辩证思维、底线思维；如善于处理局部和全局、整体和部分、当前和长远的关系；如既注重整体谋划，又善于牵牛鼻子；等等。我们的改革是渐次展开的：从农业改革到工业改革，再到服务业改革；从农村到城市，从沿海到内地，渐次展开、有序推进、逐步深入。先是打开大门"请进来"，而且在沿海的"特区"先对接融合"勾兑"，有了经验再渐次推广；接着是力求"与世界接轨"，即根据世界通行的规则改造自己的法律、机制和政策，达成与世界的对接，其表现主要是积极主动进入世界贸易组织；随后就是产业和资本"走出去"，以自主力量参与并塑造世界资本和商品大流通，其主要表现就是亚投行的建立和"一带一路"倡议。另外，中国最初的改革主要集中在经济领域，然后才逐渐扩大到政治、文化、社会等领域。我们最初的发展更加关注经济生产的发展，随后的进程越来越向经济、政治、文化、社会、生态文明等领域的综合发展过渡。这在党的工作布局的改变中可以看到清晰的轨迹，从"一个中心，两个基本点"到"两手抓，两手都要硬"；从经济、政治、文化的工作布局逐渐变成经济、政治、文化、社会、生态文明的总体布局。还有，中国的改革开放既是问题导向引领的变革，也是以制度建设性为旨归。正像有学者指出的，"推进改革开放，既要解决具体实际问题，更要注重制度化建设和法治化建设。这是因为，制度问题更带有根本性、全局性、稳定性和长期性"。再者，中国的改革是根据社会发展而不断进行的持续变革。正是这种持续的变革，让中国的航船在经济全球化的海洋中绕过无数急流险滩，经济社会不断获得发展。

中国在进行关于变革的思考与实践，只有在变革中才能有新的思想，只有在变革中才能走出新路。

改革开放成就了中国特色社会主义事业，而中国特色社会主义是改革开放的最大成就。正如习近平同志指出的，"中国特色社会主义是改革开放以来党的全部理论和实践的主题，是党和人民历尽千辛万苦、付出巨大代价取得的根本成就。"这些历史性成就，就是中国人民道路自信、理论自信、制度自信、文化自信的现实基础。

历史的变迁推动了理论的变革，理论的变革又进一步推动了历史的发展。这是历史前进的辩证法，也是理论创新的辩证法。

三、树立文化自信

改革开放40年来，经过长期努力特别是党的十八大以来的全面改革和深入开放，"中国特色社会主义进入了新时代，这是我国发展新的历史方位"。党的十八大以来，中国的改革并没有停步，而是继续蹄疾步稳地推进全面深化改革，取得了一系列重大突破和历史性成就。改革的态势是"全面发力、多点突破、纵深推进，着力增强改革系统性、整体性、协同性，压茬拓展改革广度和深度，推出1600多项改革举措，重要领域和关键环节改革取得突破性进展，主要领域改革主体框架基本确立"，有效地破除了各方面体制机制弊端。改革让"中国特色社会主义制度更加完善，国家治理体系和治理能力现代化水平明显提高，全社会发展活力和创新活力明显增强"。

总体而言，改革开放以来，我们大体经历了三个阶段：一是打开大门，为了发展主动向外资开放；二是学习模仿，主动与世界接轨；三是在并跑和竞争中推动塑造更加公正合理的国际秩序。改革开放虽仅40年，其历史效应却是深远的。改革开放不仅改变了中国社会的现实面貌，而且也深刻地改变了中国人民的精神面貌。显而易见，中国的发展越来越要求重塑中国人的现代文化认同。摆脱文化自卑，重塑民族身份，已经成为当下中国发展的重要任务。一个真正具有世界历史意义的民族，必须也必然能够构建稳定开放的民族自主意识。自卑有两种表现方式，一是完全放弃自己，试图让自己变成令人羡慕的"他者"，"全盘西化"论者就是代表；二是极端情绪化地排外，敌视与自己不同的"他者"，文化复古主义就是体现。真正的文化自信应该秉持理性平和的态度，既能够认识到自己的不足，又善于发现别人的优长；既坚持自己的文化传统，又通过学习"他者"来丰富自身的文化，形成符合自身传统的时代思想理论体系。新时代呼唤新理论，我们当下的民族运思应该构建引领民族复兴的新哲学。

构建有实践基础有现实内容的哲学。实践在哲学中的首要地位，已经成为当今中国哲学界的共识。社会发展中的问题，只能通过实践才能加以理论地理解、现实地解决。社会从来不是"本来的存在"，而是通过实践而"生成的存在"。改革开放以来取得的成就所塑造的中华民族伟大复兴的历史趋势，是哲学讨论和思想解放所激发的伟大实践的行动结果。改革开放的行动实践和民族复兴的发展趋势，又呼唤作为时代精神精华的哲学理论创新。既然中国特色社会主义是改革开放以来我们党全部理论和实践的主题，那么 21 世纪中国的马克思主义哲学就必须反映这一主题的内容实质。

构建有交流互鉴有广泛包容性的哲学。实际上，中国人民正是在改革开放过程中才变得越来越自信，因为真正的自信就表现为开放包容。改革开放是中国自主地打开大门搞发展，特别是在"入世"之后，中国人民更加积极主动地学习运用国际市场规则，更加包容地参与市场竞争，更加开放地利用国内国外两种资源、两个市场、两类人才、两种规则，市场意识、知识产权意识、法治意识逐渐深入人心。哈佛大学历史学教授尼尔·弗格森指出："事实上，迄今为止，中国的崛起对于美国一直是福不是祸。"但是，美国等西方发达国家一些人士依然抱持"与他者对峙"的价值观，把中国视为"战略竞争对手"，企图通过种种手段来遏制中国的发展。面对当前"逆全球化"现象以及西方发达国家民粹主义泛起的态势，中国却掷地有声地宣布："站在新时代的历史起点上，中国开放的大门不会关闭，只会越开越大。"中国在改革开放的进程中获得了历史性发展，也只能在进一步改革开放的大潮中实现民族复兴的梦想。中国不是在建隔离"墙"，而是在建世界的联通"桥"。中国不再把世界看作是自己的"他者"，而是看作构建人类命运共同体的伙伴。"当今世界正在经历新一轮大发展大变革大调整"，"中国将以更大力度、更高水平的对外开放促进全球共同发展，为各国分享中国红利创造更多机会。"中国的国际话语不是像某些国家那样不断地制造更多的"他者"，而是积极"建群"以形成更多更大的"朋友圈"，通过交流互鉴塑造更多更广的"我们"。通过转化"他者"成为合作共赢的"我们"，不仅是中国传统价值观的追求，而且也是中国改革开放获得成功的经验。

构建有未来追求有高远理想的哲学。在一个经济全球化的时代，任何民族的崛起都必须以全球为舞台。全球，而不是一地一隅，应当成为我们哲学理论建构的基点。中国古代的历史哲学是"天下观"，这是当时对周边国家文化辐射的话语表达。在笔者看来，"天下"仍然是平面理解世界的概念，而"全球"才是思考世界历史的真正理论视野。随着新大陆的发现、资本主义生产方式的全球扩散以及经济全球化的进程，世界历史已经超越中国的天下观而进入了全球史的阶段。中华民族只有超越所谓"四海之内"的"天下"视野并将其转换为"全球"视域，才能在经济全球化的时代实现民族振兴。在经济全球化背景下，只有积极介入全球经济贸易合作和全球治理的进程中，中华民族才能实现伟大复兴。只有在引领世界和全球治理的探索性进程中，中华民族才能成长为一个具有世界历史意义的民族。

构建引领深化改革扩大开放的哲学。中国正走在从"站起来""富起来"到"强起来"的历史进程中，在这一进程中仍然离不开全面深化改革、扩大开放。只有深化改革，社会才有持续不断的发展动力；只有扩大开放，中国才有成长为具有世界历史意义民族的空间。只有不断深化改革，才能在发展中调整社会关系以适应变化了的社会，获得发展的持续动力；只有不断扩大开放，才能给发展创造更大的空间、获得更多的资源。与此同时，改革的深化需要通过开放不断扩大空间和资源，而开放的扩大也因空间的扩大和差异性的增加而激励创新，推动进一步的改革。改革开放让中国得到发展，中国的发展也造福世界。习近平同志指出，"只有社会主义才能救中国，只有改革开放才能发展中国、发展社会主义、发展马克思主义。必须坚持和完善中国特色社会主义制度，不断推进国家治理体系和治理能力现代化，坚决破除一切不合时宜的思想观念和体制机制弊端，突破利益固化的藩篱，吸收人类文明有益成果，构建系统完备、科学规范、运行有效的制度体系，充分发挥我国社会主义制度优越性。"改革开放让中国走上了中国特色社会主义道路，而中国特色社会主义又推进了中国持续的改革开放，这种双重的推动将把中华民族引向伟大复兴的目标。

构建体现中华民族伟大复兴的哲学。中华民族复兴的哲学是有自觉主体的哲学。这个主体就是 21 世纪走向社会主义现代化进程的中国人民。民族复兴的哲学是与民族共命运、与人民同呼吸的。新时代的哲学是中国人民的哲学、中华民族的哲学、21 世纪马克思主义的哲学。新的哲学是中国的，又是世界的；只有当中国哲学成为真正具有世界意义的哲学，她才配得上引领中华民族复兴的使命。《荀子》曰："正利而为谓之事，正义而为谓之行。"中国的发展改变了世界格局，但是中国并不试图颠覆国际秩序，而是参与维护国际秩序。中国的历史传统决定了中国是国际秩序的维护者，而这种维护是积极的，即让国际秩序朝着更加民主、更加公正、更加合理的方向进行完善和调整。

中华民族伟大复兴的哲学是有时空定位的哲学。中国的哲学必须立足本来，但必须在借鉴外来的同时面向未来，做到与时代共节奏、与世界同步伐。只有这样，才能有高远的价值观作为哲学运思展开的广阔视野。作为时代精华的哲学都是基于特定时代和境遇的，因而是特殊的；但真正的思想精华都是面向未来理想的，都应该具有超越时空的普遍意义，因而又是普遍的。如果哲学是在思想中把握的世界，也是在现实中能够引领世界的思想，那么新的中国哲学就应该是反映全面建成小康社会的哲学，是反映中国人民为建成社会主义现代化强国而努力奋斗的哲学，是新时代中国特色社会主义的哲学表达。

中华民族伟大复兴的哲学是有强大社会功能的哲学。新的哲学是有深厚学理支撑的，更是能够引领实践的理论，可以准确地把握时代、能动地反映现实、创造性地塑造未来。人的主观意识必须通过客观活动才能得以展现，但是没有主观意识的活动不是具有实践力量的活动。正因为如此，习近平才把马克思主义哲学看作领导干部的"看家本领"。只有真正从理论的高度、思想的深度上转变观念，才能在对象化的实践行动上加以展开。我们必须以深化改革寻求发展的活力和动力，以扩大开放扩展发展的空间和舞台。改革开放开启于一次哲学大讨论，而改革开放的深化必然始终伴随着哲学思想的不断深化和哲学视野的持续拓展。

恩格斯曾经指出："一个民族要想站在科学的最高峰，就一刻也不能没有理论思维。"中华民族的复兴呼唤引领时代价值的理论思维，也呼唤新的哲学。中国共产党无愧于"马克思主义理论创新发展的先锋代表"。21世纪新时代中国马克思主义哲学是新的哲学。这种哲学是有自身形态的，又是开放流动的；新的哲学就是启动了改革而又继续推动自身和社会变革的哲学。这种哲学因马克思主义的中国化而实现的现代性启蒙，让中国人民超越了古代中国的哲学视野；这种哲学因具有几千年中华优秀传统文化和思维方式的滋养，有中国特色社会主义独特实践的淬炼，也应该超越西方所谓"现代性"哲学的视域。我们不仅要有高质量的"中国制造"，也要有高品质的"中国创造"，还要有独具特色的当代"中国理论"和"中国哲学"。早在160年前，马克思恩格斯就预见复兴的中国将带来"整个亚洲新纪元的曙光"。一百多年之后，21世纪中国的马克思主义用一种总体性的理论，构建了人类命运共同体的世界历史图景，这一图景体现了深邃的中国智慧，彰显了哲学理论的时代价值。

（原载于《中国社会科学》2018 年第 11 期）

改革开放走出了中国特色社会主义道路

李忠杰 —— 中央马克思主义理论研究和建设工程咨询委员会成员、原中央党史研究室副主任、中国中共党史学会常务副会长、中国中共党史人物研究会常务副会长、中国中共文献研究会副会长等。

改革开放是决定当代中国命运的关键一招。改革开放不仅改变了中国的面貌，而且走出了一条中国特色社会主义道路，为中华民族的未来开辟了光明前景。

回顾 40 年的历程，中国道路是怎样走出来的？在开辟中国道路的过程中，哪些因素起了重要的作用？深入解析，涉及很多内容。限于篇幅，本文梳理几个比较突出的方面。

问题导向

改革开放是时代大势、人民意愿、中国需要、历史经验等各方面因素共同推动的。最直接的，是为了解决现实问题而产生的，是由一大堆难题逼出来的。用现在的语言，就是问题导向。

"文化大革命"结束后，一系列冤假错案浮出水面。大批老干部要求平反，其他遭受冤屈的人们也纷纷写信、上访、找人，请求落实政策。对此，一个勇于修正错误的党，怎能不理不睬？

从人民生活来说，广大老百姓希望尽快发展经济，解决温饱问题，改变长期缺吃少穿的局面。对此，一个负责任的政府，怎能无动于衷？

大乱之后的国家，迫切需要大治，但是无论国家机关还是企业事业单位，处处有禁锢，效率都很低，很多领导干部对此十分不满。

要解决诸如此类的问题，就必须大刀阔斧调整政策，就必须抓紧时间发展经济、发扬民主、建设法制。而所有这些问题，都涉及体制机制问题。因此，百废待兴，百业待兴，归结到一点，就是要进行改革开放。

面对这些问题，恰恰是有几十年革命生涯的老一辈革命家，深谙当时体制的弊端，首先提出了改革开放的要求。也正是为了解决现实问题，党的十一届三中全会毅然抛弃了"以阶级斗争为纲"的"左"的错误方针，决定把党和国家的工作重点转移到现代化建设上来，并作出了改革开放的历史性决策，从而实现了党和国家历史上具有深远意义的伟大转折。

正是现实面临的问题逼出了改革开放的决策，也逼出了一系列具体的改革举措。

"文化大革命"结束后，上千万知识青年回城，仅靠国营企业、集体企业不可能解决他们的就业问题。为了解决这样一大批人的就业、吃饭问题，除了调整和放宽政策，别无他法。

于是，1979 年，国务院批转全国工商局长会议的报告，允许一些有正式户口的闲散劳动力从事修理、服务等个体手工劳动，以解决一部分人的就业问题。

1980 年 6 月，中共中央召开全国劳动就业工作会议，并下发《关于转发全国劳动就业会议文件的通知》，提出要改革劳动就业制度，摒弃"统包统配"方式，实际上把发展个体经济作为解决就业问题的一条重要渠道提了出来。

1982 年，全国人大五届五次会议通过的《中华人民共和国宪法》第十一条规定：在法律规定范围内的城乡劳动者个体经济，是社会主义公有制经济的补充。国家保护个体经济的合法的权利和利益。这一规定意味着正式承认了个体经济的合法地位，从而使个体经济得到高速发展。

个体经济、私营经济怎样来的？说到底，首先是为了解决活命问题、生存问题而来的。这是一条最简单的逻辑。改革开放的一条主线是建立和完善社会主义市场经济，中国道路的一个重大特色也是社会主义市场经济。从实践层面来说，整个社会主义市场经济都是这样在解决现实问题的过程中发展而来的。

改革开放需要回答和解决许多问题，而最大的问题，就是"什么是社会主义、怎样建设社会主义"这个最基本的问题。改革开放，正是在回答这个问题的过程中不断前进的。中国道路，也正是在回答这个最基本问题的过程中开拓出来的。

改革开放的历史必然性，首先在于，它是现实提出的必要要求，是现实问题倒逼的结果。面向未来，要破解各种新的难题，除了深化改革开放，别无他途。

人民意愿

改革是为了人民，人民是改革的主体。改革开放的道理千头万绪，归结到一点，其实就是尊崇人民意愿：人民想吃饭，就让人民吃饭；人民想种地，就让人民种地；人民想进城，就让人民进城；人民想做买卖，就让人民做买卖。

改革开放、中国道路，在相当程度上就是回归常识，最重要的，就是尊崇人民意愿。

为了生存，不少地方的农民在改革开放前，特别是经济困难时期，曾经尝试过"包产到户""包干到户"，但很快就被当作"资本主义"而受到严厉批判。改革开放之初，同样是为了活命、生存，安徽、四川等地的农民又开始了冒险尝试。

小岗村 18 户农民的"生死状"上写的是："我们分田到户，每户户主签字盖章，如以后能干，每户保证完成每户的全年上交和公粮，不在（再）向国家伸手要钱要粮（,）如不成，我们干部作（坐）牢杀头也干（甘）心，大家社员也保证把我们的小孩养活到十八岁。"

为什么农民想自己种地救自己的命，居然还要冒坐牢杀头的危险呢？这种与人民意愿相悖的政策，难道不值得反思吗？

因此，当安徽的大包干出现后，万里主政的安徽省委没有像过去那样马上禁止，也没有匆忙作出结论，而是先派人去实地调查。这使农民的大包干做法受到保护，也鼓励了广大农民改变生产管理方式的尝试。

实践显示了成效。党中央尊重群众愿望，积极支持试验，几年工夫在全国推开。废除人民公社，实行家庭联产承包为主，统分结合、双层经营，解决了我国社会主义农村体制的重大问题。几亿农民获得土地经营自主权，加上基本取消农产品的统购派购，放开大部分农产品价格，从而使农业生产摆脱了长期停滞的困境，广大城乡人民得到显著实惠，带动了整个改革和建设事业。

随着农村改革的发展，亿万农民从土地上解放出来。他们希望寻求更好的工作、更好的生活、更好的发展。于是，凭借一技之长，他们跨县出省，大量走向沿海地区和大中城市，从事修鞋、弹棉花、做服装、配眼镜等工作，后来发展到自己开商店、办公司、做产业、搞金融等。浙江农民形成号称"二百万"的"浙军"，接着又有"川军"出川，"湘军"离湘，形成独具特色的中国"民工潮"。到春节，农民工大批回乡过节，又形成世界无双的返乡过节大军。

农民工的出现，是人民自愿选择的结果。实践证明了农民工的巨大贡献，党和国家充分肯定了农民工的贡献，充分肯定了广大农民及至广大人民自由选择工作、自由流动和迁徙的权利。

40年来，改革开放的每一次突破和深化，每一个新生事物的产生和发展，每一个领域和环节经验的创造和积累，无不是充分尊重人民意愿的结果，无不来自亿万人民的智慧和实践。只有尊崇人民意愿，改革开放才能顺利推进，中国道路才能开辟和发展，党的执政地位才能得到巩固。人民意愿和党的领导的统一，成为中国道路形成的重要原因之一。

解放思想

人民意愿是常识，但常识不一定都能得到认可和实现。因为长期以来，很多基本的常识被非常识的所谓大道理遮蔽和禁锢了。所以，要改革开放、走出一条中国特色社会主义道路来，不可缺少的一个条件，就是解放思想。

"文化大革命"结束后，党面临着思想、政治、组织等各个领域全面拨乱反正的任务。但是这一进程受到"两个凡是"错误方针的严重阻碍。

如果按照"两个凡是"，高考就不能恢复，学校就不能正常办学，知识分子就仍然是"臭老九"，人民就还要靠各种票证过日子，农民和他们的孩子只能永远当农民，"文化大革命"就还要再搞多次……如此下去，中国还有救吗？

所以，不解放思想，就没有改革开放；不改革开放，中国就只能死路一条。党中央一再讲，改革开放是决定中国命运的关键抉择，道理就在这里。

在拨乱反正过程中，解放思想的问题首先被提了出来。

1977年10月，800多名高中级干部和理论骨干走进中央党校，集中讨论"文化大革命"以来党的历史。讨论中遇到的一个突出问题就是，究竟以什么为标准来认识和判定历史是非？是以领袖批示为标准，还是以实践成效为标准？

在胡耀邦的组织和指导下，1978年5月10日，中央党校内部刊物《理论动态》发表《实践是检验真理的唯一标准》一文。5月11日，又以"本报特约评论员"名义在《光明日报》头版发表。一场关于真理标准问题的大讨论由此展开。

随后党的十一届三中全会，坚决批判了"两个凡是"的错误方针，高度评价了关于真理标准问题的讨论。全会公报根据邓小平讲话精神强调：

"一个党,一个国家,一个民族,如果一切从本本出发,思想僵化,那它就不能前进,它的生机就停止了,就要亡党亡国。"

1980年2月,邓小平明确概括了党的思想路线的内容。1982年9月,十二大将思想路线写进了党章,指出:党坚持解放思想、实事求是。党的思想路线是一切从实际出发,理论联系实际,实事求是,在实践中检验真理和发展真理。

拨乱反正需要解放思想,改革开放也需要解放思想。

1984年,福建一批厂长经理给省委书记写信,呼吁为国营企业"松绑",成为改革开放的一个标志性事件。中国的改革开放,在某种意义上,其实就是"松绑"。松什么绑?"松"传统的高度集中体制之"绑","松"传统的各种僵化观念之"绑"。

时隔30年,到2014年,福建30位企业家又致信习近平总书记,以《敢于担当 勇于作为》为题提出建言倡议。习近平总书记回信,特别提到当年"松绑"的呼吁,表示"对此印象犹深"。

所以,在改革开放进程中,党和国家一再强调,要自觉地把思想认识从那些不合时宜的观念、做法和体制的束缚中解放出来,从对马克思主义的错误的和教条式的理解中解放出来,从主观主义和形而上学的桎梏中解放出来。

40年来的改革开放,中国道路的开拓和前进,实际上就是把广大人民群众的积极性、创造性从旧的体制和观念的束缚中解放出来的过程,也就是"松绑""搞活"的过程。

当然,所谓"松绑",不是要松宪法法律、党章党规之绑。这也是不言而喻的。

40年来,正是不断地解放思想、实事求是、与时俱进、求真务实,才有了拨乱反正的成就,才有了改革开放的推进,才有了中国特色社会主义的开辟,才有了国家综合国力的增强和人民生活水平的提高,也才有了中华民族伟大复兴的光明前景。

世界眼光

邓小平强调："我们要赶上时代，这是改革要达到的目的。"他一再要求我们放眼世界、放眼未来，也放眼当前。

这种赶上时代的思想和放眼世界的眼光，对于改革开放的推进和中国道路的开辟，起了重大的作用。

改革开放前的中国，曾经长期处于封闭半封闭的状态，不仅拉大了与发达国家的差距，而且自己还浑然不知。"文化大革命"一结束，才突然发现，外部世界正在以前所未有的速度发生深刻的变化，社会主义已经面临严峻挑战，中国再不改革开放就要被开除"球籍"了。

为了了解世界，1978 年春夏，中国组织了两个特殊的赴国外考察团。一个是以时任国务院副总理谷牧为团长，杨波、钱正英等参加的西欧考察团。另一个是以李一氓为团长，于光远、乔石等参加的南斯拉夫、罗马尼亚考察团。

考察团一路考察，一路议论。开眼看世界，深感世界之大、变化之快，中国不应自我封闭，而应扩大对外经济文化交流和吸引外资，参与国际市场竞争。考察团回国后，向政治局整整汇报了一天，并分别撰写了很有分量的考察报告，上报中央。

为了借鉴和吸收海外的经验，党的十一届三中全会之前召开的中央工作会议，专门印发了《苏联在二三十年代是怎样利用外国资金和技术发展经济的》《香港、新加坡、南朝鲜、台湾的经济是怎样迅速发展起来的》《战后日本、西德、法国经济建设是怎样迅速发展起来的》等参考材料。这些材料开阔了大家的眼界和思路。老一辈革命家看到了世界发展的趋势和潮流，看到了中国与世界的差距和内在联系，下决心实行对外开放，尽快赶上时代潮流。

对外开放是与改革联结在一起的。邓小平说，改革就是搞活，对内搞活也就是对内开放，实际上都叫开放政策。

对外开放，成为新时期我国的一项基本国策。从引进外资和先进技术设备，到引进先进的管理方式和经验；从积极开展对外贸易和科技文化交流，到创办经济特区形成全方位开放格局；从加入世界贸易组织到实行互利共赢战略，中国对外开放的大门越开越大，水平越来越高。

一代代中国共产党人，用马克思主义的宽广眼界观察世界，对当今时代特征和总体国际形势，对世界上其他社会主义国家的成败，发展中国家谋求发展的得失，发达国家发展的态势和矛盾，进行正确分析，作出了新的科学判断，得出了重要的结论，始终坚持对外开放的国策，始终坚持走和平发展的道路，使中国一步步走近世界舞台的中央。

中国道路，是在中国与世界的双向互动中走出来的。

战略制导

改革，作为一项庞大的系统工程，既要有群众的实践和探索，也要有全局的谋划和指导。好比一枚导弹，不仅在发射前就要为它计算和规定所要达到的目标以及运行的轨道和程序，而且在发射后，还必须实行严格的控制和引导，不断调整它的运行路线和方式，使它最终能准确地达到目标。这种过程和举措，就是改革的战略策略制导。

改革是一项崭新的事业，必须完全靠自己的探索走出一条新路来。所以，必须大胆地闯，大胆地试。邓小平说过："没有一点闯的精神，没有一点'冒'的精神，没有一股气呀、劲呀，就走不出一条好路，走不出一条新路，就干不出新的事业。"

中国改革开放获得成功的一条经验，就是一切经过试点、试验，取得经验、初步验证后再加以推广。

比如，为了推开以城市为重点的全面改革，1981年7月31日，国务院批准湖北省沙市成为中国第一个进行经济体制综合改革的试点城市。

为什么先建经济特区？就是要把它当窗口和试验田，先行先试。成功了就推广，不成功就关闭。

这种试点的方法，就是摸着石头过河的方法。陈云说："一件工作的改革，要先进行试验，不能一下就铺开来搞。搞试验要敢想、敢说、敢做，但在具体做时，必须从实际出发，摸着石头过河。要把试验和推广分开，推广必须是成熟的东西，未成熟之前不能大干。"

摸着石头过河，不是不要统筹谋划和统一领导。改革开放以来，党和国家着眼全局，面向世界，制定了一系列重要的战略，包括中国特色社会主义的总体战略、"三步走"发展战略、"五位一体"总体布局和"四个全面"战略布局、对外开放基本国策、依法治国方略、科教兴国战略、创新驱动发展战略、可持续发展战略、区域协调发展总体战略、扶贫开发战略、人才强国战略，等等。党的十八大以来特别是十九大又提出了乡村振兴战略、军民融合发展战略、就业优先战略、健康中国战略、食品安全战略、人口发展战略、国家安全战略等新的战略。所有这些战略，都是在国家层面上的战略谋划，对改革开放和社会主义现代化建设的推进发挥了极其重要的作用。

党的十八大以来，以习近平同志为核心的党中央又进一步提出了"顶层设计"的战略制导方法，要求加强顶层设计和摸着石头过河相结合，整体推进和重点突破相促进，提高改革决策科学性，广泛凝聚共识，形成改革合力。

习近平总书记指出："全面深化改革是关系党和国家事业发展全局的重大战略部署，不是某个领域某个方面的单项改革。"所以，"需要加强顶层设计和整体谋划""更加注重改革的系统性、整体性、协同性"。习近平总书记还指出："摸着石头过河和加强顶层设计是辩证统一的，推进局部的阶段性改革开放要在加强顶层设计的前提下进行，加强顶层设计要在推进局部的阶段性改革开放的基础上来谋划。"

勇于创新

改革开放没有现成的成功经验可以借鉴，中国道路是从没有路的地方走出一条新路来。因此，必须始终坚持创新的精神，勇于创新，善于创新，既要在实践中创新，也要在理论上创新，还要在制度和体制上创新。创新是一个民族进步的灵魂，是一个国家兴旺发达的不竭动力，也是一个政党永葆生机的源泉。

改革开放的很多举措和探索，都曾遇到这样那样的质疑：农村的联产承包责任制到底是社会主义还是资本主义？农贸市场到底是社会主义还是资本主义？国有企业自主经营到底是社会主义还是修正主义？搞经济特区是不是租界又回来了？

面对这些困惑，党中央一再强调，要正确处理理论与实践的关系，要以我国改革开放和现代化建设的实际问题、以我们正在做的事情为中心，着眼于马克思主义理论的运用，着眼于对实际问题的理论思考，着眼于新的实践和新的发展。离开本国实际和时代发展来谈马克思主义，没有意义。静止地孤立地研究马克思主义，把马克思主义同它在现实生活中的生动发展割裂开来、对立起来，没有出路。

1982 年 9 月，在党的十二大开幕词中，邓小平明确指出："把马克思主义的普遍真理同我国的具体实际结合起来，走自己的道路，建设有中国特色的社会主义，这就是我们总结长期历史经验得出的基本结论。"

这一结论，把中国共产党几十年对社会主义探索的基本经验总结了出来，把我们党在漫长历史进程中的使命和任务集中地概括了出来，明确宣告了我们要建设的社会主义，是独立自主的社会主义，是立足于中国国情的社会主义，是中国特色的社会主义。

按这样的思路和方向，全党解放思想、实事求是，在改革开放中形成了一整套建设中国特色社会主义的路线、方针和政策。邓小平说："改革开放以来，我们立的章程并不少，而且是全方位的。经济、政治、科技、教育、文化、军事、外交等各个方面都有明确的方针和政策，而且有准确的表述语言。""如果说构想，这就是我们的构想。""总的来说，这条道路叫做建设有中国特色的社会主义的道路。"

　　理论的创新不断为实践指明方向。1992 年春，在中国向何处去的关键时刻，邓小平发表南方谈话，为改革开放打开了广阔的空间。特别是确认社会主义可以搞市场经济，使我们得以围绕建立和完善社会主义市场经济做了几十年的文章，直到现在还需要继续做下去。

　　在改革开放进程中，先后形成了邓小平理论、"三个代表"重要思想、科学发展观。进入新时代后，形成了习近平新时代中国特色社会主义思想，实现了党的指导思想的又一次与时俱进。它们既是改革开放的产物，又对改革开放起着重要的指导作用。

　　随着改革开放的不断深入，我们相继开辟了中国特色社会主义道路，形成了中国特色社会主义理论体系，确立了中国特色社会主义制度，发展了中国特色社会主义文化。

　　改革开放的实践证明，中国特色社会主义是深深植根于中国大地、符合中国国情、具有强大生命力的社会主义。中国道路，是实现我国社会主义现代化的必由之路，是创造人民美好生活的必由之路。

　　这条道路来之不易，所以要格外珍惜。这条道路的开辟，蕴含着宝贵的历史经验，一定要牢牢记取。

（原载于《北京日报》2018 年 12 月 17 日）

中国经济改革的两条主线

张卓元 —— 中国社会科学院学部委员,中国社会科学院经济研究所原所长,第九届、第十届全国政协委员,国务院学位委员会理论经济学学科评议组成员。

一、问题的提出

1987 年 10 月至 1988 年 6 月，国家经济体制改革委员会（以下简称"国家体改委"）组织中国社会科学院课题组、中共中央党校课题组、北京大学课题组、中国人民大学课题组、吴敬琏课题组、国务院农村发展研究中心发展研究所课题组、国家计划委员会课题组和上海市课题组，就我国中期（1988—1995 年）经济改革规划纲要分别提出报告。这是在我国经济体制改革由旧体制机制向新体制机制转变的关键时期，国家体改委委托有关经济主管部门、科研机构、大专院校及个别直辖市的上百名专家学者，就此后 5—8 年的经济改革应如何展开，提供的具体规划纲要。中国经济改革的成功实践证明，这 8 个课题组的改革规划纲要提出的许多观点、思路和设想，既很有现实针对性，又具有超前性创新性，对推动此后的经济改革起了良好的作用。因此，这是一次集中各方智慧为改革献计献策的成功探索。这 8 个课题组的报告，连同国家体改委综合规划司汇总 8 个纲要的报告，经该司汇编成《中国改革大思路》一书，由沈阳出版社于 1988 年 7 月出版，印数达 5 万册，因对中国经济改革有重要理论创新和实用价值，获 1988 年度孙冶方经济科学奖。

在上百位经济学家对 8 家改革规划纲要进行比较的研讨会上，争论最大的是，我国中期改革的主线是什么。有 3 种不同的主张。第一种主张企业改革中心论或所有制改革中心论，认为中期改革应积极推行股份制，建立现代企业制度。第二种主张中期改革以价格改革为主线，以此推动经济运行机制转轨，以便为企业改革和其他改革创造一个良好的市场环境。第三种主张企业改革和价格改革、所有制改革和经济运行机制改革双线推进，即两条主线论，认为二者如同硬币的两面，不可偏废，应协调配套进行。笔者是主张两条主线论的。今天看来，两条主线论不仅对 1988—1995 年中期改革是有效的，而且对整个中国经济改革进程都是有效的。中国 40 年经济改革的历程，总体上就是沿着这两条主线不断深化的。

二、第一条主线：所有制结构调整和改革，社会主义基本经济制度建立和完善

第一条主线是推进所有制结构的调整和改革，包括国企改革，允许和发展个体私营经济，利用外资，建立新体制的所有制基础包括微观经济主体。总之就是建立和完善社会主义初级阶段的基本经济制度，构建社会主义市场经济发展的经济基础。这包含几大块：一是个体私营经济的重生和发展，二是外资经济的引入和发展，三是公有制（国有制和集体所有制）的调整和改革，以及上述 3 大块在社会主义市场经济发展进程中的角色变化和定位，确立和完善公有制为主体、多种所有制经济共同发展的基本经济制度。

（一）个体经济的恢复和发展

改革开放前，我国是公有制一统天下的局面。1978 年，城市是国有制经济、农村是集体所有制经济，私营经济在 1957 年社会主义改造完成后不久就被扫光，个体经济只在一些缝隙中留下一点点。据统计，改革开放前全国只留下个体经营 14 万户，从业人员 15 万人。

改革开放后，最早打破公有制一统天下格局的动因，是为了解决上千万人的就业问题。也有一个说法叫"知青回城催生个体经济"。"文化大革命"期间，我国经济社会发展缓慢，劳动就业问题已经比较尖锐，"文化大革命"结束后，大批返城知青和落实政策后的各阶层就业问题尤为突出。据统计，截至 1979 年上半年，全国需要安排就业的人数高达2000 万人，其中大专院校、技校毕业生和家居城市的复员转业军人 105万人，按政策留城的知识青年 320 万人，插队返城知青 700 万人，城镇闲散劳动力 230 万人，"反右派斗争"和"文化大革命"中处理错了需要安置的 85 万人。如何增加劳动就业岗位，成为党和政府最紧迫的问题。

1979 年 2 月，国家工商行政管理局召开了"文化大革命"结束后的第一次工商行政管理局长会议。面对巨大就业压力，会议提出并经党中央国务院批转的报告指出，"各地可根据当地市场需要，在取得有关业务主管部门同意后，批准一些有正式户口的闲散劳动力从事修理、服务和手工业等个体劳动，但不准雇工"。尽管有种种限制，但它毕竟为城市个体经济的发展开了绿灯。

1979 年 9 月 29 日，叶剑英在国庆讲话中指出，我国的社会主义制度还处于"幼年时期"，"我国现在还是发展中的社会主义国家，社会主义制度还很不完善，经济和文化还很不发达"，"目前在有限范围内继续存在的城乡劳动者的个体经济，是社会主义公有制经济的附属和补充"。1980 年 8 月，中共中央在《进一步做好城镇劳动就业工作》的文件中指出，"宪法明确规定，允许个体劳动者从事法律许可范围内的、不剥削他人的个体劳动。这种个体经济是社会主义公有制经济的不可缺少的补充，在今后一个相当长的历史时期都将发挥积极作用，应当适当发展。有关部门对个体经济要积极予以支持，不得刁难、歧视。一切守法的个体劳动者，应当受到社会的尊重。"1980 年 12 月 11 日，一个名叫章华妹的 19 岁小姑娘从温州鼓楼工商所领到了"个体工商户营业执照"工商证字第 10101 号。这一批共发出了 1844 户个体营业执照。当年年底，全国从事个体经济的人数迅速达到 80.6 万人。从 1981 年开始，由于党和政府鼓励和扶持个体经济的各项政策陆续出台，我国城乡个体经济快速发展（见表 1）。

表 1 1979—1985 年城镇和农村个体经济从业人员规模（单位：万人）

年　份	城镇从业人员	农村从业人员
1979	31.1	
1980	80.6	
1981	105.6	121.0
1982	135.8	184.0
1983	209.0	537.8
1984	291.0	1013.0
1985	1766.0（城乡共有数）	

（资料来源：苏星：《新中国经济史》，中共中央党校出版社 2007 年版，第 559 页）

个体经济恢复和发展起来以后，在以下几个方面发挥了积极作用。一是发展了生产，特别是小商品生产，包括服装、纽扣、土特产加工、小农具修造等。饮食业的一些风味小吃，多年没有人干，快要失传了，现在又恢复起来。二是搞活了一部分商品流通，繁荣了市场。广大的城乡都开展了集市贸易，一些城市还搞了旧货市场。三是不花国家投资，不占劳动指标，大大增加了商业、饮食业、服务业网点。从党的十一届三中全会到1983 年，全国增加了 534.9 万个相关网点，其中个体经营增加 414.2 万户，占增加总数的87.7%。四是方便了人民生活，不同程度地缓解了部分城乡居民的吃饭难、穿衣难、住店难、乘车难、农民卖难买难的问题。五是扩大了就业门路。六是增加了税收。七是促进了竞争，有活力的个体工商户成为国营和集体的商业、服务业越来越大的一个竞争对手。以上几方面的作用充分说明，个体经济确实是公有经济必要和有益的补充。

（二）私营经济接踵而来

个体经济一发展，私营经济必然接踵而来。有些经营较好的个体工商户要求扩大经营规模和增加经营项目，需要通过雇工增加劳动力，城乡又有相当数量的剩余劳动力，很容易找到雇工。对于雇工经营，开始国家是有限制的。1981年7月7日，《国务院关于城镇非农业个体经济若干政策性规定》指出，"个体经营户，一般是一人经营或家庭经营；必要时，经工商行政管理部门批准，可以请一至两个帮手；技术性较强或者有特殊技术的，可以带两三个最多不超过五个学徒。"

1983年1月，在中共中央印发的《当前农村经济政策的若干问题》（即第一个中央一号文件）中，政策有所放宽。文件将一定范围内的雇工或换工，界定为"均属群众之间的劳动互助或技术协作，都应当允许"。文件特别指出，"农村个体工商户和种养业的能手，请帮手、带徒弟，可参照《国务院关于城镇非农业个体经济若干政策性规定》执行。对超过上述规定雇请较多帮工的，不宜提倡，不要公开宣传，也不要急于取缔，而应因势利导，使之向不同形式的合作经济发展。"这实际上为雇工松了绑。接着的争论是，雇工多少人算是超出了个体经济范畴？当时有经济学家引用马克思《资本论》中列举的一个叙述为依据，认为雇工不到8人的，算个体工商户；雇工8人及以上的，就得算是私营业主即私营经济。此后一般以此作为划分个体经济和私营经济的标准。

1987年4月16日，邓小平在会见香港客人时说："现在我们国内人们议论雇工问题，我和好多同志谈过，犯不着在这个问题上表现我们在'动'，可以再看几年。开始我说看两年，两年到了，我说再看看。""要动也容易，但是一动就好像政策又在变了。动还是要动，因为我们不搞两极分化。但是，在什么时候动，用什么方法动，要研究。动也就是制约一下"。

随着城乡私营企业的不断发展，雇工逐渐普遍。有调查表明，到1990年，全国农村共有雇工8人以上的私营企业6.04万家，雇工99.7万人，每户平均雇工16.5人。在集体经济不强、商品经济发达的地区，雇工经营发展很快，所占比重也大。例如1987年，浙江省温州市雇工8人以上的私营企业达1万多家，产值占该市乡镇企业总产值的70%。1987年，湖北省珍珠大王陆春明拥有资产700多万元，雇工300多人，年均获利100万元以上。

经过一段时间的观察和实践，人们对私营经济的认识逐渐明确。1987年10月，党的十三大报告指出，"社会主义初级阶段的所有制结构应以公有制为主体。目前全民所有制以外的其他经济成分，不是发展得太多了，而是还很不够。对于城乡合作经济、个体经济和私营经济，都要继续鼓励他们发展"；"私营经济是存在雇佣劳动关系的经济成分。但在社会主义条件下，它必然同占优势的公有制经济相联系，并受公有制经济的巨大影响。实践证明，私营经济一定程度的发展，有利于促进生产，活跃市场，扩大就业，更好地满足人民多方面的生活需求，是公有制经济必要的和有益的补充。"1988年4月，七届全国人大第一次会议通过的《中华人民共和国宪法修正案》规定："私营经济是社会主义公有制经济的补充。国家保护私营经济的合法的权利和利益，对私营经济实行引导、监督和管理。"同年，各地工商行政管理机构开始办理私营企业的注册登记，中国私营企业可以名正言顺发展了。1992年确立社会主义市场经济体制改革目标后，私营经济发展迅速（见表2）。

表 2 1992—1997 年全国私营经济发展状况

年　份	户数（万户）	增幅（%）	人数（万人）	资本（亿元）
1992	13.9	28.8	231.9	221.2
1993	23.8	70.4	372.6	680.5
1994	43.2	81.7	648.4	1447.8
1995	65.5	51.4	956.0	2621.7
1996	81.9	25.2	1171.1	3752.4
1997	96.1	17.3	1349.3	5140.1

（资料来源：《〈中共中央关于完善社会主义市场经济体制若干问题的决定〉辅导读本》，人民出版社 2003 年版，第 42—43 页）

私营经济的发展，对我国发展社会主义市场经济起着积极作用。（1）个体私营经济的快速增长，对国内生产总值的贡献率已从 1979 年的不到 1% 增加到 2001 年的 20% 以上。（2）20 世纪 90 年代以来，个体私营经济发展成为新增就业的主渠道。1992—2000 年，个体私营企业年均净增 600 万个工作岗位，提供的就业岗位占全社会新增就业岗位的四分之三。（3）私营经济的发展带动了一批新兴产业发展，突出地表现为民营科技企业的迅速发展。1992 年到 20 世纪末，民营科技企业实现技工贸总收入和上缴税金年均以高于 30% 的速度增长。到 2001 年，全国民营科技企业已发展到 10 多万家，企业长期员工达 644 万人，企业资产总额超过 24800 亿元，出口创汇 319 亿美元。（4）私营经济的发展推进了所有制结构的调整和优化，为社会主义市场经济创造了一个多元市场主体互相竞争、充满活力的体制与市场环境，调动广大群众的积极性，为加快经济增长共同出力。

（三）引进和利用外资

改革开放初期，对外开放主要是办经济特区和引进与利用外资。1980

年 8 月，第五届全国人大常委会第十五次会议批准国务院提出的《广东省经济特区条例》，正式宣告在深圳、珠海、汕头三个市设置经济特区。随后，全国人大常委会又批准了《福建省厦门经济特区条例》。1981 年 5—6 月，《广东、福建两省和经济特区工作会议纪要》为特区建设提出了一系列政策性意见。主要内容包括：创办经济特区是为了吸收利用外资，引进先进技术，拓展对外贸易，加速经济发展，同时在实践中观察与研究当代资本主义经济，学习与提高参与国际交往的本领，进行经济体制改革试验；特区经济的所有制结构，为社会主义经济领导下并存的多种经济成分；在工业生产方面，外商企业所占比重可以大于内地；特区经济活动在社会主义计划指导下充分发挥市场调节作用；等等。

对于兴办经济特区和利用外资，各界从一开始就有不同意见，主要是提出经济特区"姓资还是姓社"的诘难。但在党中央和邓小平的大力支持下，深圳特区头几年就做出成绩。1982 年深圳特区工业产值达到 3.6 亿元，1983 年跃升至 7.2 亿元。邓小平听到后，非常高兴，在 1984 年 1 月 26 日考察深圳时，挥笔题写了"深圳的发展和经验证明，我们建立经济特区的政策是正确的"。在以邓小平为主要代表的党中央的支持和领导下，从经济特区到全国，利用外资逐步扩大，外商直接投资企业越来越多，逐渐成为我国市场主体的重要组成部分（见表 3）。

表 3　1979—2012 年中国实际使用外资概况（单位：亿美元）

年　份	总金额	外商直接投资额	外商其他投资额
1979—1984	181.87	41.04	10.42
1985	47.60	19.56	2.98
1986	76.28	22.44	3.70
1987	84.52	23.14	3.33
1988	102.26	31.94	5.45
1989	100.60	33.92	3.81

续上表

年　份	总金额	外商直接投资额	外商其他投资额
1990	102.89	34.87	2.68
1991	115.54	43.66	3.00
1992	192.03	110.08	2.84
1993	389.60	275.15	2.56
1994	432.13	337.67	1.79
1995	481.33	375.21	2.85
1996	548.05	417.26	4.10
1997	644.08	452.57	71.30
1998	585.57	454.63	20.94
1999	526.59	403.19	21.28
2000	593.56	407.15	86.41
2001	496.72	468.78	27.94
2002	550.11	527.43	22.68
2003	561.40	535.05	26.35
2004	640.72	606.30	34.42
2005	638.05	603.25	34.80
2006	670.76	630.21	40.55
2007	783.39	747.68	35.72
2008	952.53	923.95	28.58
2009	918.04	900.33	17.71
2010	1088.21	1057.35	30.86
2011	1176.98	1160.11	16.87
2012	1132.94	1117.16	15.78

续上表

年　份	总金额	外商直接投资额	外商其他投资额
1979—2012		12761.08	581.70

（资料来源：中华人民共和国国家统计局编：《中国统计年鉴2013》，中国统计出版社2013年版，第243页）

在中国吸引的外商直接投资中，前期较多投向制造业，对工业增长的贡献相当突出。2005年和2011年，在工业部门总资产中，外资所占比重分别达26.27%和23.97%。2011年起，第三产业外商投资金额所占比重上升到50.2%，2012—2016年全国累计实际引进外资4894.2亿美元，同时，外资结构进一步优化，服务业占全国吸引外资的比重于2016年年末上升到70.1%，高技术行业引进外资年均增长11.7%，跨国公司在华设立的地区总部、研发中心等机构超过2000家。外商投资企业以不足全国各类企业总量的3%，创造了近一半的对外贸易、五分之一的财政税收、七分之一的城镇就业。这些均表明，外商投资企业已是中国相当重要的市场主体，对经济和出口增长、增加就业、上缴税收、引进先进技术和管理等，作出了重要贡献。

（四）公有制包括国有制和集体所有制的改革

中国经济改革是从农村实行家庭联产承包责任制开始的。1978年12月，安徽省凤阳县梨园公社小岗村的18位农民，签订了"包产到户"的生死契约。小岗村和其他地方自发搞起来的包产到户或包干到户的星星之火，由于得到中央层面领导的支持，迅速成燎原之势在全国各地推开。1980年年底，全国实行包产到户和包干到户的生产队占比从年初的1.1%上升到14.9%。1980年是中等年景，当年中国农村农业产量增减的情况是，仍然坚守人民公社三级所有制的地方产量不增不减；实行包户到组的地方增产10%—20%；实行包产到户的地方增产30%—50%。事实证明，包产到户的责任制能大大解放生产力，这又反过来加速包产到户经营方式的推广。到1981年6月，全国实行农户家庭承包的生产队已占生产队总量的

86.7%。农村推行家庭联产承包责任制，尽管没有改变土地的集体所有制性质，但实现了所有权和经营权的分离，从而调动了农民的生产积极性，有力地促进了农业生产的恢复和发展，为中国改革开放的成功打响了第一炮。

与此同时，乡镇企业异军突起。改革开放后，农村社队企业迅速发展。到1983年，社队企业职工人数达3235万人，总产值达1019亿元，实现利税177亿元，分别比1978年增长14.4%、104.5%和69%。1984年3月，中央批转了原农牧渔业部呈报的《关于开创社队企业新局面的报告》，文件把社队企业正式更名为乡镇企业，包括由个体私人办和联户办的企业。文件指出，乡镇企业是农业生产的重要支柱，是广大农民群众走向共同富裕的重要途径，是国家财政收入的重要来源，是国民经济的重要补充。此后乡镇企业发展迅速，到1988年，乡镇企业从业人员达9545万人，总产值达7018亿元，实现利税836亿元。1989—1991年，国家实行治理整顿政策，乡镇企业发展趋缓。1992—1996年，乡镇企业发展加快。1996年，乡镇企业从业人员达1.35亿，增加值近1.8万亿元，实现利税5787亿元。

乡镇企业的崛起，既得益于较早形成了灵活的经营机制，也得益于产品短缺的外部经济环境。但随着改革开放的深化，特别是当整个经济由卖方市场于20世纪90年代中后期逐步转向买方市场，市场体系逐步形成，市场机制作用增强，乡镇企业一些深层次问题逐渐暴露出来，政企不分、产权不明晰成为制约乡镇企业进一步发展的障碍。因此，从20世纪90年代中后期以来，乡镇企业逐步开展了以改变政企不分、明晰产权关系为重点的改革。据农业部统计，到2006年，在中国168万家乡镇企业中，95%实行了各种形式的产权制度改革，其中20多万家转成了股份制和股份合作制企业，130万家转成个体私营企业。

1978年以来，四川省等开始选择一些国营企业进行扩大企业自主权试点。随着市场取向改革的推进，大量国有企业由于没有很好转换经营机制，不能适应市场经济的发展而陷入困境。1997年，党和政府提出帮助国有企业脱困的任务。其目标是，从1998年开始，用3年左右的时间，使大多数国有大中型亏损企业摆脱困境，力争到 20 世纪末，大多数国有大中型骨干企业建立现代企业制度。到 2000 年，这一目标已基本实现。此后，国有工商企业迅速发展，总资产和净资产快速增加，税收和利润同步增长。2012 年，已有 64 家国有企业进入《财富》杂志发布的世界 500 强名单。国有经济仍牢牢控制着国民经济命脉的重要行业和关键领域。2012 年年底，国有控股上市公司 953 家，占我国 A 股上市公司总量的 38.5%，市值达 13.71 万亿元，占 A 股上市公司总市值的 51.4%。

党的十八大以来，国有经济改革和发展进一步取得很大进展。截至 2017 年年底，国有企业（全国国资监管系统企业）资产总额已达 160.5 万亿元，上缴税费总额占全国财政收入的四分之一，工业增加值占全国 GDP 的五分之一。其中，中央企业资产总额 54.5 万亿元。2016 年，《财富》杂志公布的世界 500 强企业中，上榜的国有企业增加到 83 家。

党的十五大报告首次提出关于社会主义基本经济制度的命题。"公有制为主体、多种所有制经济共同发展，是我国社会主义初级阶段的一项基本经济制度。这一制度的确立，是由社会主义性质和初级阶段国情决定的：第一，我国是社会主义国家，必须坚持公有制作为社会主义经济制度的基础；第二，我国处在社会主义初级阶段，需要在公有制为主体的条件下发展多种所有制经济；第三，一切符合'三个有利于'的所有制形式都可以而且应该用来为社会主义服务。""十一届三中全会以来，我们党认真总结以往在所有制问题上的经验教训，制定以公有制为主体、多种经济成分共同发展的方针，逐步消除所有制结构不合理对生产力的羁绊，出现了公有制实现形式多样化和多种经济成分共同发展的局面。继续调整和完善所有制结构，进一步解放和发展生产力，是经济体制改革的重大任务。"

党的十八届三中全会决定进一步指出，"公有制为主体、多种所有制经济共同发展的基本经济制度，是中国特色社会主义制度的重要支柱，也是社会主义市场经济体制的根基。"该决定对如何坚持和完善基本经济制度提出了一系列改革举措，包括完善产权保护制度，积极发展混合所有制经济，推动国有企业完善现代企业制度，支持非公有制经济健康发展。党的十九大报告也指出，"必须坚持和完善我国社会主义基本经济制度和分配制度，毫不动摇巩固和发展公有制经济，毫不动摇鼓励、支持、引导非公有制经济发展"。总之，巩固和完善社会主义初级阶段基本经济制度，是今后我国所有制结构调整和改革的主要任务。

三、如何理解公有制为主体

关于基本经济制度中的公有制为主体，从 2013 年开始起草党的十八届三中全会决定以来，存在两种差异很大的看法。鉴于改革开放后非公有制经济的迅速增长，对 GDP 的贡献率已超过 50% 甚至 60%，对全社会固定资产投资的比重也已超过 60%，对全社会新增就业岗位的贡献超过 80% 甚至 90%，有的理论界人士认为，公有制主体地位已被突破，社会主义制度的根基受到动摇，主张限制非公有制经济的发展；有的甚至建议对财富积累特别多的富豪动手，实行再公有化。与此相反，另有理论界和工商界的人士认为，中国现实经济活动已经发展到实际上是民营经济为主体，如果继续坚持以公有制为主体，似乎名不副实，也不利于民营经济的发展。他们建议，基本经济制度改为以国有经济为主导、多种所有制经济共同发展。以上两种认识都是不全面的，都没有很好认识公有制为主体的含义。

1997 年党的十五大报告在确立公有制为主体、多种所有制经济共同发展的基本经济制度时，对公有制为主体的含义曾作出明确规定："公有制的主体地位主要体现在：公有资产在社会总资产中占优势；国有经济控制国民经济命脉，对经济发展起主导作用。这是就全国而言，有的地方、有的产业可以有所差别。公有资产占优势，要有量的优势，更要注重质的提高。国有经济起主导作用，主要体现在控制力上。"从 1978 年改革开放到 2017 年的 39 年间，中国 GDP 增长了 33.5 倍，中国 GDP 占世界总量的比重已从 1978 年的 1.8% 上升到 2017 年的 15.3%。国有经济、集体和合作经济、个体私营经济、外资经济以及不同所有制经济的混合经济，都获得巨大发展。

在这种情况下，公有资产在社会总资产中占优势，国有经济控制国民经济命脉对经济发展起主导作用，都没有发生根本性变化。

一些专家对我国经营性资产进行估算，得出的结论是：截至 2012 年，我国三次产业经营性总资产约为 487.53 万亿元（含个体工商户资产），其中公有制经济的经营性资产规模是 258.39 万亿元，占 53%。如果加上非经营性资产，如国有的自然资源资产，则公有资产在社会总资产中更是占绝对优势。根据财政部、国务院国有资产监督管理委员会（国资委）、国家统计局等部门公布的公开数据测算，截至 2015 年年底，经营性国有资产净值约为 34.46 万亿元，行政事业性国有资产净值约为 11.23 万亿元，金融性国有资产净值约为 53.41 万亿元，资源性国有资产净值约为 458 万亿元（其中约 43 万亿元可直接出售或交易），四项国有资产净值合计 557.1 万亿元。可见，资源性国有资产占总资产的大头，公有资产一直在社会总资产中占优势。至于国有经济控制国民经济命脉对经济发展起主导作用，则至今没有人对此产生怀疑。总之，经过 40 年改革开放，各种所有制经济的资产都大幅增加，但公有资产在社会总资产中占优势并没有变，而且党的十五大对公有制为主体的规定，为各种所有制经济的共同发展提供了很大的空间。因此，今后必须继续坚持和完善公有制为主体、多种所有制经济共同发展的基本经济制度。

四、第二条主线：经济运行转向市场主导型，市场在资源配置中起决定性作用，更好发挥政府作用

中国经济体制改革的第二条主线是经济运行机制的改革，主要包括以市场取代计划在资源配置中起基础性和决定性作用；政府主要运用财政政策和货币政策调控宏观经济，使其稳定健康运行。

中国改革开放是从经济活动中引入市场机制展开的，启动于逐步放开价格搞活市场。20 世纪 80 年代初放开小商品、鲜活农产品和工业消费品价格后，这些商品很快就像泉水般涌流出来，大大改善了长期紧缺商品的供应，充分展现了市场机制搞活经济的魔力，市场配置资源比用指令性计

划配置资源更有效率、更具活力。1992 年召开的党的十四大，科学总结了改革开放 13 年的经验，提出把建立社会主义市场经济体制作为中国经济改革的目标模式。党的十四大报告指出，"改革开放十多年来，市场范围逐步扩大，大多数商品的价格已经放开，计划直接管理的领域显著缩小，市场对经济活动调节的作用大大增强。实践表明，市场作用发挥比较充分的地方，经济活力就比较强，发展态势也比较好。我国经济要优化结构，提高效益，加快发展，参与国际竞争，就必须继续强化市场机制的作用。实践的发展和认识的深化，要求我们明确提出，我国经济体制改革的目标是建立社会主义市场经济体制，以利于进一步解放和发展生产力。""我们所要建立的社会主义市场经济体制，就是要使市场在社会主义国家宏观调控下对资源配置起基础性作用"，"同时也要看到市场有其自身的弱点和消极方面，必须加强和改善国家对经济的宏观调控。"2013 年，党的十八届三中全会决定进一步把市场对资源配置的基础性作用提升为决定性作用，指出经济体制改革"核心问题是处理好政府和市场的关系，使市场在资源配置中起决定性作用和更好发挥政府作用。市场决定资源配置是市场经济的一般规律，健全社会主义市场经济体制必须遵循这条规律，着力解决市场体系不完善、政府干预过多和监管不到位问题。"

中国经济运行机制改革，主要包括以下几个方面。

（一）价格改革

改革开放以来，中国价格改革常常走在各项改革的前列。1985 年起，中国价格改革就以放开价格为主，逐步放开农副土特产品和工业品价格，商品市场呈现繁荣景象，上百种票证相继被取消，到 1998 年终于形成了期盼已久的买方市场格局。到 2008 年，社会商品零售总额、农副产品收购总额、工业生产资料销售总额中，市场调节价格的比重均已达 95% 以上，各种服务价格也已大部分放开，说明绝大部分商品和服务价格已实现市场化。

进入 21 世纪后，中国价格改革的重点已转向资源产品和生产要素价格的市场化。水、煤炭、石油、天然气、电力、铁矿石等矿产品，以及劳动力、资金、土地等的价格市场化改革逐步推开并取得进展。最新统计数据显示，到 2016 年，全国 97% 以上的商品和服务价格已放开由市场调节，剩下不到 3% 实行政府定价的商品和服务价格，也主要限定在党的十八届三中全会决定所说的"重要公用事业、公益性服务、网络型自然垄断环节"。

（二）加快建设现代市场体系

统一开放、竞争有序的市场体系，是使市场在资源配置中起决定性作用的基础。改革开放以来，中国市场体系的发育可分为四个阶段。第一阶段为 1978—1991 年，在价格改革大步推进的带动下各类市场蓬勃发展。1985 年起，随着农副产品价格和工业消费品价格的放开，全国各地的农副产品市场包括批发市场和零售市场纷纷建立和不断扩大，工业消费品市场也越来越繁荣。中国从 20 世纪 80 年代初实行工业生产资料价格双轨制。据 1988 年统计，在重工业品出厂价格中，按国家定价销售的比重，采掘工业品为 95.1%，原材料产品为 74.6%，加工工业产品为 41.4%，其余均为市场价格销售部分。1985—1988 年经济过热，双轨价差很大，有的产品市场价高出计划价两三倍之多，助长了"走后门"和贪污腐败等不正之风，各方面对价格双轨制批评之声不绝于耳。1988 年，受通货膨胀的干扰，价格闯关未成，中央采取治理整顿措施，抑制投资过热和通货膨胀，缓解供求矛盾，促使工业生产资料市场价格回落。到 1990 年，双轨价差大幅缩小至 50% 至 1 倍之间，有的产品双轨价甚至非常接近。在这种情况下，党和政府及时采取措施于 1991 年实现了工业生产资料价格双轨制并轨，一般并为市场单轨价，为价格双轨制划上圆满句号，工业生产资料市场走上正常运行轨道。同时，生产要素市场改革开始起步。最突出的是在 1990 年 12 月，上海证券交易所和深圳证券交易所先后成立和营业，中国有了自己的资本市场，标志着中国市场体系建设开始迈入中高端水平。

第二阶段为 1992—2001 年，各类市场向纵深发展，国有企业从行政部门附属物向市场主体转变，市场格局从卖方市场向买方市场转变。首先是打破城市福利分房制度后，房地产市场逐渐兴起和发展。到 1999 年年底，全国可售公房的 60% 以上已经出售给居民家庭，城镇居民住房自有率达到 70%。1998 年，全国新建商品房销售面积为 12185.3 万平方米，而到 2001 年，全国新建商品房销售面积达到 22411.9 万平方米，增长近 84%。其次，国有企业从 1993 年明确改革方向为建立现代企业制度后，通过公司制股份制改革，逐渐成为自主经营、自负盈亏的市场主体和法人实体。与此同时，个体私营和外资经济发展迅速，逐渐成为社会主义市场经济的重要组成部分。最后，市场格局从卖方市场转向买方市场。国家国内贸易局（部）1995 年以来对 600 多种主要商品供求状况的调查结果表明，从 1995 年开始，供过于求的迹象开始出现，到 1998 年上半年，中国消费品零售市场上已经没有供不应求的商品，而供过于求的商品的比例已达 25.8%。

第三阶段为 2002—2012 年，以加入世界贸易组织为契机，构建开放型现代市场体系。首先，外商投资企业逐渐成为我国市场主体的重要组成部分。1992 年确立社会主义市场经济体制改革目标和 2001 年加入世界贸易组织，使中国吸收和利用外资走上了快车道，到 2014 年，中国已连续 23 年成为吸收国际直接投资最多的发展中国家。2012 年年底，全国外商投资企业共计 440609 家，投资总额 32610 亿美元，注册资本 18814 亿美元，其中外方为 14903 亿美元。2013—2017 年，我国每年实际使用外资都在 1 千亿美元以上。其次，对外贸易迅速发展，加入世贸组织使我国加快融入经济全球化进程。改革开放之初的 1978 年，中国货物进出口总额只有 206 亿美元，居世界第 32 位。改革开放后，对外贸易快速发展。加入世贸组织后，进一步推动了货物进出口贸易的高速增长。2004 年中国货物进出口总额突破 1 万亿美元大关，2007 年突破 2 万亿美元大关，2011 年超过 3 万亿美元。2013 年，中国货物进出口总额达 4.16 万亿美元，一举超过美国成为世界第一大货物进出口贸易国。同时，我国服务贸易迅速发展。20 世纪 80 年代初期，中国服务贸易规模只有 40 多亿美元。加入世贸组织后，中国服务贸易步伐明显加快。2003 年服务贸易总额首次突破 1 千亿美元，2013 年已超过 5 千亿美元。对外贸易的高速增长，有力地推动了中国经济的快速增长。2005—2007 年连续 3 年，我国货物和服务净出口对国内生产总值的贡献率达到 10% 以上。最后，2005 年和 2006 年股权分置改革是完善我国资本市场的重大举措。由于历史原因，我国上市公司中普遍存在流通股与非流通股两类股份。上市公司向社会公开发行的、在上海和深圳证券交易所上市交易的股票，称为流通股；而同样由上市公司发行但暂不上市交易的股票，称为非流通股。流通股比非流通股价格高很多，不利于资本市场的健康发展。为解决股权分置问题，2005 年 4 月经国务院批准，证监会发布了《关于上市公司股权分置改革试点有关问题的通知》，开始启动股权分置改革试点工作。同年 9 月，证监会等发布了《上市公司股权分置改革管理办法》等配套文件，指导股权分置改革逐步推进。截至 2006 年年底，沪深两市已完成或者进入股权分置改革程序的上市公司共 1301 家，占应改革上市公司的 97%，对应市值占比 98%，标志着中国股权分置改革基本完成。

第四阶段始于 2013 年，提出市场在资源配置中起决定性作用，争取到 2020 年完善现代市场体系。首先，2013 年党的十八届三中全会决定提出市场在资源配置中起决定性作用。用"决定性作用"代替沿用了 21 年的"基础性作用"，主要是为了更好地深化市场化改革，力争到 2020 年，在经济的重要领域和关键环节，取得决定性成果，使社会主义市场经济体制更加成熟更加定型。其次，商事制度改革激发市场主体活力，改善营商环境。由先证后照改为先照后证，把注册资本实缴登记制逐步改为认缴登记制，使新设立企业快速增长。此项改革前的 2013 年，平均每天新设企业 6900 家；改革后，2014 年平均每天新设企业 1 万家，2015 年为 1.2 万家，2016 年为 1.5 万家，2017 年为 1.66 万家。最后，继续深化价格改革。对于具备竞争条件的商品和服务价格一律放开，目前 97% 以上的商品和服务价格实现了市场调节。今后的重点是完善能源、交通运输、农业、医疗等领域的定价机制。

（三）改革宏观调控机制，完善宏观调控体系

改革开放前，我国实行传统的计划经济体制。1978 年底改革开放后，随着市场化的不断推进，经济搞活了，微观经济主体有活力了，宏观经济

管理必须跟上，才能使整个经济稳定健康运行。1985 年的"巴山轮"宏观经济管理国际讨论会，取得了一些共识。首先，改革开放在微观经济放活后，政府对宏观经济的管理，应从原来的直接管理、计划管理转变为间接管理为主，主要运用经济和法律手段并辅之以行政手段。这也是宏观经济管理体制改革的主要内容。其次，宏观经济管理的经济手段，主要采取适当的"反周期"财政政策和货币政策，保持宏观经济的稳定运行。最后，宏观经济管理体制改革要有国企改革、发展非公经济、价格改革、建立市场体系等与之配合。1997 年，党的十五大报告明确提出，"宏观调控的主要任务，是保持经济总量平衡，抑制通货膨胀，促进重大经济结构优化，实现经济稳定增长。宏观调控主要运用经济手段和法律手段。要深化金融、财政、计划体制改革，完善宏观调控手段和协调机制。"党的十八届三中全会决定进一步指出，"宏观调控的主要任务是保持经济总量平衡，促进重大经济结构协调和生产力布局优化，减缓经济周期波动影响，防范区域性、系统性风险，稳定市场预期，实现经济持续健康发展。"改革开放以来，中国宏观经济管理体制改革就是按照上述规定不断深化和完善的。

在实践中，改革开放以来的中国宏观经济调控是成功和有效的，主要标志是改革开放 40 年来中国经济每年都在增长，没有一年出现负增长，而且最低年份的 GDP 增长率也达 3.9%（1990 年），虽然出现过两次（1988—1989 年、1993—1995 年）两位数的 CPI 上涨率，但较快得到有效控制和治理，1995 年以后的 20 多年一直没有再出现 CPI 两位数上涨。1979—2017 年近 40 年，GDP 以年均 9.5% 的速率快速增长，而 CPI 年均上涨率不到 5%。这是一个绝佳的搭配，表明中国经济的快速增长是在保持经济总体稳定的条件下取得的，在世界经济发展史上未曾有过。

宏观经济调控是社会主义市场经济下政府最重要的职责。党的十八届三中全会决定指出，"政府的职责和作用主要是保持宏观经济稳定，加强和优化公共服务，保障公平竞争，加强市场监管，维护市场秩序，推动可持续发展，促进共同富裕，弥补市场失灵。"党的十八届三中全会以后，政府一方面推进审批制度改革，进行"放管服"改革，克服政府直接配置资源过多和对微观经济活动干预过多的问题。另一方面，政府努力做好公共服务、市场监管、社会治理和保护环境等工作。这样做，就能更好地保持社会主义市场经济的健康运行。

五、两条主线论符合党的十九大报告新时代经济改革两个重点的规定

2017年，习近平总书记在党的十九大报告谈到新时代建设现代化经济体系时指出，"经济体制改革必须以完善产权制度和要素市场化配置为重点，实现产权有效激励、要素自由流动、价格反应灵活、竞争公平有序、企业优胜劣汰。"

2003年，党的十六届三中全会通过的《中共中央关于完善社会主义市场经济体制若干问题的决定》指出，"产权是所有制的核心和主要内容，包括物权、债权、股权和知识产权等各类财产权。建立归属清晰、权责明确、保护严格、流转顺畅的现代产权制度，有利于维护公有财产权，巩固公有制经济的主体地位；有利于保护私有财产权，促进非公有制经济发展；有利于各类资本的流动和重组，推动混合所有制经济发展；有利于增强企业和公众创业创新的动力，形成良好的信用基础和市场秩序。这是完善基本经济制度的内在要求，是构建现代企业制度的重要基础。"党的十八届三中全会决定关于经济体制改革部分的第一条，写的就是完善产权保护制度，提出公有制经济财产权不可侵犯，非公有制经济财产权同样不可侵犯。但此后两年这一条落实不够好，以致2016年民营资本的固定资产投资增幅出现断崖式下跌，全年仅增长3.2%，而一般年份增长率都达两位数左右（2015年增长10%）。为此，2016年11月27日，中共中央、国务院公布了《关于完善产权保护制度依法保护产权的意见》。该文件的落实情况较好，2017年，民间资本固定资产投资增长率回升到6%。党的十九大报告把完善产权制度作为今后经济体制改革的一个重点，是对党的十八届三中

全会决定的继承和发展，也是今后完善基本经济制度的着力点，包括保护知识产权、保护非公经济财产权、防止国有资产流失等。与此相配合，党的十九大报告还提出推动国有资本做强做优做大，深化国有企业改革，发展混合所有制经济，培育具有全球竞争力的世界一流企业，壮大农村集体经济，支持民营企业发展，激发各类市场主体活力，等等。

今后经济改革的另一个重点是要素市场化配置。党的十九大报告提出，全面实施市场准入负面清单制度，清理废除妨碍统一市场和公平竞争的各种规定和做法。深化商事制度改革，打破行政性垄断，防止市场垄断，加快要素价格市场化改革，放宽服务业准入限制，完善市场监管体制。

党的十九大报告在创新和完善宏观调控方面也有新提法："创新和完善宏观调控，发挥国家发展规划的战略导向作用，健全财政、货币、产业、区域等经济政策协调机制。"对照党的十八届三中全会决定，宏观调控体系在财政、货币政策与其他政策手段协调融合方面，党的十九大报告不再提价格政策，同时增加了区域政策。笔者体会，这是因为近几年价格改革进展较快，截至 2016 年年底，97% 以上的商品和服务价格均已放开由市场调节，因此已很难运用价格政策参与宏观调控。而区域政策日显重要，中国那么大，区域经济协调发展是优化重大结构的内涵，促进重大经济结构协调和生产力布局优化，正是宏观经济调控的主要任务之一。党的十九大报告还提出，"健全货币政策和宏观审慎政策双支柱调控框架"。这次专门提出健全双支柱调控框架，是很重要的。货币政策一般主要关注物价稳定，货币政策要不要关注资产价格变动一直有争议。2008 年国际金融危机爆发前，美国的物价是稳定的，但是金融并不稳定，金融资产价格大幅上涨。危机爆发后的反思认为，要维持金融系统的稳定，只有关注物价稳定的货币政策是不够的，还要有宏观审慎政策。2017 年 7 月 14—15 日举行的全国金融工作会议，提出了双支柱调控框架。所谓宏观审慎政策，主要是将各项金融活动和金融行为包括跨境资本流动、住房金融等纳入金融监管范围，目的是守住不发生系统性金融风险的底线。

最后简要说说两条主线的关系。中国经济改革的两条主线是互相促进、互相渗透的。所有制的调整和改革，公有制为主体、多种所有制经济共同发展的基本经济制度的建立和完善，使社会形成多元的市场主体，成为我国经济社会发展的重要基础，社会主义市场经济就是在这个基础上运行的。各种所有制经济各自发挥优势，取长补短，在市场上平等竞争，能够较好地实现资源的优化配置。与此同时，从广度和深度上推进市场化改革，能激发各种所有制经济的活力竞相发展。例如，国有经济具有强大实力和技术力量，有能力兴建投资大、建设周期长、回收慢、具有长远经济效益与社会效益的重大基础设施等项目，以及重要前瞻性战略性产业；而民营企业在一般竞争性领域和兴办中小型科技企业方面有优势；利用外资有助于我国引进先进技术和经营管理经验。各种所有制经济如能较好地发挥出自己的优势，就能使社会资源得到更加充分和有效的利用。中国 40 年市场化改革使国有经济、民营经济、外资经济迅速发展壮大起来，充分证明在社会主义初级阶段，社会主义基本经济制度越完善，市场在资源配置中的决定性作用就越能得到充分的发挥；而市场化改革越深化，社会主义基本经济制度就越能完善和成熟。

两条主线没有主次之分，同等重要。它们统一于建立和完善社会主义市场经济体制之中。党的十九大报告在"加快完善社会主义市场经济体制"的小标题后，接着就说"经济体制改革必须以完善产权制度和要素市场化配置为重点"，说明这两个重点都是为了加快完善社会主义市场经济体制。由此可以说，中国的经济改革是在坚持社会主义市场经济方向下沿着上述两条主线展开的。还可以进一步推断，中国经济改革主要是以社会主义市场经济论作为指导理论的。社会主义市场经济论是中国特色社会主义理论体系的重要组成部分，是改革开放以来中国马克思主义经济学家总结改革开放伟大实践的最重要学术创新成果。

（原载于《中国社会科学》2018 年第 11 期）

中国经济成就的政治经济学原因

姚洋　北京大学国家发展研究院博雅特聘教授、博士生导师、社会科学学部委员，教育部长江学者，享受国务院政府特殊津贴专家。

自1978年改革开放以来，中国经济取得了举世瞩目的成就。中国从一个贫穷的国家发展成为一个中高收入的国家，人民生活水平发生了质的飞跃，综合国力更是跃居世界前列。可以毫不夸张地认为，中国的经济腾飞是全球过去40年中最令人瞩目的经济成就。对于经济学家来说，如何解释中国的经济成就是一件激动人心的事情。可惜，到目前为止，经济学家给出的解释大都停留在"术"的层面——即指出了促成中国经济成功的经济政策和制度变革，没有触及"道"的层面。所谓"道"，指的是能够促使中国采取好的经济政策、实施制度变革的根本原因。寻找这些根本原因，是中国新政治经济学的一个重大任务。

中国经济成就的政治经济学原因在于3个方面：其一是一个不代表特定社会阶层或集团的中性政府，经由这样的政府，中国的经济政策具有高度包容性，因而有利于全社会的长期经济增长；其二是经济分权，它给予地方政府强烈的财政动力，促使地方官员发展地方经济；其三是选贤任能的官员选拔体制，它给予地方官员强大的正向激励，矫正分权可能带来的负面作用。本文先剖析现有解释的不足之处，然后再深入讨论这三方面的原因。

一、现有解释的不足之处

把中国过去40年的发展轨迹和东亚成功经济体的发展轨迹做一个比较，可以很容易发现，中国拥有他们成功的共同因素，如高储蓄、高投资、深入的工业化、出口以制成品为主、关注教育，等等。因此，从纯经济学的角度来看，中国的经济赶超并没有什么特殊之处，没有超出新古典经济学所开出的"药方"。但是，这并不等于说中国听任市场起作用，政府什么都没有做；恰恰相反，中国政府在其中起到了关键性的作用。关于这一点，多数学者不会有异议；但是，对于究竟是政府的哪些作用促进了经济增长，学术界的分歧却非常大。

（一）制度变革说

纵观中国的经济发展历程，1978年开始的改革开放无疑是开启中国高速经济增长的钥匙。改革开放的核心是制度变革，其中最显著的是价格改革、国有企业改革、对民营经济开放市场以及对外开放。价格改革是从计划经济过渡到市场经济不可或缺的一环，从1984年到1994年，中国采取了渐进式的方式，花费10年时间完成了价格改革。随后，国有企业改革登场。相较于价格改革，国有企业改革更加艰难，因为它涉及几千万名国有企业职工的就业问题。中国再次花费10年时间，完成了80%的国有企业的改制，为市场经济创造了微观主体。与国有企业改革相呼应，民营经济异军突起，成为和国有经济同等重要的经济主体，大大增强了中国经济的活力。20世纪90年代是中国经济改革推进最快的年代，为中国在2001年加入世界贸易组织（后文简称"入世"）之后10余年井喷式的增长奠定了基础。中国对外开放标志是1980年创立的4个经济特区，入世之后又掀起了一个新的开放高潮。如果说入世之前的对外开放是以"引进来"为主的话，入世之后的对外开放就是以产品"走出去"为主——从2001年到

2008 年，中国产品出口年均增长 29%，7 年间累计增长了 4 倍多。

因此，纵向比较，改革开放无疑是解释过去 40 年中国经济高速增长的主要原因。然而，这个解释面临两方面的挑战。一是如何看待改革开放之前 30 年所奠定的工业、科技和社会发展基础。改革开放前的 30 年虽然实行的是计划经济，但是，成就也是无可置疑的。到 1978 年，相较于和中国处在同一发展阶段和收入水平的发展中国家（如印度），中国的工业化程度更深入、工业体系更完整、科技力量更强大、基础教育更普及、预期寿命更高。这些成就为改革开放之后的经济腾飞奠定了坚实的基础。二是如何把中国和其他发展中国家进行比较。在世界上 140 多个发展中国家（地区）当中，实行市场经济且实施对外开放的国家（地区）占绝大多数，但是，能够实现赶超的国家（地区）寥寥无几——如果以达到美国人均收入 45% 为进入高收入国家行列的标准，则自 1960 年以来，能够从中等收入进入高收入的国家（地区）只有 11 个。这样看来，市场经济和对外开放可能是经济赶超的必要条件，但却不是经济赶超的充分条件。

（二）发展战略说

有学者认为，发展战略的转变是解释中国改革开放前后不同经济表现的钥匙。他们区分了两类发展战略，即赶超战略和比较优势战略，前者指的是政府发展超越本国比较优势的产业，后者指的是政府发展与本国比较优势相符的产业。进而，他们认为，计划经济之所以没有成功，是因为中国采取了赶超战略，而改革开放之后之所以取得成功，是因为中国放弃了赶超战略，代之以比较优势战略。由于在很长时间里，中国的比较优势在于劳动力，因而，比较优势战略就是发展劳动密集型产业。在后续著述中，他们进一步强调产业随一国的资本—劳动要素禀赋的提高而实现升级的重要性，并认为这符合动态比较优势。同时，也强调政府在产业选择过程中的重要作用；他们所倡导的"新结构经济学"被普遍认为是"有为政府论"的代表。

从中国产业升级的历史来看，对比较优势作用的总结无疑是正确的，问题是如何解释这个关联背后的机制。根据新结构经济学的理论，这是政府有意选择的结果。但是，这个理论无法解释的是：为什么市场无法自动选择具有比较优势的产业？在完备市场假设下，理论上无论如何也得不到市场中的企业不选择符合比较优势的产业这个结论的。为此，这些学者强调了市场的不完备性。但是，这大大弱化了他们的理论，因为，此时理论的关键已经不再是比较优势（因为比较优势会是完备市场下企业的自发选择），而变成了是否需要政府的问题，然而，自 20 世纪 30 年代社会主义大辩论发生之后，关于这个问题的讨论早已汗牛充栋。

另一方面，比较优势说也不得不面对如何看待改革开放之前 30 年的问题。从逻辑上讲，所有后发国家所做的，都是试图"赶超"发达国家，即在较短的时间里——远远短于发达国家从不发达到发达所经历的时间——追上发达国家的生活水平。赶超有多种形式和多种路径。中国采取的路径是，先建立较为完整的工业基础，积累较为强大的科技力量，然后再加入世界大循环，释放潜能。也许这条路径不是最优的，但是，从历史角度来看，发展重工业可能是当时的不二选择，而且也取得了很大的成就，完全否定计划经济特别是重工业优先发展战略的成就显然是过于武断了。

（三）中国模式说

这里的"中国模式"，特指与所谓的"华盛顿共识"相对立的经济—政治模式。尽管"华盛顿共识"是针对 20 世纪 80 年代拉美国家主权债务危机提出的结构调整措施，但后来却演变为新自由主义经济学的代名词。与之相对应，中国模式以反新自由主义的面目出现，但具体内容则见仁见智。一种观点把中国模式等同于中国特色的社会主义，并特别强调国有经济成分在其中所起到的作用。比如，国有土地制度使得地方政府可以通过土地财政迅速改善城市的基础设施，国有企业则可以实施国家战略目标，等等。这些论断具有一定的可信度，但却不一定抓住了中国经济腾飞的主要动力。显然，如果国有成分如此之重要，为什么计划经济时代的经济表现不如改革开放之后呢？为回答这个问题，一个修补措施是用"国家资本主义"来概括中国模式。国家资本主义既否定计划经济，也否定自由资本主义，转而推崇一种国家强力干预的资本主义。在一定程度上，它描述了中国的一些现实。但是，问题还是一样：它是否抓住了中国经济成功的要害所在？在过去的 20 年里，民营经济是带动中国经济增长的主力军，国家资本主义显然无法解释民营经济的崛起。另一方面，以国家资本主义来概括中国模式，也有中了国外反华势力圈套的嫌疑。国家资本主义的后果之一是民众福利受到抑制，因而有悖于经济发展的宗旨。国外一些人正是利用这一点来攻击中国的发展道路，中国学者如果坚持国家资本主义，就正中他们的下怀。

另一种概括中国模式的观点比国家资本主义更灵活。这种观点认为，中国模式的最大特点是灵活地应用了新古典经济学的"药方"。前面讲过，在纯经济学层面，中国的经济成功没有超出新古典经济学所开的"药方"；但是，中国政府在使用这些"药方"的时候，是经过认真筛选的，而且，实施过程也是渐进的。其中一个典型例子是汇率制度。计划经济时代，人民币被严重高估，成为中国"外汇饥渴症"的主要原因。改革开放之后，政府意识到这个问题，开始采取双轨制汇率。官方汇率仍然高估人民币，主要用于控制进口、节省进口资本品的费用；市场汇率基本随行就市，用于鼓励出口。这是典型的重商主义政策，是对新古典经济学原理的灵活应用。1994 年之后，两种汇率实现并轨，人民币兑美元的价格被固定在 8.25 元上，直到 2005 年；之后，人民币进入一个有管理的浮动汇率时代，但仍然以保持汇率的稳定为基本目标。固定汇率制度极大地推动了中国的出口，加速了中国的工业化进程，代价是牺牲了工人工资的上涨。其他例子包括价格双轨制、国企改制、产业政策，等等。但是，选择性地应用新古典经济学的"药方"并不是中国所独有的，而是东亚成功经济体的共性，所以，用它们来定义中国模式恐怕并不恰当。事实上，学者的任务不是找到一个国家的特性，而是从一个国家的特性中发现普遍性。从这个意义讲，用"中国模式"来解析中国成功的秘密，并不是一个很好的学术取向。

（四）文化说

要解释一个国家的成功，文化是比较容易想到的因素。比如，德国社会学家马克斯·韦伯的《新教伦理与资本主义精神》就是从新教文化的角度来解释资本主义的成功。在东亚，新儒家也试图用儒家文化来解释东亚经济的成功，但是，比较严肃的经济学分析比较少见。朱天是一个例外。在拒绝了其他解释之后，他指出，重视储蓄和教育的文化是中国经济成功的关键性因素。高储蓄和较高的公民教育水平的确是推动中国经济高速增长的原动力，中国文化中也的确存在重视储蓄和教育的因素，也有理由相信，这些文化因素对中国的高储蓄和教育水平的提高起到了积极作用，但是，从学术研究的角度来看，中国只提供一个样本点，由此得到的结论不一定具有普遍意义。事实上，用文化来解释经济成功所面临的最大问题是，当研究者论证一种文化促进经济增长的时候，他无法排除其他文化也可以促进经济增长的可能性。比如，马克斯·韦伯把新教文化抬到一个很高的地位，就新教而论，他的论证或许没有问题——节俭和勤劳的确是新教所鼓励的价值观——但却无法解释为什么以新教为主的普鲁士的经济起飞晚于以天主教为主的法国；当然，他更无法预见儒家文化在20世纪后半叶也发挥了和新教一样的功效。就中国而言，用文化来解释改革开放之后的经济奇迹的一个挑战是：文化自古有之，为什么非得等到改革开放之后才开始促进经济增长？文化是一个慢（长期）变量，而改革开放之后的经济增长是一个快（短期）变量，但众所周知的是，慢变量是无法解释快变量的。文化也许是重要的，但必须等待另外的"触发变量"来触发，才能发挥作用。

总结起来，以上4种比较流行的解释不仅自身都存在这样或那样的不完整性，而且还都是停留在"术"的层面，探讨的是促使中国成功的具体经济政策或制度，但没有触及"道"的层面，即为什么中国能够采取这些政策和制度。政策和制度都是由组织或个人制定的，具体到中国，就是政府和官员。"道"的问题因此就变成：什么因素促使中国政府采取了有利于经济增长的政策和制度？什么因素激励官员实施政府的这些政策和制度？本文对第一个问题的回答是：最重要的是，中国政府是一个中性政府；本文对第二个问题的回答是：选拔制度为官员提供了最大的激励，而经济分权为他们提供了施展能力的舞台。

二、中性政府

中性政府是相对于有偏政府而提出的概念。有偏政府指的是只代表社会中少数人利益的政府，在多数情况下，它是依附主义政治（clientelist politics）的产物。依附主义政治也被称为庇护人—代理人（patron—client）政治，庇护人是一些掌握政治和经济资源的强势人物，他们给代理人提供政治和经济方面的好处，代理人反过来给他们提供政治支持，政治因此成为个人之间的交易，而不是为公共目的进行的党派竞争。在依附主义政治主导的国家，执政者的地位取决于他个人政治网络的厚度以及他能够为这个网络中的代理人提供多少政治和经济好处，这样，他就不得不屈服于少数人的利益，无法顾及全社会的利益。弗朗西斯·福山因此在 2015 年把依附主义政治看作自由民主最大的威胁。在这个背景下中性政府就显得格外有意义。中性政府是不与社会中任何利益集团结盟也不被任何利益集团所俘获的政府。它的中性是相对于社会而言的，而不是说它自己没有利益。对于经济增长而言，中性政府的优势在于，由于不受任何利益集团的羁绊，它的经济政策具有很高的包容性，资源配置不容易发生错配，因而比有偏政府更可能促进经济增长。

一个社会能否产生中性政府，取决于这个社会的政治结构和政府自身的政治能力（或国家能力）。政治上较为平等的社会更可能产生中性政府，因为在这样的社会里，执政者无须担心任何集团或几个集团的结盟推翻自己的统治，因为一旦谋反发生，他可以和其他力量相当的集团结盟，打败谋反联盟。政府自身的政治能力越高，就越无须担心社会集团的谋反，这样，即使是政治结构不是那么平等，政府也可以保持中性。图 1 用两个社会群体的例子给出了一个说明。

图中假设社会中存在两个群
体，每个群体拥有一定的政治力
量（政治动员、组织以及反抗政
府或另外一个群体压迫等方面的
能力）。政府也具有一定的政治力
量（政治动员、镇压等方面的能
力）。那么，什么情况下才能出现
中性政府呢？（1）如果两个群体

图 1　政治结构与中性政府

之一拥有比政府还强大的政治力量，则这个群体就可以俘获政府。此时，
只有当政府和另外一个群体结盟，且联盟的政治力量之和大于第一个群体
的政治力量的时候，政府才可能免于被俘获。（2）但是，政府也不能过于
强大，以至于两个群体结成联盟也无法制衡它。

当上述两个条件都满足的时候，政府就会选择成为中性的。在图 1 中，
轻阴影区域就是中性政府存在的区域。重阴影区域满足条件（1），但不满
足条件（2）；在这个区域，政府可以为所欲为。中性政府存在的区域是围
绕着 45° 线的一个柱体，在其中，两个群体之间的差距不能太大，即社会
在政治上具有一定的平等性。另一方面，柱体的宽度取决于政府的政治能
力的大小，政府更大的政治能力可以容纳更加不平等的政治结构。这些结
论在存在两个以上群体的时候也是成立的。

把上述分析应用到中国就会发现，改革开放前 20 年中国较为平等的社
会结构以及中国共产党的泛利性促成了政府的中性。在新中国成立之初，社
会主义革命打破了旧有的社会等级结构，造就了一个几乎完全平等的新社会；
在尔后的近 30 年里，这个社会结构不断被加强。尽管这个过程伴随着痛苦，
但却为改革开放奠定了良好的社会基础。另一方面，伴随着改革开放政策
的推进实施，中国共产党自身也发生了巨大的变化。以 1978 年真理标准问
题大讨论为起点，以 2002 年中国共产党的十六大提出"三个代表"为终点，

中国共产党完成了从一个强调阶级斗争的革命党演变为一个代表全民利益的执政党的过程。借用曼瑟·奥尔森的说法，中国共产党成为一个泛利性的组织（encompassing organization），即自身利益和社会利益高度重合的组织。通过这个转变，中国共产党把全社会的积极分子都纳入党内，从而把社会矛盾转化为党内的讨论，并经由民主集中制原则形成党的大政方针。在这个过程中，中国共产党的执政地位也得到加强，从而，尽管社会结构从20世纪90年代就开始急剧分化，但中国共产党仍然能够保持中性。

由于保持了相对于社会的中性，中国共产党所领导的政府就能够放开手脚，采取有利于全社会的经济政策。在早期，产生帕累托改进的改革还是可能的（如农村改革），但很快，多数改革和经济政策都无法实现显性的帕累托改进，而只能实现潜在的帕累托改进，从而，在短期和局部，中性政府采取的有利于经济增长的政策可能都是有偏的。最著名的例子是经济特区。显然，在短期，特区只让少数人得益，但是，在长期，特区对于中国的对外开放起到了不可替代的作用。国有企业改制以及入世也是同样的例子。新近的一个例子是全球金融危机之后的反危机措施。在危机到来的时候，扩大国内需求是正确的反危机措施，一些国家的做法是给居民直接发放现金，鼓励消费。中国的做法是，各级政府掀起新的一轮投资热潮，扩大生产能力。中国政府能够做到这点，是因为不太受民众情绪的左右，因而具有更长远的眼光。

然而，伴随着财富的超高速积累和社会的急剧分化，商业利益集团也悄然兴起，并开始腐蚀党和政府的高级干部，形成政治—商业联盟。十八大之后，习近平总书记领导了疾风骤雨式的反腐败斗争，目的不仅仅是铲除腐败这颗毒瘤，纯洁党的组织，而且还包括根除政治—商业联盟，建立新型的政商关系。从长远来看，反腐是让中国共产党和政府归位并继续保持相对于社会的中性从而巩固中国共产党的执政地位所必不可少的措施，也为中国保持长期较高速的经济增长提供了政治保障。

中性政府可以解释为什么中央政府愿意采取有利于长期增长的经济政

策，但不足以解释在中国这个幅员辽阔的国家，这些政策是如何得到贯彻实施的。经济分权和官员选拔制度为此提供了有力的补充。分权调动地方政府和官员发展地方经济的积极性，选拔制度则克服分权的负面作用，如地方主义和腐败等现象。

三、经济分权

中国自古以来是一个单一制的国家。在一个单一制的国家里，如何平衡地方积极性和国家的统一，一直以来是困扰中央政府的核心问题之一。自秦朝设立郡县开始，中国就形成了一套严谨的官僚体系，以行政而不是分封的方式治理这个泱泱大国。从维护国家统一、推行国家意志的角度来看，这个体系无疑是非常成功的，也受到学者褒扬。然而，在许多时候，这个体系压抑了地方积极性，阻碍了社会和经济进步。中华人民共和国成立之后，中央政府也不得不面临中央计划和地方积极性之间的权衡问题。"一五"期间，国家财政高度集中，好处是加速了一些重工业项目的上马，坏处是压抑了地方积极性。毛泽东意识到这个问题，在《论十大关系》中专门论述了调动中央和地方两个积极性的问题。但是，"大跃进"期间的分权导致经济的极度混乱，在此之后，中央和地方的财政关系一直徘徊在分权和集权之间，直到1977年开始的地方财政包干试验。1980年的财政改革正式确立了财政包干制度。自此之后的14年间，中央政府和各省签署不同的包干合同，内容根据情况予以调整。地方分权的格局由此形成。

财政分权是和国家整体的经济分权同步进行的。20世纪80年代，乡镇企业异军突起，成为推动中国工业增长的生力军。地方政府在促进乡镇企业发展方面起到了关键性作用。彼时，私人企业尚未得到承认，企业家要创办企业，就必须和地方政府联合，因而出现了大批所谓的"红帽子"企业。地方政府为这些企业提供了政治保护伞，同时也帮助它们寻找产销渠道。于是，地方政府在中央政府和企业之间构建了一道保护墙，起到了培育市场、推动改革的作用。为此，钱颖一和温加斯特认为，中国的财政分权是一种保护市场的财政联邦主义。财政分权极大地调动了地方政府发展地方经济的积极性，成为推动中国 20 世纪八九十年代经济增长的重要力量。

然而，财政包干也造成了许多问题。其中之一是，中央财政所占份额下降，到 20 世纪 90 年代初，即使只看预算内收入，中央所占份额也已经下降到全部政府收入的 20% 以下，而地方政府还拥有大量的预算外收入。中央对全国的支配能力大幅度下降。1994 年开始实施的分税制就是要解决这个问题。这个改革借鉴了美国等联邦制国家的制度，把税种分成中央税、地方税和共享税。特别地，改革设立了基础税率为 17% 的增值税，并以 75 ∶ 25 的比例在中央和地方之间分配。由于增值税是最大税种，分税制改革之后，中央的预算内收入大幅度提高到 50% 以上。因此，分税制改革一方面从制度上肯定了财政包干之后形成的财政分权格局，另一方面也加强了中央的收入能力。利用这个能力，中央足以在财政上实现对地方的调控，主要手段是对地方的财政转移。在 20 世纪 90 年代，财政转移主要以税收返还和项目转移为主，照顾了发达省份的利益，没有起到全国范围内财政均等化的作用。进入 21 世纪，特别是 2006 年之后，一般转移的力度加大，省际财政差距开始缩小。时至今日，中央对各省的转移支付相当于中央财政收入的 80%，既起到了财政均等化的作用，也强化了中央对地方的控制。

通过国际比较可以发现，不是所有实行财政分权的国家都取得了成功，在一些国家，如俄罗斯和印尼，分权甚至增加了地方官员腐败的机会。不可否认，这种现象在中国也存在，而且，分权还带来地方保护主义、过度竞争和官员短视行为等问题。那么，为什么中国的经济表现仍然好于其他国家？近年来，国际上有一种声音，认为允许官员腐败是解释中国经济成功的一把钥匙；2012—2015 年中国经济增长速度的下降刚好与反腐风暴重叠，因而也被用来佐证这个观点。在现有研究中，有两个理论支持腐败促进经济增长的说法。一个是"润滑剂"理论。这个理论认为，发展中国家的许多政府规制阻碍经济发展，贿赂官员因此可以起到"润滑"作用，帮助企业绕开不合理的规制。另一个是设租理论。这个理论认为，上级为了实现经济增长的目标，有意为下级保留一些租金，以此来换取下级为经济增长做出努力。但是，这两个理论都无法经受经验证据的检验。就"润滑剂"理论而言，如果被"润滑"的官员并不给所有市场参与者提供同等的服务，那么，腐败会扭曲资源配置，从而可能降低经济效率。从过去几年的反腐经验来看，被揪出的"大老虎"基本上只和极少数商人交换利益，从而可以推断，他们因腐败而提供的额外服务并不是普适的。比如，原铁道部部长刘志军只接受一名商人的贿赂，后者得以在铁路货运领域获取巨额不法利益，成为附着在铁路线上的寄生虫。设租理论的问题就更多，比如，它无法解释为什么上级要用腐败而不是其他手段调动下级的积极性，也无法解释为什么上级和下级之间的交换可以发生，最为重要的，它误读了中国共产党体制，不了解忠诚、纪律和制度在其中所起到的作用。中国共产党是高度制度化的政党，个人的行动必须置于党纪国法的管辖之下。党具有纠错机制，对违纪现象保持高度的警惕。尽管短期内会出现违纪和腐败现象，但从长期来看纠错机制就会发挥作用，此轮反腐就是一个例子。

关于分权在中国的良好表现，布兰查德和施莱弗早就指出，这是因为中国拥有一个强大的中央政府，降低了分权的负面作用。一方面，中央通过各种指令和转移支付手段指导和调节地方的投资和其他行为；另一方面，中央通过人事任免权控制地方官员。两者相结合，中央将地方的目标统一到中央的目标上来。中央对地方的人事任免权是单一制国家的特征，而中国在此基础之上又有很大的发展，形成了一套行之有效的官员选拔制度。

四、选贤任能的选拔制度

中国的官员选拔制度可以追溯到西汉时期的荐举制度。地方官员有责任荐举年轻人加入行政体系，为国家输送管理人才。同时，朝廷还实行考课制度，每年派专人到各地考察官员的政绩；考课成绩好的官员得到提升，考课成绩差的官员受到惩罚。但是，荐举制度容易形成任人唯亲的现象，在东汉时期更是演变成门阀制度。到了隋代，中国发明了科举制度，通过考试选拔人才，因而比荐举制更客观，不容易受到个人的左右。由此，中国最先发明了现代意义上的文官系统，并基于这套系统形成了现代意义上的国家治理体系。在当代，中国的官员选拔制度继承和发扬了科举制度中优秀的部分，摒弃了其中不合理的成分。一方面，年轻人可以通过公务员考试进入行政体系；另一方面，官员的升迁主要是看能力和表现。中国共产党在20世纪80年代就开始建立党政领导干部的选拔制度，并于2002年出台《干部任用条例》，经过2014年1月的修订，这个文件改称为《党政领导干部选拔任用工作条例》（以下简称《条例》），对各级党政领导干部的考核和选拔程序做出了详尽的规定。

《条例》确立了"党管干部原则"。在选拔标准方面，《条例》列举了一系列原则，包括：五湖四海、任人唯贤原则；德才兼备、以德为先原则；注重实绩、群众公认原则；民主、公开、竞争、择优原则；民主集中制原则；依法办事原则。各级党委负责实际的选拔程序，《条例》为选拔程序提供了细致的指导。《条例》还规定，年轻官员可以成为考察对象，成为储备干部，并对考察过程做出了详尽的说明。成为考察对象的官员通常被安排在处于同一行政级别的不同岗位上轮岗。除了常规的选拔，公开选拔也是选拔任命领导干部的一种方式，为在非政府部门工作的人提供了一个进入政府的通道。

对于选贤任能在官员选拔过程中所扮演的角色，学术界存在一些争论。一些研究发现，任期内经济表现更好的官员更容易得到升迁，但是其他研究发现，官员和上级的关系可能也起到一定的作用。与这些研究只研究一个层级的官员不同，兰德里等人研究了县、市、省三级的官员，发现在低层级的官员当中，经济表现对升迁的作用更大。这就好比一个大公司，在招聘新职员的时候很看重能力和素质，职位越高，则能力所占的比重就越低，其他因素包括人际关系所占的比重就越高。

然而，目前的研究都集中在经济表现方面，很少涉及官员的其他能力，但在实践中，组织部门对干部的考察是综合和全面的，不只看他们发展经济的能力，而且看他们在促进民生、保护环境以及执行中央政策方面的表现。

总体而言，中国的官员选拔制度满足开放性、竞争性和选贤任能的性质。它是开放的，因为它向所有有志于成为国家管理人才的人开放；不过，它不像民主政治那样提供捷径，而是要求一个人从年轻时候就进入体系，并在其中历练和进步。它是竞争性的，因为职位数量总是小于候选者的人数，要想升迁，就必须和他人竞争。最后，经验研究表明，官员能力在官员升迁中扮演很重要的角色，因而，官员选拔制度体现了选贤任能的价值取向。获得升迁是官员的一个重要的追求目标，在选贤任能的推动下，官员有动力努力工作，交出一份很好的成绩单。这在很大程度上抑制了分权带来的负面作用，包括腐败。从近几年的反腐情况来看，许多"大老虎"在贪腐的同时也为经济和社会发展做实事，动力很大程度上来自于升迁。中国特有的官员选拔体制解释了为什么经济分权在中国能够取得成功。

五、总结

本文对中国经济的成功给出了一个政治经济学解释。这个解释的逻辑是：一个中性的中央政府能够采取有利于长期经济增长的制度和政策，经济分权极大地调动了地方官员的积极性，而选贤任能的选拔体制把这个积极性引导到有利于整个国家发展的轨道上来。中国的经验至少在以下3个方面对其他发展中国家具有借鉴意义：

其一，遏制依附主义政治从而让政府拥有足够的空间去追求全社会的利益，是发展中国家政治转型的第一要务。多数发展中国家都是在没有经历社会革命的情况下就开始了选举政治，旧有的不平等的社会和政治结构必然会导致依附主义。铲除依附主义的根本措施是改造旧的社会和政治结构，但是，在选举政治条件下，这个过程将是漫长的。中国的实践为发展中国家的政治转型提供了一个参考，具体如何转型，还有待各个国家自己摸索。

其二，适当的财政分权可以调动地方官员的积极性。多数发展中国家的财政都高度集中在中央政府的手中，地方政府往往只有支出权，没有收入权，在这种情况下，地方官员显然没有动力发展地方经济。给予地方政府收入权是中国财政分权的重要特征，也是中国财政分权取得成功的原因之一。分权可能对于那些资源丰富的国家更加重要。在这些国家，政府财政高度依赖资源出口，因而总是被"资源诅咒"所困扰。如果中央政府继续掌握资源出口，但同时实现分权，地方政府由于不掌握资源出口，就会想办法发展其他类型的经济，从而摆脱"资源诅咒"。

其三，给予官员正面激励和限制他们的行为一样重要。西方学术界从人性恶的前提出发，认为限制官员的行为是实现良治的关键。然而，限制只是实现良治的一个方面，在现实中，官员还应该得到正面的激励，以促使他们主动为社会做有益的事情。在中国，官员的升迁就是一种强正面激励。鉴于多数发展中国家实行的是选举政治，直接采纳中国的做法是行不通的。一个替代的办法是强化政党政治，发挥政党在选拔干部方面的优势。在这方面，议会制国家比总统制的国家更有优势。在议会制国家，民众选择的不只是政治家个人，而且还是政治家所在的政党，而且，政治家的前途和他所在的政党高度相关，一个党要想长期执政，就必须在党内培养合格的人才。

当代中国共产党体制既是社会主义革命的成果，也是对中国优良文化传统的继承。认真总结过去几十年的经验，并以世界听得懂的语言构造新的理论体系，是当代中国哲学和社会科学工作者的责任。中国即将实现第一个百年奋斗目标，进入小康社会；接下来，在实现第二个百年奋斗目标成为现代化高收入强国的过程中，中国的软实力必须得到提高。总结中国成功的经验并向世界传播，不仅可以增强中国的软实力，而且可以为世界哲学和社会科学的进步作出贡献。

（原载于《经济与管理研究》2018 年第 1 期）

中国改革的普遍意义

——40 年中国政治发展的再认识

燕继荣

北京大学政府管理学院常务副院长，博士生导师，政治学系主任，
北京大学政府管理与政治发展研究所研究员，长江学者特聘教授。

序言

2018 年是中国改革开放 40 年，各个学科都在总结中国 40 年的发展成就和经验，纪念这个伟大的历程，以期找寻能够对国家未来发展有所启迪的东西。经济学关注经济变化，诸如 GDP、产业结构、市场化率、资源配置等经济统计指标自然是论证经济发展的有力证据。社会学关注社会变化，人口变动、社会结构、城市化率、社会组织发展等变量自然是分析社会发展的有效工具。政治学关注政治变化，那么，什么指标最能反映中国 40 年的政治发展？观念更新、公权约束、民权进步、社会稳定、法治进展、制度保障、政府变革、政策开放、信息公开等，应该是最主要的方面。

应当承认，中国的改革具有典型意义，这种典型性不仅仅体现为一国经济市场化、自由化、全球化的巨大潜能，而且也展示了国家治理方式变革的巨大功效。在以往的政治发展评估中，基于专制主义、威权主义、自

由民主主义类型学的研究框架，民主化被赋予特别的意义而成为重要的评估指标，甚至是决定性指标。在这种评估之下，中国由于在被设定的可观察的指标上不具有明显变化而成为学术研究之"谜"——市场导向的经济发展与非西方民主化的政治形态何以共存？一些西方的学者试图用"威权主义韧性"来解开这个"谜团"，但另一种观察角度或许能为中国40年的改革开放实践及其积极变化提供解释。

显然，如果把自由民主以及民主选举看作是政治发展的标准性指标，那么，中国发展的某些真实性元素可能会受到遮蔽。如果我们将观察视角和评价标准从民主化发展转向治理变革，中国的政治发展可能会呈现另一番景象，其解释和说明也会形成另一种文本。本文试图用另一种文本解释和说明中国改革开放40年变化的性质和意义。

现代化背景下的中国发展

如果把1840年看作是中国现代化过程起步的时间节点，到现在为止经过了178年。在这178年的时间里，伴随政治舞台"你方唱罢我登场"的变化，中国现代化犹如一部电视连续剧，情节跌宕起伏，结果惊心动魄。

在强敌如林、内外交困、积贫积弱的清王朝最后71年中，中国经历了太平天国运动（1851—1864）、洋务运动（1860—1895）、甲午战争（1894—1895）、戊戌变法（1898）、义和团运动（1899—1901）、同盟会成立（1905）、辛亥革命（1911）等重大政治事件，于1912年建立中华民国，宣告王朝统治的终结。

以中华民国为名义的国民党统治全国的37年历史，又经历了新文化运动（1915）、帝制复辟（1916）、军阀割据（1916—1926）、五四运动（1919）、中国共产党建党（1921）、第一次国内战争（1927—1937）、抗日战争（1937—1945）、第二次国内战争（1946—1949）等重大事件，最终以国民党退守台湾、共产党执掌大陆的结局而告终。

1949年以后近70年的时段，中国大陆经过了社会主义改造（1952—

1956)、三年"大跃进"(1958—1960)、十年"文化大革命"(1966—1976)等重要事件,于1978年开始进入改革开放时代。在40年的改革开放中,中国共产党决策领导层告别"以阶级斗争为纲"的政策思维,坚持"以经济建设为中心",先在农村全面推行"家庭联产承包责任制"的生产与管理方式,取代以往的"人民公社制"的生产与管理方式;然后在城市鼓励非公经济发展,并对国有企业和集体所有制企业进行转制改造;在地方发展中,采用试验区模式,先建立经济特区,然后普遍推行经济特区发展模式,最后普遍推广并实现全国的"特区化";在资源配置市场化改革的同时,积极加入全球化进程,制定"引进来走出去"的政策,鼓励企业采用多种方式,实现技术和产业升级。

中国40年改革开放获得了巨大回报。以经济数据来说,40年GDP持续增长6%以上,最高年份1984年和2007年,分别达到15%和14%多。人均GDP从1978年改革开放后5年的380—530多元,提升到最近5年(2012—2016年)的40000—53000多元,增长过百倍(详见表1)。

表1 改革开放之初5年和最近5年 GDP 比较

年 份	人均 GDP/元	年份	人均 GDP/元
1978	385	2012	40007
1979	423	2013	43852
1980	468	2014	47203
1981	497	2015	50251
1982	533	2016	53935

(资料来源:国家统计局)

反映现代化发展的重要指标之一是城市化率。据官方公布的统计结果,改革开放40年来,中国的城市化水平随着经济增长也在快速提升(详见表2)。

表 2　改革开放以来中国城市化情况表

年　份	人口（年末）	城市人口数	比重（%）
1978	96259	17245	17.92%
1979	97542	18495	18.96%
1980	98705	19140	19.39%
1981	100072	20171	20.16%
1982	101654	21480	21.13%
1983	103008	22274	21.62%
1984	104357	24017	23.01%
1985	105851	25094	23.71%
1986	107507	26366	24.52%
1987	109300	27674	25.32%
1988	111026	28661	25.81%
2012	135404	71182	48.75%
2013	136072	73111	53.73%
2014	136782	74916	54.77%
2015	137462	77116	56.10%
2016	138271	79298	57.35%

（资料来源：国家统计局）

　　有许多统计数据分析说明中国 40 年的变化，也有许多统计数据证明中国 40 年的进步和成就。正是这些亮眼的数据，让更多的人开始讨论"中国奇迹""中国模式"和"中国崛起"的话题。

总之，在最近一百多年的历史时段中，中国确实发生了巨大变化，从救亡图存，谋求国家统一独立，到发展经济，推进国家治理现代化，中国一直在现代化的道路上探索前行，努力完成构建现代国家的任务。回顾170多年的历史，应当承认，改革开放的40年是中国现代化发展最为顺利的时段。尤其经过40年的改革开放，现代国家建设的主题也完全展现开来，政治建设、经济建设、社会建设、国防建设、生态建设正在渐次推进，并最终转化为国家治理法治化、制度化、民主化、社会化的共识性力量。

客观地讲，中国在一定程度上完成了现代国家所需要的基础建设部分，比如，主权的统一性建设，政府的功能化建设，政权的制度化建设，经济生活的工业体系建设和经济组织的企业化改造，社会生活的城市化推进等。但也必须承认，伴随着经济规模、人均收入、基础设施、公共服务、民生事业光鲜亮丽的业绩，中国依然面临诸多问题，比如，地区发展不平衡，城乡差别较大，收入差距扩大，经济发展的资源环境代价过高，权力腐败严重，安全事故时有发生，群体性社会抗争事件不断发生。这些现实问题的存在也表明，中国在现代国家之基础建设的稳固性、上层建设的合理性方面还有短板，在国家生活的制度化、法治化、民主化、市场化、社会化这些被现代国际社会普遍认可的经验和原则的实施方面，还有较长的路要走。

｜海外中国研究的"困惑"

中国改革开放40年是中国现代化取得重大进展的时段，但这一事实也引起海外中国研究的困惑。在一些海外学者看来，中国或许本该且早该崩溃的。这种所谓"崩溃论"的观点，大体基于几种理论模型：首先是现代化理论，该理论认为，现代化是17世纪开始的社会发展的特定阶段或客观趋势，它导致人的观念和价值取向向着世俗化、理性化以及个体独立性方面转变，引起社会组织、生产和生活方式的改变，使得生活都市化、生产企业化、组织多样化成为社会普遍特征，进而要求社会管理方式相应地做出调整，以至于法治主义、协作主义、民主主义成为国家事务管理的基本方式。基于该理论的一些海外中国研究者认为，中国的政治体制无法顺利应对快速发展的现代化进程，将"不出意外"地走向崩溃。

第二种理论是民主转型理论，该理论基于启蒙运动的思想逻辑，认为民主是人类政治的终极目标，因此，任何政体形式，最终都将实现民主转型。在全球日益高涨的民主浪潮冲击之下，中国也像其他威权国家那样难逃"民主革命"之大运，1991年苏联解体和东欧剧变必然是中国未来的结果。

第三种是经济发展的不均衡理论。在经济增长和转型的过程中，中国发展不平衡不充分的矛盾日益凸显。以显示贫富差距的基尼系数计，改革开放前，中国总体基尼系数大致保持稳定在0.3左右；改革开放后，发展不均衡和收入差距拉大的状况急剧凸显，2016年国家统计局发布的中国总体基尼系数为0.465，而与此前2010年达到的最高点0.481相比，虽有缓慢下降，但也早已突破0.40的所谓"国际警戒线"的水平。从国际比较来看，中国的基尼系数长期居于世界前30位，表明中国的客观不平等已经到了较为严重的地步。

基于上述理论，有人预测，随着市场化改革的推进，中国在政治上也将发生重大变化，甚至发生像1991年苏联解体、东欧共产主义"颜色革命"那样的剧变。2010年年末由北非突尼斯"茉莉花革命"开启的阿拉伯世界的政治变动，也曾经引起海外学者对中国政治变化的类比性推测。对于那些曾经预言或满心期待中国体制会在改革开放中得到根本改变的人们来说，现实的中国似乎是一种"奇迹"——中国政府不仅没有在历次危机中倒下，反而在"中国崛起"的经济发展中得到了巩固。人们试图对这种"奇迹"作出解释，于是，在"中国崩溃论"之后又出现了"威权主义韧性"的说法。例如，美国学者黎安友（Andrew Nathan）提出了"韧性威权主义"（resilient authoritarianism），认为"一种能够对社会需求进行充分回应的威权体系"，是使中国共产党能够在很长时期内掌握权力并维持统治的关键因素。受他的启发，有的学者提出"行政修补"的概念，用以说明中共的执政能力的提升。

从经验和结果角度来说明"威权主义韧性"，在一定程度上丰富了人们对于中国政治复杂性的认识，但并没有对中国未来走向给出令人信服的结论。依然有学者对于"威权主义韧性"的暂时性发表了看法。比如，美国加州大学洛杉矶分校（UCLA）中国研究中心主任包瑞嘉（RichardBaum）于 2007 年 1 月 17 日发文《威权主义韧性的局限》（*The limit Sofauthorit Arianresilience*），关注到了中国领导人采取的一系列行政手段，他认为这些手段可以逐步增强社会纳入、协商与吸纳的机制的有效性，但同时指出了从长远来看它在扩大政治问责制、责任制与大众赋权范围方面的有限性，表达了对于中国未来发展方向不确定性的看法。

这种对中国的研究和预判建立在现代化理论或民主化经验和解释的一般模型的基础上。这种解释模型大体上可以归结为如下的逻辑链条：现代化（工业化基础上的经济发展＋教育提升＋国家开放＋信息流动）—民主意识—民主运动（民主革命）—民主政治（"历史终结"）。确实，正如 19世纪法国思想家托克维尔先前所指出，民主化是一种客观的历史趋势，也像近期一些政治学家所认为，民主化是现代化的总体性后果之一。不过，这种基于长期历史发展趋势所形成的一般性分析预测模型，要被用来解释一个具体国家的发展过程，可能还需要更多的现实要素分析的环节。具体来说，民主化可能不一定以一场轰轰烈烈的大规模的"革命运动"为开始，也不一定与一个所谓"威权政体"的轰然倒塌相伴随。今天，如果需要对中国研究和预判进行反思和检讨的话，除了中国政治环境的变化、中国执政党自身的改变这些需要特别关注的要素之外，恐怕还需要考虑政治发展目标的多元性、政治发展的阶段性、政治发展实现方式的多样性。

中国政治发展的新理论

民众需求（publicdemand）和政府效能（government effectiveness）构成了政治分析的两个维度。这二者相辅相成，其互动关系决定了一个国家的政治状况及发展走向。依据前一个维度去分析问题，民主化或许会成为关注的核心；依据后一个维度去观察现实，政府能力（包括面对民众需求的自主性、回应性、主导性方面的创新能力）将成为考察的重点。

自从熊彼特（Joseph Alois Schumpeter）提出"创新理论"以来，"创新"便被广泛运用于管理、组织、政策、文化等不同领域，并在美国 20 世纪 80 年代"新公共管理运动"中与政府改革相联系，形成了"政府创新"的概念。政府创新要求政府应当在施政理念、组织制度、操作行为等方面有所变革或创新。从 20 世纪 90 年代开始，随着社会主义市场经济的深入发展与社会结构的持续变迁，中国政府也开始不断提倡"政府改革"与"政府创新"，无论出于被动还是主动，这一举措都有着深远的政治和学术意义。

在西方发展历程中，民众需求的变化是其政治行政变迁的主要先导条件，因而，西方现代学术传统极为强调基于民众需求变化的政治发展模式与话语阐释体系。而中国现代化的经验表明，政府采取的创新与改革是为了应对更为复杂的、多元主体的需要，政府创新的实现固然离不开来自体制内外各种要素的互动，但它总体上为政府体制内的精英领袖所主导和推动。如果按照政府创新的主体需求来划分，这些动力进一步可归类为人民需要、社会需要、政府需要与政权需要。具体而言，即 1. 人民需要：保障公民权益（民生、民权）的要求；2. 社会需要：协调因社会变化和转型引起的社会群体利益关系的要求；3. 政府需要：在有限资源的条件下改善政府绩效的要求；4. 政权需要：在国际国内压力形势下维护政权统治（持续稳定）的要求。因此，除了解决当下社会矛盾、提升行政内部效率等直接意义之外，"政府创新"还在一定程度上有助于政权的存续，它将为我们理解政治发展与变迁提供崭新的视角与解释模型。

政治学研究通常把现代化所带来的社会变迁（change）和社会所能提供的制度化（institutionalization）过程看作一种双向运动，把制度供给视为社会需求变化的解决方案。例如，在政治学家塞缪尔·P. 亨廷顿（Samuel

P. Huntington）的分析中，作为一种社会动员力量，社会现代化所带来的一系列变化最终转化为一种新的社会需求，这些需求对既有秩序构成挑战，而应对的办法就是提高制度化的水平。亨廷顿的理论支持了通过积极的制度改革和制度创新来应对社会变化的主张，也支持了制度供给是社会秩序的决定性要素的观点。

政治学研究告诉我们，制度供给决定国家治理的水平。政府是制度（规则）的主要供给者。因此，政府适应社会需求（甚至"开发"社会需求）并创造性地提供制度（规则）供给的能力，在很大程度上决定了国家政治的现实状况和未来走向。政府作为制度的主要供给者，其制度供给状况受制于两个要素的影响：一是政府的主导力（dominant），二是大众的影响力（influence）。

上述话题也可以简化为前文所讨论的民众需求和政府效能间的关系。常识和经验表明，政府无能，百姓受累；政府不昌，民主高涨。政府缺乏足够的政策创新和制度供给能力，以及政府不能公正昌明，都会让民众受害，最终为民主革命埋下隐患。政府既公正昌明，又创新有力，则是百姓的最大福分，也是社会稳定的坚实基础。一部政治发展史，既可以看作是民主化不断实现的历史，也可以看作是政府满足社会需求不断创新的历史。既然依据民主化的经验可以构建政治发展的解释和预测模型，为什么不可以依据政府创新的效能来构建政治发展的解释和预测模型？

如此看来，政府效能的改善，或者说，政府创新解释模型与民主化解释模型具有同等重要的意义。从政府创新的角度看，中国之所以没有发生人们所预期的政治剧变，既可以解释为"民主化惰性"或"威权主义韧性"，也可以归结为中国体制内一直具有不断创新以化解危机的能力。

从中国的实践来看，为了改善治理绩效，中国政府推进了管理导向（如结构性改革、功能性改革、程序性改革、人事改革）、服务导向（如推动公共设施的普及化、构建服务型政府）、自治导向（如推动旨在放松管制、活化社会的改革）、协同导向（如实现多元主体和机制的共管共治）的创新改革，营造政府机制、市场机制、社会机制相结合的"协同治理"格局，在具体实践中，一方面开发既有的正式制度和机制的潜力，让政党、政府等权力机构以及传统的群团组织发挥新的机能；另一方面，激活企业、社会组织、社区的功能，让新型社会主体和要素在社会治理乃至国家治理中发挥应有作用，努力实现"自上而下"和"自下而上"两种力量的对接，创造了"党委领导、政府主导、社会协同、公民参与、法治保障"的中国经验。

中国改革的普遍意义

已经有研究用"治理改革"来说明中国 40 年政治发展；也有人提出用"从全能主义到权能主义"的命题来予以概括；还有人将 40 年治理变革解释为"从制度信任到制度自信"的变化，认为"激活主体活力，打造社会和谐，实现国家治理现代化"是三个阶段的突出主题。无论怎样表述，治理改革和创新应该是中国学者较为认可的解释。

无论怎么讲，中国目前的成就是改革开放的结果，而不是不改革不开放的结果。中国的经济发展也是政治发展的结果，不可能与民主、自由、法治等为核心价值的政治进步毫不相干。改革开放 40 年，中国发生了很多变化，这些变化的积极性应该得到肯定。

首先是治理观念变革。中国共产党作为一个革命型政党，通过发动和组织政治革命和社会革命，经过长期的武装军事斗争而执掌国家政权，成为国家治理的主要责任人。革命型政党在组织方式、理论纲领、行动路线等方面，具有革命化、政治化、意识形态化的特点。1949 年建立新政权体系以后，中国共产党在较长一段时间内，并未对革命和建设的不同性质形成明确认识，对于自身转型必要也没有形成自觉意识，继续坚持"以阶级斗争为纲"，仍然采用军事化或准军事化的方式来组织生产和分配，对社会实施计划＋运动的集中式管理。1978 年改革开放后，中共领导人认识到了国家建设与政治革命是性质和任务完全不同的两个时期，自觉放弃了"以阶级斗争为纲"的施政理念，转向"以经济建设为中心"，开启了去革命化、去政治化的过程，努力实现革命党向建设党和执政党的转型。从放弃"阶级斗争为纲"，到坚持"以经济建设为中心"，再到"推进国家治理体系和能力现代化"，正好反映了中国共产党治国理念的积极变化。

其次是治理体系改革。中国发展最快、变化最大的40年，一直与治理体系改革相伴随。40年改革一轮一轮层层递进，不断深化。70年代末期启动农村生产责任制，之后扩展到城市推行企业生产经营责任制，再到90年代开始市场化改革，直到今天全面深化资源配置的市场化，经济体制改革始终不断，并且一直扮演先导作用。80年代启动了党和国家领导体制改革，这项改革持续深入，从党的领导体制不断调适，到行政体系的8次改革，再到目前的党和国家机构改革，党政体系大体每隔5年就要进行一次重大调整。90年代启动社会管理体制创新改革，伴随基层民主、社会自治价值意义的逐渐显现和明确，社会组织、社区建设、公民参与等治理机制逐步确立和完善，形成了今天社会治理的新格局。40年体制的变革，使得中国由计划型＋管制型＋动员型体制转化为发展型＋计划市场混合型＋上层政治协商＋基层民主协商型的混合体制。

第三是治理政策变迁。40年的改革开放，中国政府从意识形态导向的政策，转向了发展导向的政策，再向治理导向的政策转变。1978年12月中共十一届三中全会提出"以经济建设为中心"，之后一直强调"发展是硬道理"。2003年7月中共十六次全国代表大会提出"坚持以人为本，树立全面、协调、可持续的发展观，促进经济社会和人的全面发展"，按照"统筹城乡发展、统筹区域发展、统筹经济社会发展、统筹人与自然和谐发展、统筹国内发展和对外开放"的要求推进各项事业的改革和发展的"科学发展观"。2015年10月，党的十八届五中全会，强调贯彻创新、协调、绿色、开放、共享的发展理念。一味强调经济发展，形成了GDP竞标赛，结果导致重复建设、产能过剩、资源浪费、环境破坏、结构失衡、两极分化等问题，因此，目前中共执政团队强调"治理"，本意就是针对发展中形成的新问题，要采取更加积极有效的治理政策。

最后是治理行为调适。40年来，中国的党政主体地位和作用没有发生改变，但现实社会中的政治主体以及党政关系、央地关系、城乡关系、政企关系、政社关系处于不断变化中，而且党政部门及其官员的行为方式也在全面从严治党和法治国家、法治政府、法治社会的建设过程中得到规范。民众的权益意识、法律意识、民主意识普遍增强，这在很大程度上决定了官民关系、国家与社会关系的变化。

中国40年的改革开放和发展、治理是中国的事情，但它具有普遍的意义。首先，没有哪个国家、哪种体制是一成不变和不可更改的。那些遭遇国家解体、政权垮台的国家和体制，恰恰是坚持一成不变和不可更改、反对改革、拒绝变化的国家或体制。法国思想家托克维尔在《旧制度与大革命》中所阐述的两个观点——"革命在苛政较轻的地方发生"和"繁荣加速革命到来"——常被解读为国家解体、政权革命的原因。但正如有学者所指出，这种认定"托克维尔悖论"或"托克维尔定律"的观点，其实只是说明心理效应在法国大革命发生过程中的作用，并不能说明大革命的根本起因。一个国家的开放性和创新性，其观念、体制、政策和行为方式的不断调试变化，正是这个国家得以持续发展的根本原因。

其次，中国40年改革开放以及中国共产党的变革，展示了一个意识形态化的革命型政党的世俗化意义。革命党必须完成向建设党和执政党转变的自我革新，才能在之后的执政过程中找准自己的定位和方向，进而在世俗化的经济发展中发挥继续执政的主导作用。中国共产党既强调不忘初心，又倡导不断与时俱进，这是它在30多年经济市场化持久高速增长的背景下保持继续执政的主要原因。

最后，40年中国改革开放以及发展历程，展现了国家发展与国家治理的均衡性意义。一个国家，要在发展和治理中寻求平衡，既不能只求发展而不要治理，也不能只求治理而不谋发展。"无发展的治理"和"无治理的发展"都会给国家造成麻烦。中国40年的发展过程正好证明了上述均衡性理论的意义。改革开放初期，有人怀疑一个社会主义国家在改革开放中能走多远和能坚持多久；经历持续的经济增长且经济成就突显的时候，又有人把中国的经济发展与环境的破坏、官员的腐败、民主的压制、自由的牺牲、企业的下岗、政府的无限扩张、社会福利的低水平、法治的不昌相联系。现在，恐怕需要中国执政党和中国政府再次通过改革，向世界说明：只要保持开放学习、改革创新的心态和政策，中国完全可以克服上述"陷阱"。

| 结语

供需关系构成了社会科学中经济学知识框架的基础，二者的关系也应该成为政治学的基础。政治学的供求关系表现为民众需求（人民和社会需要）和政府效能的关系。在以往的学术框架下，人们习惯于从民众需求出发来分析政治发展，沿着"启蒙运动—民主自由—民主运动和民主革命＝政治发展"这样的路径来讨论问题。新的政治发展理论要求从政府效能（政府回应能力）出发来分析政治发展，补充分析的思路是"政府回应—制度供给—政府创新＝政治发展"。后一种思路更加说明，中国40年的发展实则是中国治理改革创新的结果，也是中国政治发展的重要表现。

在过去40年的改革开放时期，中国的发展理论主要围绕改革开放并且以改革开放作为主题来阐发出来，因此，以经济建设为中心，满足人民物质文化需求为目标的发展理论成为主流。为此，自由主义市场理论、个体中心主义的政治理论作出了重要贡献。随着中国经济的发展，新的经济动力的转换，国家面临新的国际和国内问题，需要以问题为导向，站在世界发展和国家新战略的高度去重构中国理论。为此，治理理论将会成为另一个主流理论。

党的十九大提出中国发展进入"新时代"，还提出新时代中国特色社会主义理论的概念。新时代中国特色社会主义理论和实践需要填充新内容，就是要向世界人民提供国家治理和全球治理的中国方案。为此，中国必须要以中国的经验回答下面的问题：（1）经济是怎么发展的？（2）贫困是怎么治理的？（3）官员腐败是如何治理的？（4）环境是如何治理的？（5）民主化的挑战是如何应对的？（6）法治进步是怎么推动的？任何关心中国发展的人士，恐怕都在满心期待中国能够继续通过改革创新交出满意的答卷。

从目前来看，40年改革开放是中国现代化发展最为顺利、发展成就最为显著的时期。然而，最近发生的中美贸易战引发中国经济变局，或许成为中国发展的拐点，将中国推到"再次改革开放"的重要关头。研究表明，一国经济长期、可持续增长，须依赖于创新的内生增长动力以及宏观效率的不断增进。由此推断，推动中国40年发展的核心要素，关键还在创新。诸如"学习型政党""后发优势""规模优势""人口红利""举国体制""宏观刺激"等，不论哪种说辞、哪种做法，短期看来或许有效，但如果不能转化为"内生增长动力创新"，它所带来的繁荣和成就都难以持久和持续。因此，中国谋求未来的发展还是要靠创新。然而，创新不是一个单项工程和结果，不只是体现为芯片制造和某个工业品的生产加工，而是一个社会"内生增长动力"的全面释放，包括知识创新、技术创新、管理创新等多方面内容，最终归结为制度创新。

（原载于《浙江社会科学》2018年第9期）

第三篇

★ ★ ★ ★ ★ ★ ★ ★ ★ ★

现代化与中国道路

　　早在 19 世纪 60 年代，中华民族在救亡图存的压力之下，就开始了现代化的探索进程。1949 年中华人民共和国成立，使得我国现代化的真正启动具备了基本的政治条件。新中国成立以来的现代化探索之路也历经曲折，改革开放以前的现代化是一种"外在拉动型"现代化，改革开放之后的现代化则属于"自觉内生型"现代化。中国特色现代化道路的自主性和内生性，使得中国现代化建设不可能按照西方的逻辑和议程来展开，而是有其自己的任务、路径、方式和最终目标。当发达国家已然进入后现代话语体系时，中国的现代化仍然处于进行时，这是中国人民的长期奋斗目标。

现代化的"中国道路"

——中国现代化历史进程的若干思考

马敏　华中师范大学人文社会科学高等研究院院长，华中师范大学原党委书记，教育部文科教学指导委员会委员，享受国务院政府特殊津贴。

在世界各国现代化进程中，中国的现代化道路究竟是否具有某种独特性？是否真的存在具有特殊学理意义的现代化"中国模式"或"中国道路""中国经验"？在中国历经曲折又重新崛起，经济腾飞，声誉日隆，在世界舞台扮演越来越重要角色的今日，尽管还存在各种质疑，但中国的确走了一条与众不同的、独特的现代化道路，创造了属于自己的现代化发展经验，为现代化理论作出了自己的特殊贡献，这是不争的事实，并日益成为绝大多数学者的共识。

本文从历史的视角，围绕中国现代化的独特性、政府在现代化中的关键作用、传统与现代化的关系等重点问题，提出自己不成熟的看法。

| 一、现代化与近代化：中国现代化的独特性

究竟何谓现代化？不同的现代化理论流派有不同的界定，但多数学者

将之视为人类社会正在经历的一次巨大、全面和深刻的社会变革。著名现代化史研究专家、美国普林斯顿大学布莱克教授指出："如果有必要定义，那么'现代化'或许可以被界定为一个过程，在这一过程中，历史上形成的制度发生着急速的功能变迁——它伴随科学革命而到来，反映了人类知识的空前增长，从而使人类控制环境成为可能。"罗兹曼教授也指出："我们认为，现代化是人类历史上最剧烈、最深远并且显然是无可避免的一场社会变革。是福是祸暂且不论，这些变革终究会波及到与业已拥有现代化各种模式的国家有所接触的一切民族。"

诚然，现代化是"一场社会变革"，但它又不是一般意义上的社会变革，而是特指人类社会从传统的农业社会向现代工业社会转型的历史过程。这一过程涉及全球的经济、政治、社会、思想、文化、心理各方面的巨大变迁。现代化又是一个连续不断的历史长过程。大体说来，它发源于 16 世纪的欧洲，中经 18 世纪工业革命而向全世界传播，一直持续到今天也未停止。尽管现代化有种种不同的模式，比如最起码就有资本主义模式和社会主义模式，但是这一历史过程又存在某些基本的共同特点：机械化、自动化、专业化和都市化程度的提高；非生物性能源的广泛使用；经济持续增长；教育的高度普及；法制化进程的推进；个人自主性和理性思想的增强；等等。而对这一历史进程所作的专门性、系统性阐释和探索，则形成所谓"现代化理论"。

现代化与我们通常所说的"近代化"有何区分，又有何联系？尽管有的论者并不赞成使用"近代化"这个词语，主张要统一使用"现代化"一词，即英语 modernization。但在我们看来，"现代化"与"近代化"这两个概念既有区分又有联系，在作了清楚的界定后，有同时使用的必要。近代化并不完全等同于现代化，它仅仅是现代化这一持续至今的历史长过程中的一个具体发展阶段，或者简单地说，近代化就是各国近代史上的现代化过程，可视之为各国"早期的现代化"（the early modernization）。

现代化的基础与核心是经济发展，经济的现代化（即广义的工业化）构成整个社会现代化的最主要标志。从工业化进程看，如果说现代化涵括了工业社会酝酿、起飞、成熟和高度成熟这四个完整阶段，那么，近代化则仅仅涉及酝酿和起飞两个阶段。近代化与资本主义的产生与发展存在内在联系。近代化的核心和实质内容是早期工业化，而近代工业所体现的新兴生产力又统一于近代资本主义生产方式之中，因此近代化在很大程度上也就是资本主义化（尽管"现代化"就其全过程看并不等同于"资本主义化"）。马克思曾经指出："在16世纪和17世纪，由于地理上的发现而在商业上发生的并迅速促进了商人资本发展的大革命，是促使封建生产方式向资本主义生产方式过渡的一个主要因素……但现代生产方式，在它的最初时期，即工场手工业时期，只是在它的各种条件在中世纪内已经形成的地方，才得到了发展。"恩格斯也说过："蒸汽和新的工具机把工场手工业变成了现代的大工业，从而使资产阶级社会的整个基础发生了革命。工场手工业时代的迟缓的发展进程转变成了生产中的真正的狂飙时期。"这里有两点值得注意：第一，马克思和恩格斯所说的"现代"，是指他们所生活的19世纪资本主义时代。这个已经过去150多年的"现代"，我们今天当然只能理解成"近代"。因此，马克思他们大量提到的"现代工业""现代社会""现代生活方式"等问题，都应当归结到近代化范围来讨论。第二，资本主义化即近代化过程自16世纪就已"迟缓的"开始了，18世纪发生的工业革命只不过大大加速了这一过程。因此，简单地将现代化或近代化界定为"人类社会从工业革命以来所经历的一场急剧的变革"，在时限上是不准确的。概而言之，近代化主要指整个社会摆脱中世纪的封建社会形态而资本主义化的历史过程。在欧洲这个过程开始于16世纪和17世纪的科学和技术革命，中经17世纪英国和18世纪法国的政治革命、18世纪中叶至19世纪初期的工业革命而逐步完成，由此而引起的变化则冲击和影响了整个世界，形成世界性的社会"型变之链"。

从上可见，"近代化"一词在研究现代化史时是一个颇具张力的重要概念，并不是可有可无的。尤其在研究中国现代化的完整进程中，引入"近代化"概念显得十分必要，它恰好能表达出中国现代化进程的独特性。所谓"中国近代化"，即中国近代历史上的现代化过程，也可以说是中国早期的现代化。

如果作一个粗略的划分，在历史时序上，中国的现代化过程始于19世纪60年代晚清政府的"洋务运动"（或称"自强运动"），中经1911年辛亥革命和1949年新中国成立等一系列历史大事变，一直持续至今天也没有最终完成。其间，按现代化模式的不同，又大致上可划分为两大段：1860—1949年资本主义近代化（早期现代化）阶段，约90年；1949年至今的社会主义现代化（通常称为"四个现代化"）阶段，约67年。这两大阶段呈现出截然不同的历史运行方式，但又存在若干共同的历史基因，构成了一部波澜壮阔、独具特色的中国现代化史。

1949年以前的中国早期现代化（近代化）是一个屡遭挫折的失败的现代化，具有"被动性、复合性、非自主性和非统一性"四个特点。近100年中，从洋务运动到戊戌维新，从晚清新政到辛亥革命，从民国肇建到国民革命运动，不同的政治力量提出了不同的救国主张，企图使中国实现资本主义近代化，达到抵御外侮、富国强兵、建成工业化国家的目的。但100年过去了，这一目的并未实现，中国的近代化最终以失败告终。到1949年为止，中国远未实现向资本主义工业化国家的转型，仍是一个极端贫穷落后的农业国。中国近代化的失败，充分证明西方资本主义现代化模式并不完全适用于中国，勉强推进的结果，只能使中国在半殖民地半封建社会的尴尬境地中越陷越深，左冲右突，却难觅出路。换言之，没有民族独立就没有真正的现代化，恰如胡绳所指出的，"讲现代化，也不能不区别帝国主义所允许范围内的现代化和独立自主的现代化"。所谓"帝国主义所允许范围内的现代化"，往往是有限的和局部性的现代化，正如马克思在《不列颠在印度统治的未来结果》中所指出的那样，尽管不列颠在印度统治时带来了铁路等某些现代变化，但是"在大不列颠本国现在的统治阶级还没有被工业无产阶级取代以前，或者在印度人自己还没有强大到能够完全摆脱英国的枷锁以前，印度人民是不会收获到不列颠资产阶级在他们中间播下的新的社会因素所结的果实的"。

1949年后新中国在共产党领导下所推进的现代化运动则完全是另一番景象。其基本态势是虽历经波折，但终获成功，显示出强大的生命力和创造性。这一阶段大致可分为三个时期：（1）1949—1966年的奠基时期，通过采用苏联式的计划经济模式，中国初步打下了工业化的基础，但也同时存在体制僵化、工农业发展不平衡等问题；（2）1966—1978年的停滞时期，10年"文化大革命"给中国的现代化造成浩劫，国民经济濒临崩溃的危险；（3）1979年至今，中国进入改革开放新时期，社会主义现代化以加速度发展，取得空前成功，创造了中国崛起的奇迹并最终形成现代化的"中国模式"或"中国道路"。

将中国现代化进程分成资本主义近代化和社会主义现代化（"四个现代化"）两个大的阶段来观察、比较，我们可以得出如下启示。

第一，与欧美、日本等国近代化与工业化、资本主义化同时实现不一样，近代中国的近代化与工业化、资本主义化是不同步的，在近代化过程中并没有同时实现国家的工业化和资本主义化，反而陷入了半殖民地半封建社会的畸形社会形态，由此形成中国近代化和现代化道路的特殊性。换言之，中国现代化道路是历史形成的，所谓现代化的"中国模式"其实是历史选择的结果，必须回到中国近代历史中寻求答案。

第二，正因为中国的近代化并没有真正完成，所以今天的社会主义现代化建设还得补近代化的课，要完成双倍的历史任务。这当然不是回头搞资本主义，而是在社会主义制度下发展本来应由资本主义创造出来的大工业生产力和相应的市场经济。某种意义上，这也就构成我们国家今天之所以尚处在不成熟和不完全的社会主义形态——社会主义初级阶段的历史根由，同时，也意味着社会主义现代化事业的推进将异常艰难和异常曲折。

第三，既然中国现代化进程以1949年为界，可谓前后两重天，因此，研究中国现代化，就必须对这前后两个阶段的历史进行比较分析，找出促成其根本变化的原因，以及在背后制约两者的共同历史因素（所谓"大传统"）。此外，也应分析 1978 年改革开放后中国社会主义现代化呈现加速发展的背后动因，对新中国前 30 年与后 30 年历史进行客观的比较研究，充分认识解放思想与改革开放的划时代意义，从而为下一步的发展厘清前进的道路，寻找到最适合中国的现代化模式，实现中华民族伟大复兴的中国梦。

二、国家与社会：政府在现代化中的关键作用

国家（政权力量）与社会（民间力量）构成推动现代化进程的两根最有力的杠杆，而两者之间是否能形成良性互动关系，遂成为各国现代化能否取得成功的关键所在。对中国和东亚国家而言，由于独特的历史文化背景，政府这只"看得见的手"往往所起的作用更大，是东亚各国现代化进程中关键的关键。过去的现代化研究，对代表市场和自由经济的"市民社会"的作用强调比较多，而对国家政权本身的作用和国家治理能力现代化的研究则相对薄弱，这是以西方现代化模式为范本研究世界现代化历史进程的无可避免的弊病之一。

新近的经济史研究表明，直至清朝的中期（18 世纪后半叶），与政治上新兴王朝的强势相一致，中国的经济在世界上仍保持着领先地位。据英国学者安格斯·麦迪森的估计，1820 年中国的国内总产值仍占全球总产值的 32.9%。换言之，在 19 世纪以前，中国与西方经济总量的差距其实并不大，中国真正全面落后于西方应该是在 19 世纪中叶进入近代以后。

中国近代的衰落有着对外战争失败等多方面的复杂原因，但缺乏一个强有力的具有现代化意识的国家政权（主要指中央政府）则是其中最主要的原因之一。从 1840—1842 年第一次中英鸦片战争开始，到辛亥革命前后，中国一直处在一种"国家危机"（nation crisis）或"权威危机"（authority crisis）之中，随着地方督抚势力的坐大，中央的权威和实际控制力迅速流失。据估计，19 世纪后期，中国的国民生产总值可能达到 33.38 亿两，其

中政府收入总额约占国民生产总值的 7.5%，而北京中央政府所得到的份额实际仅为 3%。在有限的财政收入中，用于军费和巨额战争赔款的支出大增，仅鸦片战争的各种耗费就高达上亿两白银。

国家权威的式微使政府推动早期工业化的能力大打折扣，民族危机空前严重，无论是改革派还是革命派，一直都在努力探索一种能够带领中国实现近代化的新型国家形式。辛亥革命及民国的建立，意味着传统中央集权官僚体制的崩溃，但却并不标志着新型现代国家体制的建立。民国实质上是一个"军绅政权"，新的中央政府仍徒具形式，在"共和"的招牌下，国家实际陷于军阀割据和长期分裂状态，长期的政治衰退导致近代化迟迟走不上轨道。由于辛亥革命后建立现代型国家的任务并未实现，所以继起的国民党和共产党都把重建国家当作最主要的目标。1928 年国民党政府虽然实现了表面的"军政统一"，但中国从没有真正统一过，中央政府的财力和精力大部分消耗于连绵不断的内战和抗日战争之中，无力从事大规模经济建设和基础设施建设，中国向现代工业社会的转型亦随之陷入困境。

1949 年共产党所领导的新中国的建立从根本上改变了中国的政治生态，国家在新的基础上重新获得统一，建立起了一个稳定的、具有强大生命力和动员能力的中央政府，从而解决了启动经济现代化的两个基本政治条件：实现国家统一与恢复民族主权。

国家统一与民族独立带来的直接结果便是国家财政能力空前增强，能够顺利实现财政与税收这一最主要的现代国家职能，从而为迅速建立起现代工业体系，最终实现国家工业化创造了前提条件。与近代历届政府相比，共产党领导的新的中央政府具有最强的财政整合能力与经济动员能力，简言之，其优势便在于能够最大限度地集中力量办大事，解决一系列棘手的经济重建问题。

新中国成立伊始，在经济上中央实行的第一个重要战略措施便是统一全国的财政经济，对全国的财政收支、物资调度和全国的现金实行集中统一管理，从而使国家的财力空前壮大，政府财政收入占国民收入比重迅速提高。随着国家财力的增长，政府由弱变强，中国经济发展呈现良好发展势头，终于摆脱了历史上长期停滞甚至衰退的困境。"一五计划"五年中，总共完成基本建设投资总额550亿元，有428个项目全部建成投产，109个项目部分投产，新增固定资产达到440亿元，其中新增工业固定资产达到214亿元，超出旧中国近百年积累的工业固定资产60%左右。这些初步的建设成就，为中国工业的腾飞和实现经济现代化奠定了良好基础。

以上事实说明，在现代化的起飞阶段，尤其在中国这样一个曾经极度贫穷落后的大国要启动工业化和现代化，必须要有一个统一的、独立的民族国家，必须要有一个强有力的中央政府，这是实现现代型经济增长和国家现代转型的必要的制度前提。此外，从改革开放以来社会主义现代化全面推进，中国迅速崛起的过程中，也可看到政府在其中所起到的举足轻重的关键作用。1978年以来改革开放和经济发展大好局面的形成，是一个由下而上集中群众智慧，同时由上而下形成决策指导的双向互动过程。其中，以邓小平同志为核心的新的党中央的改革眼光、气魄与决断又起到了关键性作用。

概括而言，政府在现代化进程中的作用，首先是类似于发动机的启动作用，在最关键的时候作出最关键和最正确的决策，从而找到一条适合自己国情的现代化道路。政府主导现代化进程，主要体现为路径选择与政策制定的主导作用。

其次，在从计划经济向市场经济转型过程中，政府对经济现代化又可起到助推器和调节器的作用。社会主义市场经济实质上是市场＋计划的混合式经济，市场在起决定作用的时候，也离不开计划的调节，这就为政府发挥作用提供了广阔的空间。

当然，政府在经济发展中的关键作用并不是无限的，也不是越大越好，越多越好。政府作用的发挥，必须在国家与社会、政治与经济之间找到最佳的平衡点。我们既需要一个强大的有经济指导和运作能力的政府，同时又需要一个充满活力和主动性的民间社会，把政府和民间的力量紧密结合在一起，以达成最佳的配合效应，形成国家（政权力量）与社会（民间力量）之间的良性互动关系。

三、传统与现代：传统在现代化中的"活用"

经验告诉我们，正如历史本身无法完全割裂一样，传统与现代之间也并不存在一条截然的界限，常常是你中有我、我中有你、相互依存、相互关联。强调现代化对传统观念和传统文化的否定，并不意味着现代化可以脱离传统而发展。也正因为如此，中国的现代化不是对传统的全盘否定，而在更大程度上，是对传统的转化和"活用"，是传统在现代的"再生"。所谓传统的"活用"，一是要寻找和发现那些数百年甚至数千年"一以贯之"，继续显现着历史和现代价值的"活着的传统"，说明其为什么仍然"活着"；二是要辨认和发掘那些看似落后、过时的旧传统中包含的合理因素，使之通过一定形式转化服务于现代。从这两个维度来观察，中国延绵数千年的传统文化，实则是一个历史资源的宝库，从中可以发掘出有利现代化的无穷无尽的思想资源。

"今天"是"过去"的延续。中国现代化为什么走了一条与众不同的独特道路？现代化的中国模式为什么呈现出今天的形貌？我们必须回到"过去"，回到"历史"，回到那些曾经和正在制约中国现代化的"历史因素"之中。严格讲，只有回到现代与传统的真实关联中，方能最终寻觅到导致形成当代中国现代化道路的正确答案。

（一）市场传统与今天的市场经济：市场经济的源头活水

中国的改革开放是从计划经济向市场经济转轨开始的，活跃的市场经济无疑是推动中国经济快速增长的最重要因素之一。中国当代市场经济从无到有，从辅助和补充作用到起着"决定性作用"，为什么会获得如此之快的发展？为什么能很快为社会大众所接受？追溯起来，可能与明清时期甚或更早时期的市场传统不无关系。

根据一些新经济史学者的研究，中国或许早在宋代便出现了第一次商业革命，明清时期，在东南沿海一带，商品经济和市场已有相当程度的发展，尤其在江南地区，甚至出现了与欧洲同期相似的"原始工业化"（roto—industrialization）或"早期工业化"现象。正是因为有历史上的商品经济与市场的传统，所以，一旦放开限制，鼓励市场经济发展，那些蛰伏已久的种子便会破土发芽，如雨后春笋般茁壮成长。今天中国经济最发达的地区仍然是江浙和广东沿海一带，与明清时期江南和岭南地区商品经济的发达和"原始工业化"现象的出现，显然有着历史的内在联系。这些地区乡镇企业遍地开花，某种意义上也与江南和岭南的手工业传统不无关系，从家庭作坊和工场手工业到同样技术设备相对落后的现代乡镇企业，只有一步之遥。历史上手工业的发达及其对过密人口的消化，也造成在中国工业化过程中，出现了传统手工业与近现代大工业长期并存的"二元工业化"格局。很显然，在历史实际中，传统并没有完全消失，而是穿越时空继续延续。

（二）中央与地方：两个积极性的发挥

中国当代经济发展中，中央政府起着关键和决定性的作用，这是无可置疑的，但地方政府的作用同样不可小视，省际、县际近乎白热化的激烈竞争，已是公开的秘密。中央与地方两个积极性的发挥，既是中国经济快速发展的动力源泉和秘密所在，也是一种根深蒂固的历史传统。

自秦始皇统一中国，废分封、立郡县开始，郡县官吏便由中央统一任免，地方必须服从中央（朝廷），军权、政权、财权归于统一，也就是所谓"中央集权"。但在实际运行中，地方在服从中央的前提下，仍有许多自主权，可根据中央的意旨自主推进地方经济、文化、教育、社会的发展，即所谓"善政"，政绩突出者受到中央的奖励。从历史上看，过度集权与过度分权，都易形成弊政和乱政，只有在集权与分权之间建立起适度平衡时，地方配合中央，真正靠"两条腿走路"，善政及太平盛世则较易出现。

新中国成立后，改革开放前30年是高度中央集权，地方无条件服从中央，一切听从上面的行政命令，执行严格的计划经济；改革开放后30年则通过不断的制度创新（如中央与地方分税制），逐渐形成中央集权为主，地方分权为辅的混合体制，发挥中央与地方两个积极性，较好地促进了中国经济的发展。

（三）冲突与合作：中国式市民社会的历史解读

当代中国式市民社会的特征与西方"市民社会"或"公民社会"有所不同，即与国家的冲突和对抗不是其主导面，而调适与合作才是其实际取向，这同中国历史上国家与社会关系、官民关系的传统不无关系。

在中国古代，由于实行"政教合一"，中国传统政治观念中，完全不存在西方式的"耶稣的归耶稣，恺撒的归恺撒"这种政治理念，也不存在类似西方教会的社会组织形式。在"普遍王权"的观念下，国家权力具有不受限制、不受阻碍的特征，通行无阻地贯彻于都市社会之中，这样，中国也就不存在西方式的相对独立的"自治城市"，更谈不上享有政治特权和相当自由度的"早期市民社会"（the early civil society）。

近代城市社会中，随着自治的呼声日高，通过创设商会、商团、教育会、救火会、市民公社等社会组织和团体，逐步形成了近代"市民社会"的雏形，把"独立社会"的营造推向了实践阶段。但近代中国市民社会雏形与近代欧洲市民社会有很大区别，其建成的初衷，并不是要与专制国家权力相抗衡，而是协调民间与官方的关系，以民治辅助官治，补官治之不足。1909年年初出台的《城镇乡地方自治章程》，其第一条即规定："地方自治以专办地方公益事宜，辅佐官治为主。按照定章，由地方公选合格绅民，受地方官监督办理。"此外，作为近代市民社会基层组织的商会一类社团，往往一开始就包孕着"官督商办"的二重因素，"通官商之邮"，成为国家与社会之间的联系纽带，同西方民间社团那种纯民间、纯自治的性质大不相同。

上述历史传统不能不影响到当代中国式市民社会的性质和特点。由于政治文化传统的不同，中国现代社会建设不一定非要采用西方意义的与政府必然对立的"市民社会"或"公民社会"模式及其政治哲学，为"民主"

而民主，而应当采用更符合自己国情和文化传统的中国式市民社会模式。这个模式的基本特征，就是走政府与民间平等协商、"官民共治"之路。政府与社会不是"零和"关系，而是"共赢"关系；市民社会成员不是通过与政府尖锐对抗来证明自己的存在和价值，而是通过有效沟通、参与和协商解决社会的实际问题，从而形成一整套具有中国特色的市民社会理论和相应的现代民主制度安排。

（四）法治、德治与礼治：治国理政的多样性

国家治理现代化关键在法治，即依法治国。"法令行则国治，法令弛则国乱。"法治是治国理政的基本方式，也是国家稳定和发展的重要保障，尤为今天中国所亟须，依法治国是中国的根本出路。但法治中国建设又必须切合中国的实际，使法的精神植根于中国社会历史土壤之中，法律条文能够得到真正的实施。在这方面，中国历史上长期形成的法治传统和法律文化中蕴含着极其丰富的养分，稍加去芜存菁，即可"活用"于当代。

与一般以为中国古代长期实行"人治"、缺乏"法治"的模糊认知不同，其实中国很早就有自己的法律体系和法治思想，与儒家并列的一大学派即为法家，战国初期李悝的《法经》系世界上最早的刑律经典之一。但古代中华法系的特点，一是"民、刑不分""诸法合体"；二是援儒入法，以德治和礼治辅助法治，或者三者并用。这一法治传统，既有其优长，也有其毛病。

在今天国家治理现代化进程中，中国古代法、德、礼三维"综合治理"的传统，总体看仍十分值得借鉴。依法治国是我们的基本国策，但并非我们治国理政的唯一手段，法律毕竟不是万能的。在中国这样一个具有悠久历史的文明型大国中进行治理，应充分利用我们丰厚的历史文化资源，在依法治国的同时，同样重视以德治国和以礼（礼仪、礼节、乡规民约等）治国，将法治、德治和礼治有机结合起来，综合加以运用。中国应当充分汲取传统文化的养分，实现"法治之国"与"礼仪之邦"的高度契合，走出一条富有中国特色的现代化法治道路。

（五）民本与民生：以民为本的现代化

以人为本、以民为本的民本观是儒家学说的精华，也是中国古代的优良文化传统。民本与民生不可分。中国传统民本主义向来关注民生问题，"天地之大德曰生"，认为只有解决好了"民生"，即人民的衣食住行等基本的生计问题，才能"得民心"，而得民心者得天下。孟子主张的"制民之产"，其核心思想就是要重视解决人民的生计问题。

以史为鉴，中国的现代化也必须是以人为本、以民为本，重视民生。首先，执政为民，民生为大，推进现代化、发展经济的根本目的，在于"养民""富民"，让人民过上幸福的生活，"人民对美好生活的向往，就是我们的奋斗目标"。其次，在经济发展过程中又必须注意分配公平问题，防止出现严重的贫富不均，做到"求富"与"均富"要同时并进。民主革命的先行者孙中山就曾提出著名的"民生主义"，希望通过"平均地权""节制资本"，以解决土地过分集中与资本垄断问题；通过生产与分配并重，以解决国民所得相对平均问题。孙中山的提醒值得注意，以民为本的社会主义现代化，必须实现发展成果由人民共享，消除过大的城乡差距和贫富收入差距，走共同富裕的道路；必须建立更加公平可持续的社会保障制度，做到学有所教、劳有所得、病有所医、老有所养、住有所居，让普通老百姓真正分享到改革发展的红利，全面建成小康社会。

四、结语

现代化对许多发达国家而言，是一个业已结束的过程，它们已经处在"后现代化"阶段了，但对中国而言，现代化还是每天正在发生的事，还是一个有待实现的"梦"，中国仍在"现代化"中，因此，对中国现代化的理论探讨仍然是一个极具现实意义的课题。

中国现代化所走的独特的"中国道路"及所创造的"中国模式"，必将极大地丰富和完善现代化理论，使世界现代化史有重新书写的必要。因为其中有太多出人意料和超越常轨的东西，用既有的现代化理论似乎没法给出圆满的解释。

"中国道路"和"中国模式"很大程度上是中国近代历史发展的必然结果，其根子还在于中国不同于西方的历史和文化传统。在中国发生的种种"奇迹"和创新，除当代人的智慧和勇气外，更多的可能还是要回到历史中去寻求答案，要找出背后隐藏的"一以贯之"的"历史因素"。我们常说"四个自信"：道路自信、理论自信、制度自信、文化自信。其中，道路自信是根本，文化自信是基础，而无论道路自信、理论自信、制度自信或文化自信，又皆是源于历史的比较，是 5000 年文明传承和 170 多年近现代历史不断探索、比较的结果。

中国的成功证明，现代化进程中西方道路并不是唯一的道路，西方模式也不是唯一的模式（当然，具体而言，西方模式又可细化为各种不同的模式）。西谚云："条条大路通罗马。"（All roads lead to Rome）中国的现代化固然要学习西方，但既不能照搬这种与那种西方模式，也不能照搬苏联与日本模式，只能是创造性地探索属于自己的模式。尽管中国现代化模式也有其缺陷和不足，但必须依靠它自身在实践中自我纠正、自我完善、自我成熟，而不可能以其他任何一种外来模式来取代它。各国的现代化道路和模式必须根据各国自身历史、文化和现实即国情来决定，国情与世情是决定中国道路和中国模式的根本因素，也是现代化路径选择的最根本考量。

中国现代化还在进行之中，中国梦的实现还要靠中国人民努力去奋斗，中国奇迹也还没有最后终结，任何预言目前可能都还为时过早，所以，还是应像但丁所说的那样："走自己的路，让别人说去吧。"

（原载于《中国社会科学》2016 年第 9 期）

中国共产党与中国现代化

陈晋 ——

原中央文献研究室副主任,研究员,中国中共文献研究会副会长、毛泽东思想生平研究会会长,中国毛泽东诗词研究会会长,多年来从事中共党史文献和当代理论研究。

近代以来,中国是世界现代化潮流中充满悲情的被动追赶者。直到中华人民共和国成立,中国共产党掌握了中国现代化进程的主导权,这种局面才得以改变。特别是通过 40 年的改革开放,迅速而全面地推进现代化进程,使中国大踏步地赶上时代潮流,实现了从追赶世界到融入世界进而影响世界的历史性跨越。

中国共产党对中国现代化进程的引领和推动,有什么特点,主要体现在哪些方面? 这里简述几点。

一、从充满悲情的被动学习到充满自信的主动探索

1840 年中国的大门被迫打开以后,中国人便踏上了睁开眼睛看世界,在经济、政治、文化、军事各方面学习西方的曲折道路。向西方学习的目的很明确:追赶世界的现代化潮流。然而,这条路不仅曲折,而且充满悲情。在向西方学习的过程中,首先遇到的难题是:"老师"总是打学生。开

始是一个"老师"打（第一次鸦片战争中的英国），打一次不够又打第二次，而且是两个"老师"一齐上（第二次鸦片战争中的英国和法国）。接下来，那些没有来得及开打的"老师"也红了眼，纷纷来打（如甲午战争中的日本），最后发展到一齐上阵的"群殴"，八国联军直接打进了首都北京城。打了后让中国赔款还不算完，阔起来的邻居日本，干脆就明目张胆地侵占中国领土了。

中国的现代化进程曾经受到重重阻碍，屡屡被打断。留给中国人的，除了悲情，更有疑问，即毛泽东说的，"很奇怪，为什么先生老是侵略学生呢？中国人向西方学得不少，但是行不通"，结果是，"帝国主义的侵略打破了中国人学西方的迷梦"。

走出迷梦，还得寻路。到哪里寻路？结果还是西方。来自西方的马列主义和俄国革命，由此成为中国先进人群的崭新选择，催生了中国共产党。从那以后，中国的现代化进程得到中国共产党的引领和推动，逐渐开辟出新的天地。

毛泽东还说过，"自从中国人学会了马克思列宁主义以后，中国人在精神上就由被动转入主动"。这里有两个关键词，一是"学会"，即结合中国实际来运用；一是"主动"，即走中国自己的路。走中国自己什么样的路呢？先是开辟中国新民主主义革命道路，然后是探索中国社会主义建设道路，最后是开创、坚持和发展中国特色社会主义道路。这三条道路里看似没有"现代化"三个字眼，实际上，都是中国走上自己的现代化道路的前提。或者说，现代化进程是这三条道路题中的应有之义。

总体上看，在向西方学习的过程中，中国学了好的，也学了一些不好的；有学得成功的，也有没学成功的；还有压根就不可能搬过来的。这是中国下决心既学西方又走自己道路的历史必然性所在，也是不断推进马克思主义中国化进程的历史必然性所在。中国现代化道路，事实上体现了一般规律和特殊规律的深度融合。

如果从 40 年前的改革开放算起，中国的现代化进程是主动打开大门引进来、主动打开大门走出去的进程，在融入世界的过程中自信地吸收西方进步文明成果，体现了世界各国走向现代化的一般规律。但是，中国的现代化道路最终是由中国的历史文化、政治国情、经济水平和近代以来的世界环境所决定的，它没有简单依赖此前西方现代化的路径和模式，从而昭示出不同于西方现代化的特殊规律。不打开大门，就没有中国的现代化道路；不坚持走自己的道路，也很难真正科学有效地打开大门；中国现代化道路既是走中国自己的路，又联结着构建世界命运共同体之路。这些，或许是中国现代化道路给世界提供的"斯芬克斯之谜"。

二、毛泽东时代的中国为引领和推动现代化进程做了三件大事

毛泽东时代的中国为引领和推动现代化进程做了三件大事：

一是构筑中国式现代化进程的制度基础和行政体制。比如，人民代表大会制度、中国共产党领导的政治协商制度、民族区域自治制度。还有，从中央到地方的五级政府治理，由此形成"一竿子插到底"的上下互动和罕见的执政效率；"全国一盘棋"的发展布局和各个地区的有机配合；每隔五年便制定一个具体的国家建设计划，逐步累进，朝着既定目标"一张蓝图"绘到底、干到底，由此形成相应的战略定力。总之，在中国共产党领导下，"一竿子""一盘棋""一张图"这样一些体制运作方式，在今天依然管用，是中国实现现代化的政治前提和治理优势，并且在相当程度上规定了不同于其他国家的现代化路径和前进方向。

二是塑造不同于旧中国的新的社会关系和文明价值取向。比如，移风易俗，反对愚昧迷信；强调男女平等，实现妇女解放；推进义务教育的普及，推崇艰苦奋斗、劳动至上的价值观等。事实上，这些都属于中国现代化进程的社会前提和文化准备。

三是基本上形成了独立的、比较完整的工业化体系，进而对中国的现代化道路作了一些初步思考和理论探索。比如，毛泽东关于"十大关系"的论述，还提出了工业、农业、国防和科学技术"四个现代化"的发展战

略目标。这"四个现代化"目标，依然保留在今天的《中华人民共和国宪法》序言当中。

当然，从中华人民共和国成立到改革开放前，在现代化问题上也留下了一个深刻的教训，就是没有在实践上始终如一地把经济建设摆在中心位置。改革开放起步的最突出标志，就是在这个问题上实现了拨乱反正。

三、改革开放以来不断拓展了中国现代化的理论和实践

40年前中国共产党领导开启的改革开放，一开始就是和推进社会主义现代化建设紧密联系在一起的。当时的标准表述，叫"进入改革开放和社会主义现代化建设的新时期"。党的十九大报告依然使用了"改革开放和社会主义现代化建设"这个概念。为推进现代化，改革开放以来，中国共产党始终如一地坚持以经济建设为中心，也就是把解放和发展社会生产力放在中心位置，把建立和完善社会主义市场经济体系作为改革开放的关键环节。习近平总书记在十九大报告中进一步提出，要在完善社会主义市场经济体制的基础上，把建设现代化经济体系作为我国发展的战略目标。

从20世纪80年代开始，中国共产党认识到，中国的现代化不光是经济上的现代化，于是提出了"物质文明和精神文明两手抓，两手都要硬"。到了20世纪90年代，又提出了物质文明、政治文明、精神文明三个文明。进入21世纪，再提出"构建社会主义和谐社会"，实际上就是社会文明。到2012年党的十八大，又增加了生态文明。这样一来，中国现代化道路便形成了"五位一体"总体布局。也就是说，改革开放40年来，中国现代化进程是在社会主义市场经济、民主政治、先进文化、和谐社会和生态文明五个方面同时展开的，而不是某一方面的单项突进。就实践重点来看，还形成了全面建成小康社会、全面深化改革、全面依法治国、全面从严治党这样一套"四个全面"战略布局。

这里特别要说的是，习近平总书记在2013年提出了全面深化改革的总目标，即完善和发展中国特色社会主义制度，推进国家治理体系和治理

能力现代化。刚刚结束的党的十九届三中全会和十三届全国人大一次会议，推出党和国家机构改革方案、宪法修正案、国家监察法，体现了全面从严治党、全面依法治国和全面深化改革的有机统一，是推进国家治理现代化的一场深刻变革，有利于构建更加成熟、更加定型的现代化国家治理结构，有利于新时代中国的现代化脚步稳定地向前迈进。

总之，从过去把建立社会主义市场经济体制当作经济改革的目标，到今天把建设现代化经济体系当作我国经济发展的战略目标，进而把国家治理体系和治理能力现代化当作全面深化改革的总目标，是中国现代化进程中历史性的巨大跨越。

四、一以贯之又适时调整中国实现现代化目标的"时间表"和"路线图"

中国共产党领导和推动中国现代化进程，有一个很重要的方式，就是战略引领，即制定或调整"时间表"和"路线图"。毛泽东时代，对实现"四个现代化"目标的时间，开始的构想是 50 年到 100 年，后来又说，如果从新中国成立算起，"估计要一百年"。开启改革开放伟大实践后，外国人不理解我们追求的现代化是什么样子，邓小平说我们将来实现的是"中国式的现代化"，也就是"小康"。大概觉得"小康"还不能算现代化，邓小平就提出"三步走"发展战略。第一步是解决人民的温饱，第二步是让人民生活达到小康水平，第三步是在新中国成立一百年的时候，人民生活比较富裕，基本实现现代化。

中国在 1987 年提前实现第一步战略任务。从 1997 年党的十五大开始，中国共产党把建党一百年和新中国成立一百年，作为实现第二步和第三步发展目标的时间节点。2017 年，习近平总书记在十九大报告中创造性地提出，在 2020 年全面建成小康社会以后，再分两步来全面建设社会主义现代化国家，即在 2035 年基本实现社会主义现代化，2050 年把我国建成富强民主文明和谐美丽的社会主义现代化强国。这样一来，实际上形成了"新三步走"的重大发展战略安排，完整地勾画了新时代中国实现现代化的"时间表"和"路线图"。而最终实现的现代化的质量，已经远远高于最初的设想，已经和"两个一百年"奋斗目标以及实现中华民族伟大复兴的中国梦深深地融合在一起了。

五、最成功的实践和最根本的经验是领导人民开创、坚持和发展了中国道路

中国现代化道路是中国道路的重要组成部分。中国共产党引领和推动中国现代化进程，关键在于引领中国道路。

对发展中国家来说，怎样推动现代化进程，各国政党都有自己的想法和做法。所有的想法和做法，实际上都可以归结到一点，就是选择和实践什么样的国家发展道路。因为现代化的未来，只有通过可行有效的国家总体发展道路才能够把握得到。

在这个问题上，中国共产党最成功的实践和最根本的经验，就是探索、开创和坚持发展了一条正确的道路。这条道路的名字叫中国特色社会主义道路，简称中国道路。

中国道路是围绕什么是社会主义、怎样建设社会主义，坚持和发展什么样的中国特色社会主义、怎样坚持和发展中国特色社会主义这样的基本主题形成和发展起来的，具体地体现在当今中国的经济、政治、文化、社会、生态等领域的理论、制度和实践当中。

中国道路与中国的历史文化有关，但不是简单延续；它来自马克思主义经典作家的理论，但不是简单套用；它适应世界现代化的潮流趋势，但不是西方现代化模式的翻版。此外，中国道路还吸取了20世纪其他国家社会主义实践的经验教训，最终决定走符合中国国情的社会主义道路。

经过40年的实践，中国道路已经成为中国人民的最大共识，成为把中国人联结成"现代化命运共同体"的一条道路，因而它是实现中国社会主义现代化、实现中华民族伟大复兴梦想的必由之路。如果不了解它，就

很难认识中国现代化进程的本质，很难把握昨天、今天和明天中国的真实面貌。

中国共产党格外珍惜这条道路，认为它代表着中国和中国共产党的基本形象，决定着中国现代化进程的方向和前途。如果翻阅一下中国共产党的重要文献，就会发现，从1982年党的十二大正式为中国道路确定名字以来，每一次党的全国代表大会报告，都要在标题上突出"中国特色社会主义"这个关键词，都会对中国道路的理论和实践作出新的论述。2017年召开的党的十九大，在标题上突出的是"新时代中国特色社会主义"这个关键词。

十九大报告里面有这样两句话："中国特色社会主义最本质的特征是中国共产党领导，中国特色社会主义制度的最大优势是中国共产党领导。"这两句话，揭示了中国共产党的领导与中国道路、中国现代化进程的内在关系。

中国共产党引领中国道路有很多途径和方式，其中很重要的是思想领导、政治领导和政策领导。思想领导是为中国道路的实践提供理论指引。一个国家的发展道路如果没有历史与逻辑相统一的理论支撑，就会零乱无序而前行受挫。我们在谈论中国道路的时候，总是要先谈到中国特色社会主义理论体系。党的十九大最重大的理论贡献，就是明确概括了习近平新时代中国特色社会主义思想的基本内容，并把它确定为必须长期坚持并不断发展的指导思想。

政治领导是为中国道路的实践提供制度保证。中国共产党是中国最高的政治力量，它领导国家建立了人民代表大会制度等一系列制度体系。当前，中国正全力推进的全面深化改革，目标就是坚持和完善中国特色社会主义制度，不断推进国家治理体系和治理能力现代化。与此同时，中国共产党还通过一些制度安排来实现自己的领导。比如，十九大报告就明确把"协商民主"制度作为实现党的领导的重要方式。

政策领导是为中国道路的实践提供具体"路线图"。这当中，包括各个领域的发展目标和实现这些目标的具体途径。比如，为了确保 2020 年中国现行标准下农村贫困人口实现脱贫，全面建成小康社会，中央制定了非常详细的精准扶贫政策。为落实中央政策，2017 年 10 月有 19.5 万党政机关工作骨干到各地的贫困村担任党支部第一书记。在现代化进程中，随着一些阶段性目标的实现，中国道路必然会出现具有不同时代特征的变化。所以，党的十九大明确提出，中国特色社会主义道路进入新时代，进而对新时代中国各个领域的现代化进程提出了新政策、新任务。

六、中国现代化进程带给我们的启示

就以上所谈，可以疏理出以下结论和启示：

中国共产党的领导是中国现代化进程的最本质特征和最大政治优势。稳定的政治领导力量、有效的治理体系、可行的发展战略，是顺利推进现代化的重要保障。

现代化是一个不断探索、渐进积累的过程，人们对现代化内容的认识，对现代化道路的认识，是在逐步扩展和深化的过程中成熟起来的。习近平新时代中国特色社会主义思想，就包括新时代中国改革开放和社会主义现代化建设的思想。现代化的硬指标固然是经济发展和社会生产力水平提高，但健康的高质量的现代化，不只是经济积累和生产力发展，还包括经济、政治、文化、社会、生态各个领域的良性互动和全面进步。

世界现代化潮流，存在着不同的路径和模式，绝不只西方一种。正是在这个意义上，习近平总书记在十九大报告中提出，中国的现代化为那些既希望加快发展又希望保持自身独立性的国家和民族提供了全新选择。

新时代中国的现代化进程有没有短板？有！什么是最应该补上的短板，可能有不同的概括。笔者以为，最应该补上的短板，有两个方面：一个是大家公认的解决发展不平衡、不充分的问题；一个是普遍构筑起现代化国家国民应该有的从容自信心态和社会主义核心价值观，进而实现人的现代化和全面发展。前者是中国现代化进程的硬道理、硬标志，后者是中国现代化进程的软动力、软实力，两者缺一不可。

［作者曾先后在北京召开的中国共产党与世界政党高层对话会（2017 年 12 月 2 日）、第 19 届中国发展高层论坛（2018 年 3 月 25 日）和在英国伦敦召开的"新时代中国"国际研讨会（2018 年 4 月 11 日）上作了发言，本文是三个发言稿的综合整理稿］

（原载于《中国井冈山干部学院学报》2018 年第 3 期）

政治体制改革与国家治理现代化

徐湘林　北京大学政府管理学院教授，北京大学中国政府治理研究中心主任，国家教育部社会科学委员会政治学、社会学、民族学学部委员。

一、中国的政治体制改革是渐进式政治改革

改革开放以来，中国的政治体制改革已经经历了将近 40 个年头。中国是不是还要继续推动政治体制改革，政治体制改革还应该改什么，当前学术界和思想界有些不同的看法。有人认为，我们既然讲道路自信、理论自信、制度自信、文化自信，就不要再提政治体制改革了。这种看法似乎过于片面，没有意识到任何一种制度，即使它很完美，也要有一个自我调整的过程。理论上讲，任何一个制度在其现实运行中都需要不断的调试和完善。正是因为我们一代又一代的领导人不断强调政治体制改革、经济体制改革，才确保了我们现有体制在应对不断变化的国内国际形势中不断完善。中国的政治体制改革在 20 世纪 80 年代提出之后，历次党的代表大会报告中都有专门论述政治体制改革的部分，阐述政治体制改革的重要性、取得的成果、面临的新任务。这也说明，在各项改革中间，政治体制改革被看作是重中之重。一旦我们说不要改革了，这将是一个非常严重的政治信号，

那我们在很多领域的体制性调试就会遇到更大的阻力。另外，当我们强调政治体制改革的时候，不能将我国现行基本政治制度与其具体运行的政治体制混为一谈。我们所强调的政治体制改革，是在巩固和完善我国现有政治制度的条件下，对其具体运行体制中不能适应现实发展的部分进行的改革。不能将基本政治制度的变更与政治体制改革混为一谈，这是两个不同性质的问题。

改革开放以来，中国政治体制改革一直是通过渐进式改革的思路推进的，渐进式政治体制改革的特征和优点可以从以下几个方面来概括。

第一，中国的政治体制改革是通过政策的制定和落实来推动的。通过政策的出台来调整权力配置、职责分工以解决体制性问题。因为它是政策主导，所以它是通过政策过程来实现的。在这个政策过程中，改革政策是针对具体问题来制定。因此，它最明显的一个特点是针对实际的问题提出政策性的干预和政策性的主导。从 20 世纪 80 年代开始，就是通过中共中央的政策性文件、指导性文件引领政治体制改革。20 世纪 80 年代的政治改革，包括解放思想、党内政治生活优良传统的恢复、反对一言堂，都是针对当时的体制性问题，为经济发展扫除体制性障碍。伴随经济体制改革和经济发展，政治体制改革一直强调政治体制与经济体制配套，同时也非常注意社会结构变化和政治稳定的问题。因而，政治改革的步骤是循序渐进的，虽然出现过社会动荡，但是没有发生像苏联那样的制度性瓦解，这是非常了不起的。反观世界上很多国家的政治改革，通过政治制度的变更来达到设想中的政治目标，其结果大都是经历了较长时期的政治动荡。当然，苏联的政治改革开始也是奉行渐进式改革的，但改革早期遇到各种阻力，尤其是经济改革政策失败，使得改革不断走向激进，最后发生重大的政治变革，造成社会动荡，改革的社会成本非常高昂。而中国的渐进式政治体制改革保证了国家基本制度的稳定，促进了经济社会发展，这方面的经验值得好好地总结和借鉴。

第二，中国现有的规范性制度包含了所有现代政治的基本要素，给了我们不断推动政治体制改革的制度性空间。我国现有的规范性政治制度以现行宪法为最高的法律文本，对国家权力来源、基本制度形式、权力运行的原则等都有明确的规范。从规范的角度来讲，我国基本政治制度具有现代社会经济发展所需要的政治包容度和容纳度。尤其是中国政治体制有相当强的灵活性，可以在现有制度框架下通过体制性改革和机构调整，应对社会转型带来的各种政治问题。当然，我们的现行体制的运行与我们的规范性制度的要求还存在差距，应该在具体的实践中不断改善。中国政治体制有相当强的灵活性，这是有经验研究可以证明的，在我们遇到各种挑战的时候，中国政治体制的自我调整能力非常强。改革开放之后，我们很多政策的转变都能够很稳妥地应对新产生的问题。

第三，中国的政治改革长期遵循的是循序的渐进式改革，在改革的步骤方面注重方式方法，改革先进行试点，取得经验后上升为全国性政策，然后全面推开。当改革遇到较大阻力和障碍时，改革政策会作出相应的调整。这一经验应该继续遵循。中国现在正处在经济社会转型的深水区，各地遇到的具体问题不尽相同。除了必要的全国性政策可以顶层设计之外，给地方政府留有必要的制度空间，允许地方根据本地的实际情况进行改革创新依然很重要。当然，在转型过程中我们政治体制改革，一是要保障国家治理结构相对稳定，国家治理结构不能失衡；二是通过不断的体制性改革，提升国家治理的实际能力。对地方政府而言，具体的体制性改革应该具有灵活性，应该留有自主创新的空间，不然会遏制地方政府的创新能力和意愿。

二、政治体制改革的目标和条件——国家治理结构的稳定

自从党的十八届三中全会提出国家治理体系和国家治理能力现代化之后，学术界一时兴起了国家治理的研究热情，但对国家治理体系和国家治理能力缺乏系统的理论研究。一些学者把国家治理等同于社会治理，从西方前些年兴起的"治理"概念和阐述中寻找理论来源，忽视了国家治理中

国家的重要地位和作用。还有一些学者将国家治理看作是"治国理政"的具体举措，弱化了国家治理作为一种理论体系的重要意义。

国家治理作为一个学术概念的提出，应该要有新的理论含义。国家治理的理论应该是在现代意义上重新认识国家的性质，阐明维系国家治理体系正常运行的结构性问题。因此笔者认为，首先要为国家治理确定一个具有普遍性的价值目标，这个价值目标就是：以主权、国民、领土为要素的国家共同体的整体福祉。而在国家治理体系方面，提出六个方面的要素，国家治理必须在这六个方面保证其治理的能力和要素之间的均衡。

六个要素的第一个是核心价值体系。核心价值体系不仅是社会共同体在社会交往中判断社会事务是非的标准和行为准则，而且也包括国民在整体上对本民族文明和历史发展的文化认同、国家认同。核心价值体系既确定了人们对政治的态度、对社会公平正义的理解，还维系了民族的情感、国民的融合，维系了民族文化的传承。尤其是中国作为有着五千年文明的古国，在现代化进程中不可能通过所谓文化反叛或者全盘西化来改造我们的文明。用西方现代文明作为一个替代来改造中国文化，那是一厢情愿。国家在核心价值体系、意识形态方面，要维持一个相对的稳定，保证延续性，但它是开放性的，不能太封闭。

第二，国家在决策层面上有足够的权威。不是绝对的权威而是足够的权威。国家需要对一些重大问题作出决策，令行禁止，这些决策要有权威，而不是作了决策无人理睬。很多国家在政治改革过程中走向了体制性崩溃，就是决策没有权威。在社会发生各种矛盾的时候，国家和政府运用超然的力量去干预，没有权威，很麻烦。中央政府、地方政府作出的决定没有任何权威，意味着政府权威的丧失和以国家为主体的政治秩序的丧失，就会沦落为政治的衰败，社会的分裂、对抗，甚至内战。这关系着国家治理最基本的问题——秩序稳定。

第三，有效的行政执行体系。现代社会是特别复杂的社会，管理不似传统社会那样简单。现代社会面临大量的社会变动，国家治理的职能非常多，需要非常专业化、职业化的政府管理体系，还需要非常复杂的行政机构的配合，才能有效实施。

第四，良性的政治互动机制。现代社会是一个更具流动性和更为开放的社会，政府的决策和管理与社会各种利益集团的政治互动越来越频繁，需要有良性的政治互动平台、渠道和相关的制度安排。良性的政治互动机制就是要形成政府的决策执行机构与社会需求方面的一个良性互动而不是对抗。

第五，保证经济的可持续增长。现代国家承担经济发展的重任，现代经济的发展离不开国家政策引导和规制。尤其是发展中国家的经济发展需要由国家制定发展战略，指导和引领经济发展。比如，东亚发展模式很重要的一点是国家的主导性非常强。因此，保证经济可持续增长是国家治理非常重要的方面。

第六，保障民生与提供公共服务的社会保障体系。政府要考虑老百姓的衣食住行，维系社会的和谐，必须要有完善的社会保障体系，提供各种必要的公共服务，还要不断地满足民众日益提高的物质生活和精神生活的需要，才能保证社会平稳，民众才觉得政府做得很好。社会保障体系、民生不是完全靠市场竞争能够做得好的，需要政府制定相关的社会政策和投入资源。

这六个要素是现代国家治理必备的，它们是国家治理的结构性要素，相辅相成，缺一不可。不过，面临社会转型，每一个要素所涉及的体系和机制都可能出现问题，因此需要通过体制性改革来调整，只有不断推动体制性的改革，才能维持国家治理结构的稳定。国家治理结构性稳定与各要素的体制性改革，是一个既互动又保持均衡的状态。这种平衡保持得好，就能应对很多很复杂的国内外环境变化的挑战，如果处理得不好，会引起体制性的崩溃。

三、政治体制改革的任务和政策选择

谈到中国的政治体制改革，一些人很容易在脑子里出现一张事先想好的理想蓝图，认为应该这样改或那样改。这种想法其实是很幼稚的。中国的政治体制改革一直以来都是问题导向的，针对的是体制中存在的问题。社会经济的快速发展确实对国家治理体系和治理能力提出多方面的挑战，需要通过不断地体制性改革来提高国家治理能力。这些体制性的问题可以大致归纳为两个方面：第一个是政治参与方面，第二个是政府治理方面。两个方面的问题也有很强的相关性。现代社会的发展使越来越多的人有意愿和能力参与到政策制定过程中来，原因在于，其一是政府的公共政策与人们的现实社会生活和实际利益的关联越来越紧密；其二是人们对政府政策制定的影响力也越来越强，渠道也越来越多元化。因此，如何能够将社会各种群体的政治参与吸纳到政府的政策制定中来，建立和完善良性的政治互动机制，就成为政治体制改革的重要方面。在政府治理方面，随着社会经济的发展，政府承担的社会民生方面的责任越来越大，政府在履行职责和提供公共服务方面的能力出现体制性障碍，难以满足社会在民生方面的期望。另外，政府吏治方面存在短板，腐败现象和责任缺失的问题较为普遍，引起社会各方面的不满。因此，政治体制改革应该着重解决这两方面存在的体制性问题。笔者认为，中国的政治体制改革措施可分两大类：一类是扩大政治参与，一类是完善责任型政府。

通过政治体制改革扩大政治参与的诉求可以从几个方面来推动。在地方政府换届中真正落实人民代表大会投票表决的权力，扩大差额选举的比例，增加候选人数，让人大代表选出更具有民意基础的官员上任。有党管干部这个体系的存在，可以由党管干部体系保证后备干部的德才兼备，多安排几位候选人让人大代表投票，通过人大选举来落实当选后备干部的民意基础。另外，充分发挥中国政治协商制度和协商机制在扩大政治参与方面的作用。政治协商是我国基本政治制度的一部分，但长期以来，国家层面的政治协商的作用得到较多的重视，对地方和基层的政治协商重视不够。现在有很多实际问题是发生在地方和基层，应该通过体制性改革，激活县市一级的政治协商机制，发扬协商民主的作用，让各界有识之士和社会团体通过政治协商机制真正参与到地方政府重大事务决策过程中来，解决地方的实际问题。

责任型政府是现代国家治理合法化和理性化的重要标志。理论上，责任型政府是能够承担和履行社会道义和法律所赋予职责的政府。它并非是简单消极地回应社会诉求的行政机构，也不是只注重提供公共物品的服务型政府。责任型政府是承担多重政治和社会责任，依据国家法律和行政规范行使公共管理职权，贯彻落实各项责任并承担法律和制度化问责的政府。在构建责任型政府方面，一是扩大各级人大对政府的监督能力，强化人大和人大常委会的监督职责。二是政务官与事务官相分离，约束党委"一把手"的人事任命权。政务官按照政治家来培养，依照党管干部原则由各级党委负责，实行任期制，定期换届选举。中国共产党作为执政党，政务官的任命是执政党的权力和职责，而且党可以对政务官进行有效的监督和管理。而大量现代国家所需要的技术型干部、管理型干部可以归类于专业性和管理型的事务官。这些人应该与政务官分流，实行终身制，按照其职位特点、专业资质、工作绩效和资历提升工资待遇和社会福利，不必都按照科层制逐级升迁。这样，大量基础性的管理型和技术性官员就可以分流，他们不再受名额限制，按照公务员方式进行管理。

建立法制化制度化的问责制度。各级政府的责任要明细化，权责的分配要合理，尤其是要克服权责分离、权责不对等的现象。建立健全政府和政府官员问责制，要明确规定每一位官员、每一个职位所具有的权力和责任，超越了其权力限度会受到什么惩罚，用法律法规等形式明确下来。这涉及许多官职的权责界定，会很复杂，需要先确定大原则，再逐步细化落实，包括问责的程序。当前，官员不作为成了一个很大的问题。官员的不作为在我们国家有很大的危害性。地方政府的工作一直有一个特点，就是地方主政官员的主观能动性决定当地经济能否发展，社会能否稳定。如果官员是个庸官，不作为，当地一定会出问题，经济一定发展不好。如何使有作为的官员保持主观能动性，既需要激励机制，也需要责任制。考虑到官员的理性行为者特点，权责不分明，有很大的政治风险时，他会选择不作为。单凭考核，惩罚不作为的官员，那不是疏导的方式。疏导的方式就是把权责确定下来，出错了，按照规章处理，而不是罢免了之。

四、国家治理导向的民主建设

中国的政治体制改革不应该规避民主的话题，也不应该只去争论意识形态的分歧。问题是我们讨论民主改革是要达到什么样的目的，与西方的民主政治有什么不同。笔者认为，中国政治体制改革所指的民主建设在导向和目标上与西方的自由民主是有差异的。中国政治体制改革所涉及的民主建设是国家治理导向的民主建设，而不是以自由竞争选举为导向的民主制度。按照美国比较政治学的民主化理论范式，民主化是以自由主义民主和自由竞选为导向的民主化，这套理论在很多国家的民主化实践中引起政治动荡，原因何在？我们从经验的角度分析，这些国家进行的以自由竞选为导向的民主化往往导致了国家治理结构的失衡，打破了国家治理的结构性稳定性。也就是说，开放政治竞争，搞多党竞争，一次性进行制度的更替，会带来政治的不稳定和不确定性，并导致政治动荡。西方经过二三百年的实践，选举权一步一步扩大，开放政治竞争也是阶段性的，有一个很长的缓冲期。现在很多国家实行民主化，一步到位，原先没有这个基础，突然放开，造成社会动荡、政治失序。很多发展中国家的开放性政治选举往往导向了你死我活的政治斗争。中国近现代史上也搞过竞选政治，竞争式选举带来政治的混乱，增加了权力斗争和对抗，结果是社会不安定。

改革的目的是改进现行政治体制，提升国家治理能力，实现善治和社会和谐的政治理念。

面对新的形势和问题，协商民主体制改革，应该注重提升来自社会不同利益团体对政府政策方面的影响力，尤其是应该激活和加大地方政府政治协商机制的功能和政策层面的协商能力。政治协商包括很多的内容，不仅仅是参政议政。政治协商它是一个平台，政协委员代表各种特殊的社会群体与政府相关的政策制定部门对话，协调社会不同利益群体之间的政策争论，平衡局部利益和整体利益的冲突，体现社会的公平。过去地方政府制定政策就几个人一讨论出个红头文件就开始做，现在不可以了，这样做有风险，会出问题，社会不买账。我们制定政策的时候，先要与各界相关人士协商，协商式民主是非常重要的层面。那么跟谁对话？一个一个对话难以实现，就需要组织和渠道。国家治理体系中应包含协商民主的内容。借鉴发达国家经验，依托现有的政治协商体制，搭建公共政策协商平台。通过政治协商这个平台使得政府的政策能够体现社会各界政治协商达成的政治成果，减少政策失误和社会的反弹。

综上，政治体制改革是中国实行全面深化改革的重要组成部分，也是实行全面深化改革的重要政治基础。毕竟经济体制改革所产生的社会利益冲突最终会反映到政治层面上来。中国当前深化政治体制改革仍然面临诸多挑战。深化政治体制改革既要保持现行体制有效功能的延续性，又要突破现有体制对深化改革构成的体制性障碍。改革的政策选择要稳妥可行，才有可能为下一步更为积极的改革创造政治条件。

（原载于《中央社会主义学院学报》2017 年第 4 期）

从社会学角度看现代化的中国道路

李强 —— 清华大学社会科学院院长，社会学系教授，教育部社会科学委员会委员，教育部第一批"跨世纪优秀人才"。

习近平总书记特别指出，中国特色社会主义拓展了发展中国家走向现代化的途径，为解决人类问题贡献了中国智慧、提供了中国方案。通过学习总书记讲话，笔者也尝试从社会学的角度分析一下我国理论界对现代化的中国道路的认识过程，尝试着总结一下现代化建设的中国经验。

一、对现代化中国道路的认识过程

作为有着 5000 多年文化发展史的文明古国，中国曾经在近代较长一段时间里被抛在了现代化潮流的后面。实现现代化是几代中国人的梦想，如今这样的梦想开始进入中国人的现实生活之中。

我国社会学界对现代化的认识最初也受到"四个现代化"概念的极大影响。四个现代化的理论是怎样产生的呢？仅从文字表述看，新中国成立后，1954 年召开的第一届全国人大提出了实现工业、农业、交通运输业和国防"四个现代化"的任务，四个现代化的任务也于 1956 年写入了党的八大的党章（《中国共产党章程：中国共产党第八次全国代表大会通过——

一九五六年九月二十六日》）。当然最初的表述还是初步的和不完整的。
1959 年年末至 1960 年年初，毛泽东在读书笔记中提出了工业现代化、农业现代化、科学文化现代化和国防现代化的观点。后来根据毛泽东的建议，1964 年 12 月周恩来在第三届全国人大第一次会议上将四个现代化正式表述为"现代农业、现代工业、现代国防和现代科学技术"（《中华人民共和国第三次全国人民代表大会第一次会议文件》）。1975 年 1 月周恩来在政府工作报告中再次重申了"全面实现农业、工业、国防和科学技术现代化"的目标（《中华人民共和国第四次全国人民代表大会第一次会议文件》）。这在当时的局面下极大地振奋了全国人民的精神，也成为改革开放初期全体中国人的奋斗目标。

1979 年后，在中国社会学恢复的初期，中国社会学界讨论得最热烈的话题就是：怎样实现现代化？究竟什么是现代化的标准？当年绝大多数中国人都没有见过现代化，所以只好先从国外的经验中找依据。当年影响比较大的是英格尔斯（Alex Inkeles）的现代化标准。1983 年美国社会学家英格尔斯在北京大学社会学系讲演，提出了现代化的 11 个指标，不仅对于中国社会学界，而且对于全社会也产生了很大影响。这 11 个指标主要包括人均国民生产总值 3000 美元以上，农业产值占国民生产总值比例低于 15%，服务业产值占国民生产总值比例 45% 以上，非农劳动力占劳动力比例 70% 以上，等等。这些指标在当年看来几乎都是高不可攀的，而今天都已经实现了，有些甚至大大超过了。那么，是不是中国人对于现代化的追求就可以结束了？显然不是。今天，当我们实现了这些指标后，反而应更加深刻地反思：中国究竟应该走出一条什么样的现代化道路？

早在 20 世纪 80 年代初期，邓小平同志对现代化的中国道路就有深刻思考。他认为应该提出"中国式"的现代化，这种现代化并非雷同于西方的现代化，由此他提出了建设小康社会的思想，这是对四个现代化认识的深化，提出了现代化的中国特色，也提出了现代化的量化指标，即到 20 世纪末达到人均国民生产总值 1000 美元。后来，邓小平又提出，到 21 世纪中叶达到中等发达国家的水平，这一目标亦表述在党的十三大报告之中。小康社会是一种中国人的思考，目前，党中央提出全面建成小康社会。全面小康的提出，就意味着现代化是一种全方位的社会发展。

21世纪以来，党中央、党的理论工作者以及学术界将我国现代化建设发展为五大建设的思想，即经济建设、政治建设、思想文化建设、社会建设和生态文明建设。这就大大突破了过去的四个现代化的视野，认识到现代化不仅仅是一种产业布局，而且是一种全方位的社会发展，是社会的重大转型，这种转型包括了经济基础和上层建筑的各个组成部分，特别是在21世纪提出的"科学发展观"，又添加了社会建设、生态文明建设思想。十八大以来习近平总书记提出了中华民族伟大复兴的战略。2015年10月召开的党的十八届五中全会又进一步提出了我国现代化建设的新发展理念，即创新、协调、绿色、开放、共享。这为我国的现代化发展确立了根本的指导思想，是一种全新的发展观，对于指导我国现代化的发展意义重大。

第一，现代化是中国人民的一个长期奋斗目标，它突出的是一种努力过程、发展过程、建设过程。现代化建设意味着，我们总会在原有的基础上不断提升。中国人对于现代化的追求和创新没有止境。这样的一种思想，与毛泽东关于人类社会不断发展，永远不会停止在一个水平上的论断是一致的。

第二，我们开辟的是中国特色的现代化道路。由于西方发达国家是最先走上现代化道路的，所以国际上谈论的现代化常常以这些国家为模板。迄今为止，所有完成了现代化转型的发达经济体，大体上可以归为两种现代化模式。一种是"欧美模式"，包括欧洲北美以及澳洲等发达经济体，其特征是工业革命起步较早，经济上是自由市场经济，政治上是三权分立，社会上有较长期的市民社会传统，文化上与基督教文化有很深的渊源。欧美模式也经历过长期的矛盾和冲突，曾经因为区域发展不平衡而引发过两次世界大战，到第二次世界大战以后才逐步稳定下来。另一种就是第二次世界大战以后出现的"东亚模式"，包括日本、韩国、新加坡等，学界也称之为"威权政府转型社会"，其特征是政府更为强势，政府多方面的干预更突出一些，文化上有明显的东亚文化特征，其中日本、韩国是在美国驻军的情况下完成转型的，所以政治体制上显然也有这方面的烙印。在此意义上，中国确实在探索着一条不同于上述模式的现代化的新路，也必然会形成自己特殊的经济、政治、社会和文化特征。所以，邓小平称之为"中国式现代化"。中国是拥有近14亿人口的大国，原来的经济基础薄弱，属于"后发型现代化"；改革开放以来有了突飞猛进的发展，是一种"赶超型现代化"。所以，中国的现代化有很多自己的创造，总结这些经验会对与中国类似的"后发型""赶超型"的发展中国家有所启发。比如中国提出的小康社会、全面小康社会就独具中国特色，再如中国受到环境资源的约束，正在创造具有中国特征的居住方式、出行方式等，创造具有中国特征的现代化生活方式。

第三，我们越来越认识到，现代化是社会发展的一种全方位的建设。改革开放以来，党中央和我国理论界对于现代化的认识有了极大的飞跃。从前期的四个现代化的认识，发展到提出了经济社会发展的全方位布局的思想，提出了"五位一体"总体布局和新发展理念。

二、现代化道路的中国经验

第一，集中统一有效的管理机制。在世界不同模式的比较中，党和政府集中统一管理的能力强大是我们的突出特征。中国自秦汉以来便形成了高度中央集权的管理模式，这一管理模式曾经与传统的农业生产方式、小农经济结合，在唐宋时期也曾经实现了高水平发展。当然，到了明清时代，中国由于不能跟上现代产业进步的步伐，被现代化甩在了后面。新中国成立后建立了强大的组织管理机制，改革开放以来我们尝试着采用集中权威的管理体制与现代产业生产方式接轨，取得了巨大成就。我国集中统一的管理体制是由两方面构成的，其一是党和政府中央集权的决策机制。现代化的顶层设计都是在中央完成的，回顾改革开放以来近40年的历程，所有重大决策都是由中央作出的，包括早期农村改革"家庭联产承包责任制"、社会主义市场经济的确立、"五位一体"总体布局、新发展理念等。中央决策的具体过程是先在党的中央全会讨论达成共识，然后到下一年的全国"两会"上由全国来的代表们讨论修改并最后通过。当然，顶层设计从来都是与基层经验相结合的，是与实践层面的"摸着石头过河"相结合的，这也可以表述为"从群众中来到群众中去"的工作方法。其二是行之有效的各级管理组织。中国党和政府建立了从中央到地方的非常严密的组织管理体制，层层组织直到最基层的村庄、社区。这样的体制机制在新中国以前的历史上没有实现过。现代化建设的指令就是通过这样一套管理机制十分有效地传达至最基层。集中统一的管理机制又得益于土地公有制，可以实现全国总体巨大规模的布局。这也被称为"举国体制"，体现了"集中力量办大事"的特点。当然，集中统一的管理体制机制也要注意与市场和社会的平衡关系。

第二，中国特色的市场机制建设。从中央直到基层的严密的组织管理机制从新中国成立就建立了，但是，为什么改革开放以前经济发展会滞后呢？这与社会主义市场机制能否建立密切相关。新中国建立后一度受到苏联模式影响，实施了计划经济。改革开放以后开始了经济转型，从计划转向市场。20世纪80年代中期开始尝试商品市场机制，尝试一部分物价由市场去调节。1992年邓小平南方谈话后明确提出建立社会主义市场经济体制的改革目标，开始尝试全方位的市场改革，包括劳动力市场机制、土地市场、房地产市场以及股市股指期货等金融信用市场的改革。在这一阶段，国民经济有了突飞猛进的发展。2017年中国人均GDP已达8640美元。中国经济实现高增长，社会主义市场经济体制的建立和完善功不可没。当然，中国的市场经济还是具有鲜明的中国特色。从社会学角度看，市场的优点是参与广泛，广大老百姓都可以参与。笔者在对地位变迁的研究中发现，在改革以来的几十年里，在所有实现了中产地位的人群中，通过市场经营而进入中产的比例最高，体现了市场的普惠特征。当然，市场机制也有明显特点。其一，纯粹的市场竞争优胜劣汰，会造成弱势群体被淘汰的局面；其二，市场也会失灵，会造成许多社会负面效应，如分配不公、高失业率、市场垄断等；其三，市场调节比较缓慢，尤其是遇到经济萧条时。中国社会主义市场经济的特点是行政力量十分强大，在市场发生失灵时常常采取行政调节、行政干预的手段，用政府干预和行政干预来纠偏。

第三，全社会对于体制改革的共识。现代化最基本的含义就是要改变传统体制，而改变人们习以为常的传统机制对任何民族都异常困难。中华民族历史上也经历过一部分人想改革而改不动的局面，戊戌变法失败就是一例。美国公共卫生体系漏洞也很多，民主党的几任总统都想推动医疗体制改革但是推不动，原因就是难以达成共识。所以，如今近14亿的中国人能够认同改革，将改革视为走向现代化的必经途径，全体国民形成共同意志、奋力改革实属不易。体制改革为什么能够取得共识呢？是因为近40年来的改革开放确实给全国人民的生活带来了极大的改善。所以，任何一项改革都要考虑最大多数人的最大利益，这就是人民利益高于一切的原则。体制改革和现代化取得全体国民的共识，这是中国深化改革得以推进的最主要的社会基础，也可以看作是中国走向现代化的心理基础。

第四，开放的政策。中国现代化的改革与开放的政策密不可分，很大程度上是开放带来了改革。1979年以来的开放政策使得中国在资金、技术、人才方面实现了赶超。根据学者的研究，中国经济的开放度相当高，中国国内市场的开放度远远超过日本。2001年年底中国正式加入WTO，此后中国经济迅速攀升，超越日本成为世界第二大经济体。近年来中国提出"一带一路"倡议，习近平主席在最近的达沃斯峰会上强调，要深入参与经济全球化进程。具有讽刺意味的是，当年积极主张经济全球化的一些西方国家今天却出现了保守主义抬头、反对经济全球化的态度。

第五，中国特色的产业化与城镇化道路。工业化与城市化是现代化的两大特征，中国的现代化也必然在两方面积极推进。中国的贡献是什么？这里使用的是"产业化"概念，意味着中国始终是将农业现代化涵括在内的。中国的改革也是从农业、农村开始的，因为像中国这样的人口大国不可能依靠进口粮食来推进工业化。事实证明，中国现代化改革从农村开始，农业产量有了极大的提升，产生了数以亿计的剩余劳动力转移到工业体系中来，这是中国工业化能够迅速发展的前提条件。中国的工业发展从来没有忽视农村，农村乡镇企业的蓬勃发展是颇具特色的中国式工业化范例。中国的农业也正在经历着从传统小农农业走向用现代产业模式运营的集约化农业模式，包括大户统一种植、公司加农户模式、合作社模式等等，创新比比皆是。

中国正在推进着人类历史上最大规模的城市化。中国的特点是使用"城镇化"概念，这样城市的发展更具有包容性，更体现多元模式、多层次性。中国现在有城市 660 个、县城约 1560 个，另有县以外的建制镇 17654 个。中国城区人口 100 万以上的城市 136 个，而美国只有不到 10 个。所以，中国的城镇化体系极其庞大，城镇化所蕴含的创造集约化经济的潜力极其巨大，将成为带动 21 世纪经济发展的最强动力。

如上文所述，中国政府管理能力强大，在城镇化方面采取了比较强的管控措施，因而避免了很多发展中国家中常常发生的"过度城市化"问题，即在城市和工业吸纳力还不足的时候大量人口聚集在城市和城市周边，造成社会失去秩序、贫民窟规模巨大等问题。中国城镇化的政府约束政策体现了中国城镇化的"循序渐进"战略。中国城镇化的另一个特点是城乡统筹和城乡一体化的战略，即将城市和农村统一起来建设，这也特别体现了土地公有制基础上城乡整体建设的特征。

以上总结的这五点，体现了现代化道路的中国特色。同时，对于类似于中国这样的原来经济社会发展比较滞后的亚非拉国家，也提供了一种不同于西方模式的中国方案，对于广大的发展中国家会有启发意义。在改革开放以来近 40 年的时间里，中国实施了后发现代化的赶超策略，经济总量迅速崛起，中国人民进入小康社会，正如习近平总书记所说，为解决人类问题贡献了中国智慧。

| 三、中国现代化道路的进一步探索

上文已述，中国人对于现代化的追求是一个努力过程、发展过程、建设过程，我们对于现代化中国道路的认识也在实践中不断深化，所以这也是一种探索过程。从社会学的角度看，目前在三个领域的探索意义最为重大。

第一，如何处理好政府、市场与社会三者的关系。社会学认为，政府、市场与社会是现代化最重要的三个主体或三大机制，三者之间的平衡是实现高水平现代化的必要条件。改革开放以前，中国的问题是市场严重缺位，所以造成了经济供给的严重不足。改革开放以后，逐步建立起了社会主义市场经济体制，当然，这一体制还有很多不完善之处，其突出特征是政府仍占据主导地位，所以党的十八届三中全会关于全面深化改革的决定强调，要让市场在资源配置中起决定性作用。

同政府与市场的关系比较，在政府与社会的关系方面，实践创新的任务更为艰巨。实际上，市场发展和社会发展同样重要，市场经济的发展需要社会的支撑，如果没有社会的支撑，市场经济也难以真正完善，这是我们下一步发展面临的重大问题之一。现在市场已经有较大发展，但社会发展却严重滞后，市场经济的发展已经明显地受到社会发育不足的拖累。目前，在政府、市场与社会三种关系中，社会力量最为弱小，社会发育明显不足，社会建设、社会治理明显滞后。所以，中央多次强调要激发社会活力。怎样激发社会活力？这需要广大基层的管理者、工作者在基层社会治理、社会建设中勇于改革、勇于实践。为此，笔者也亲自组织了"新清河实验"。研究证明，中国的社会潜力、经济潜力还远远没有发挥出来，如果通过社会体制改革使每一个老百姓都释放出活力，中国现代化的发展将不可限量。中国的改革开放之所以能取得极大的成效，最主要的一点就是受益面极其广大。根据官方数据，改革开放近40年中国有7亿多人摆脱贫困。社会体制改革的重要性，就在于通过社会改革让群众能更多地参与进

来，最核心的目标就是让社会有活力。这个活力实际上恰恰是经济改革得以推进的前提。

第二，国家治理体系和治理能力的现代化。这一思想是党中央在2013年11月全面深化改革的文件中第一次提出的，在随后的省部级领导干部全面深化改革专题研讨班开班式讲话中，习近平总书记从全面深化改革总目标的高度强调了推进国家治理体系和治理能力现代化的重大意义。理论界认为，推进国家治理体系和治理能力现代化，是继"四个现代化"之后党提出的新的现代化战略目标。国家治理体系的核心是制度体系，国家治理能力的关键是制度执行力。实现国家治理现代化的目标就是要建设更加成熟稳定、更加系统、更具有现代化特征的完整的制度体系，这是中国走向现代化的整体的制度设计和制度建设。

如前所述，中国这个巨型人口社会自秦汉以来就依靠集中的国家管理体系运行，近代以来由于没有跟上现代化的步伐发展滞后了。要建设现代化的中国，就要在制度上创新，使得我们的制度体系真正适应现代化的需要。为此就要改革那些不适应现代化的规范和规则，创新与现代化发展相契合的新的治理体系。国家治理是指总的体系，它包括经济、政治、文化、社会、生态等各个领域的治理。国家治理现代化，就是要创造符合现代法治原则的低成本、高效率、广泛参与的治理体系。从社会发展的趋势来看，互联网、云计算、大数据等一系列新技术为此提供了有力支持。建设这样一种现代国家治理体系，需要我们在实践中不断探索和创新。

第三，实现人的现代化。中国现代化的最大优势是巨型人口社会全体人民的积极参与。改革开放近40年来，中国广大劳动者的努力程度、辛勤程度和追求成功的奋斗心都堪称世界之最，笔者在田野调查中看到，农民工在那样艰苦的条件下百折不挠、努力奋斗，也颇受感动，而这正是中国现代化能够加速发展的源泉之所在。现代化是由人来完成的，所以人自身的现代化最为重要。笔者以为，人的现代化包括四个方面：其一，人的生产方式的现代化，中国的劳动者都能够进入现代产业生产和现代职业体系中。其二，人的生活方式的现代化，城镇化正在形塑着亿万中国人的生活方式，这种生活方式不仅是城市经济发展的动力，而且会具有创新意义。因为欧美的那种高能耗、高消费的生活方式与我国巨型人口社会的资源承载力严重冲突，这就需要我们探索和创造一种具有中国特色的现代生活方式，一种既便利又节约能源和资源的绿色生活方式。其三，人的权利、权益的现代化，在此基础上形成现代化的社会福利保障体系。其四，人的文明素质的现代化。从社会学角度看，这是现代化中最为关键的，也是难度最大的。社会的主体是人，现代化的最终目的是人的现代化。如果近 14 亿中国人都能成为有理想、有信念、讲道德、守纪律、负责任、有本领的高素质的人，中华民族的伟大复兴指日可待，中国人也必将得到世界各国人民的普遍尊重。

（原载于《社会学研究》2017 年第 6 期）

现代化国家、经济增长与中国道路

徐康宁 东南大学经济管理学院教授，中国世界经济学会副会长，江苏省人民政府参事。

现代化是 18 世纪以来世界范围内的一种社会文明进程，是人类社会进入到高级发展阶段的一个重要标志。建成现代化国家，是大多数民族国家的目标和梦想，但对于当今世界的许多发展中国家而言，这一梦想仍然是遥不可及、难以实现。从历史的视角看，中国为探索现代化的道路进行了上百年的努力，建设现代化国家已成为数代人的一个夙愿。在党的十九大上，建设现代化国家的路线图已经清晰勾勒，并且，中国将以自己的道路去实现建成现代化国家的目标。

| 现代化没有固定标准，但有普遍共识

在欧洲工业革命之前，世界范围内并没有现代化和现代化国家的语境，因为在此之前，尤其是在文艺复兴全面兴盛之前，全世界都处在落后、愚昧和生产力水平低下的阶段。18 世纪中叶开始，兴于英国继而蓬勃于欧洲的工业革命，把一部分国家带入到崭新的工业文明时期，机器动力代替了人力和畜力，生产力水平得到极大提高，市场边界得以扩大，城市逐渐繁

荣。到了工业革命的后期，先实现工业革命的国家的多数居民生活得以明显改善。经过一个多世纪的发展，先是英国成为世界上第一个现代化国家，继而在资本主义国家体系中，一批国家成为现代化国家。第二次世界大战结束后，又有一小部分发展中国家逐渐加入现代化国家的行列，其中以新加坡和韩国最为典型。

尽管国内外不少学者对现代化的标准做过研究，提出了各种关于现代化国家的具体标准，但迄今为止，没有一种标准为学界所公认，更没有被国际组织和众多国家政府所普遍采纳接受的标准。事实上，也不可能制定出一种全世界公认的现代化标准，因为在现代化以及现代化国家的认知上，没有哪种标准是固定不变的。

首先，现代化是一个内涵极其丰富的概念，包括经济、社会、科技、教育、文化等各个方面，单凭几种或十几种指标难以概括全面，现有的一些指标性标准也是侧重经济或侧重社会发展，考虑并不全面。其次，现代化也是一个与时俱进的概念，不同的时代，其标准不可能统一。例如，20世纪50年代前人均国内生产总值达到3000美元就是一个很高的标准了，反映了高水平的生产力和居民消费能力，而如今世界上多数发展中国家的人均国内生产总值都在3000美元以上，这在今天其实是一个很低的水准。再次，某一个以指标反映的标准是一回事，但国家的现代化能力又是另一回事。例如，如果用人均GDP标准衡量，东欧的一些国家似乎现代化已经走在了中国的前面，因为这些国家的人均GDP比中国高出一截，如2016年匈牙利的人均GDP是12664美元，斯洛伐克是16496美元，而中国只有8000多美元，但在基础设施现代化和产业现代化方面，这些国家明显落后于中国，所以在发展上需要中国援助。最后，现代化国家的主体也是千差万别，不可能用一个标准衡量。大国的现代化在内涵上一定和小国的现代化有很大不同，若用同一固定的标准去套，一定南辕北辙、风马牛不相及。

现代化没有固定不变的标准，并不意味着社会对之没有共识。作为现代化国家，应该在基本的现代化范畴上有相当的共性，即人们心目中的现代化国家应该是轮廓一致、大同小异。如果一个国家的居民尚在为衣食温饱而竭尽全力，无论这个国家有多特别，都不能说它已是一个现代化国家。

概括而言，作为现代化国家，应该在经济现代化、基础设施现代化、社会民生现代化方面表现出显著的特征，如果是大国，则还要加上科技现代化和影响力现代化。

经济现代化是现代化国家的物质基础，是贫穷国家摆脱贫穷与落后、迈向富裕之国的门槛。没有经济现代化，现代化国家就无从谈起。世界上所有进入现代化行列的国家，无一不是首先在经济领域实现了现代化。经济现代化意味着较高的人均劳动生产率、人均产出和人均收入，其中人均劳动生产率是前提和基础，只有当人均劳动生产率达到很高的水准，才能创造很高的人均产出和人均收入。通常情况下，人均劳动生产率也是区分发达国家和落后国家的关键标志。同样的劳动力，发达国家人均一年可以创造 10 万美元的价值，而落后国家人均一年只能创造几千美元的价值。经济现代化一定情况下可以用一个综合指标来反映，如人均 GDP，但不能局限于这一个综合指标。到底人均 GDP 达到多少才可以算作现代化？这仍然是一个没有固定标准的问题。但是，根据目前世界上绝大多数现代化国家的基本情况，可以把人均 GDP 2 万美元大致确定为经济现代化的门槛。需要指出的是，人均 GDP 2 万美元是一个相对较低的经济现代化水平，可以看作现代化的门槛。世界上多数富裕的发达国家，人均 GDP 都在 3 万美元以上，如意大利是 3.05 万美元，法国和英国更高一些。韩国是 2.75 万美元，西班牙是 2.65 万美元，接近 3 万美元，在现代化国家中属于较低水准的富裕程度。

基础设施现代化也是现代化国家的重要标志，而且，不分国家大小，实现现代化必须有现代化的基础设施。国家的现代化进程常常伴随着基础设施的现代化。现代化国家居民的日常生活，也离不开现代化的基础设施；没有现代化的公路、港口、桥梁、机场、电站等，也不可能建立起大批的现代化企业。世界上几乎所有现代化国家都有现代化的基础设施，而且这些现代化的基础设施是和现代化产业同时发展起来的。相比之下，世界上少数人均 GDP 很高的国家，这些国家可能是因为有大量的石油，也有可能地处独特的地理位置而致富，却缺乏现代化的基础设施，它们与真正的现代化之间仍有距离。

社会民生现代化则是国家现代化的重要体现，甚至是判明现代化的最重要标志。社会民生现代化主要体现在居民生活水平、受教育程度、医疗卫生状况、城市化水平、社会法治程度等反映社会文明和民生富裕程度的各个方面。作为现代化国家，就是要让普通居民过上现代化的生活，生活水准达到比较富裕的程度。居民在衣食住行和享受社会福利方面相对丰裕，居民的物质和文化消费内容极为丰富，应该是居民生活现代化的主要内容。

对于一个小国而言，能够在上述三个领域实现现代化，就算是现代化的国家了，但对于大国而言，还必须在科技现代化和影响力现代化方面达到一定的水平，才算是真正的现代化国家。

高收入国家不等于现代化国家

世界银行根据人均国民收入水平，把世界各国划分为高收入国家、中等收入国家和低收入国家，其中，中等收入国家又可以分为上中等收入国家和下中等收入国家。由于世界银行的地位和影响，这种分类在国际上被广泛接受和应用。

世界银行 1989 年开始对世界各国进行高收入、中等收入、低收入国家分类，其标准是人均国民收入（GNI），该指标是从人均国民生产总值指标转化而来，其口径与人均 GDP 基本相同。例如，世界银行公布的 2016 年中国的人均 GNI 为 8260 美元，这和中国国家统计局公布的按美元折算的人均 GDP 基本相同。在世界银行最初的分类中，1987 年人均国民收入达到 6000 美元及以上的就属于高收入国家。其后，世界银行多次上调标准，2005 年调高到 1.0065 万美元，第一次超过 1 万美元。根据世界银行的最新标准，在 2015 年人均国民收入达到 12476 美元及以上的国家或经济体即为高收入国家或经济体。

必须指出，世界银行确定的高收入国家门槛只是一个经济收入相对宽裕的标准，并不能和经济发达国家画等号，也不能算作现代化国家的标准。根据世界银行的分类以及该机构 2016 年的标准，世界上共有 77 个高收入国家或经济体。在这 77 个经济体中，去除一些人口很少的岛国或经济发达国家属地（如关岛、帕劳、美属维尔京群岛等）外，还有五十多个公众熟悉的国家或经济体。其中，既包括美国、日本、德国、英国、澳大利亚等世界公认的经济发达国家和富裕国家，也包括塞浦路斯、斯洛伐克、匈牙利等经济并不发达的国家。根据当前的世界经济条件以及美元的购买力，人均 12476 美元的国民收入（这里的国民收入并不是实际的人均收入，实际的人均收入要打上一个较大的折扣），实际上距离经济发达水平较远，难以算作现代化国家的标准。

以中国为例，根据世界银行的统计口径，2016 年人均国民收入是 8260 美元。依照目前中国经济的发展趋势，在 2016 年基础上大约用六七年的时间，人均国民收入可以增长到 12500 美元左右，预计在 2023 年左右就能达到目前世界银行所确立的高收入国家标准。考虑到世界银行的高收入标准可能会有所调整以及经济增长率变化等因素，采用较为保守的估测，最多再用 8—10 年的时间，即到 2025 年左右，中国的人均国民收入一定可以越过中等收入的门槛，跨进世界银行所划定的高收入国家行列。但到了那个时候，中国还不是现代化国家，因为按照中国自己的发展蓝图，要到 2035 年才能基本实现现代化。因此，如同中等收入国家并不代表是中等发达国家一样，通常语境下的高收入国家（特指世界银行的划定标准）也并不等于现代化国家。再过 20 年，世界上可能有很多国家达到世界银行所确定的高收入国家标准，但真正的现代化国家还是少数。

对于中国这个大国而言，现代化国家的含义应当比一般的国家丰富、多维。一个中等国家或小国，只要经济上有一定实力，基础设施条件优越，居民生活富裕，社会文明程度较高，就可以算作现代化国家，而中国是一个大国，除了经济上要实现现代化外，还要在科技领域、文化领域、思想领域达到国际领先水平，对世界起到引领性的作用，发挥一个现代化大国的应有影响力。一句话，就是在"软实力"建设方面也要实现现代化。

软实力一词来自美国哈佛大学肯尼迪政治学院约瑟夫·奈教授，他于20世纪80年代末率先提出这个概念，立刻就为学界和许多国家政府所广泛接受。软实力其原意是指在国际关系中，一个国家除了具有经济及军事这两个方面人们常见的竞争实力外，还具备第三方面的实力，主要是文化、价值观、意识形态及民意等方面的影响力。科技实力介乎于硬实力与软实力之间。若是指科技成果本身，那是一种硬实力；若是指科技的影响力，如一国科技能力在国际上的形象和影响力，则更多的属于软实力。按照约瑟夫·奈自己的话讲，软实力是一种能力，"是一种依靠吸引力而非通过威逼或利诱的手段来达到目标的能力"。在软实力之后，约瑟夫·奈后来又提出"巧实力"的概念，但并没有产生与软实力一样的影响。

表1 波特兰2017年度全球软实力排名

位次	国家
1	法国
2	英国
3	美国
4	德国
5	加拿大
6	日本
7	瑞士
8	澳大利亚
9	瑞典
10	荷兰
11	丹麦
12	挪威
13	意大利
14	奥地利
15	西班牙

表2 欧盟2015年度全球软实力排名

位次	国家
1	美国
2	英国
3	德国
4	法国
5	日本
6	中国
7	俄罗斯
8	西班牙
9	意大利
10	加拿大
11	澳大利亚
12	荷兰
13	韩国
14	土耳其
15	瑞典

世界上有一些机构对软实力进行过测度，并列出世界上主要国家的软实力排行榜。比较有影响的排名主要是两个：一是英国著名的波特兰公关公司与美国南加州大学共同发布的全球软实力排行榜；二是欧盟在2015年发布的一份全球形象报告（*European Union：The Elcano Global Presence Report*），对世界主要国家的软实力作出了排名。表1和表2分别列出了这两种排名前15位的国家。

显而易见，在英国波特兰公司发布的全球软实力排行榜中，国家的人口规模、经济总体实力并不占什么优势，排在前15位的国家主要是社会富裕、文化影响力强的西方国家。在这个排名中，中国位居第25位，比上一年上升3位，但在亚洲低于日本和韩国（韩国居第21位）。在欧盟的排名中，国家整体的影响力得到了反映，所以中国和俄罗斯分别位居第6位和第7位，但仍然低于日本，低于英、德、法这样的老牌西方国家。

如果一个大国，即便人均GDP达到了二三万美元，经济实力惊人，许多产业走在了世界的前列，但在软实力方面在世界上没有影响力，这个大国的现代化也存在着"跛腿式残疾"。影响力现代化对于中国有特殊意义。因为中国历史上就曾对世界产生过重要的影响，中国的传统文化目前在世界上也有影响，但这些都不属于现代化含义的影响力。中国要成为现代化大国，对世界的影响力也要实现现代化。

持续性经济增长是建成现代化国家的必备条件

尽管对于中国这样一个已经实现了几十年高速增长的国家而言，经济增长似乎已经不再令人激动了，甚至在某种场景下难以说成具有正面的含义，但是，从全世界范围来看，从经济发展的规律来看，持续的经济增长是一国摆脱贫穷走向富裕的必由之路，也是所有迈向现代化的国家必须首先实现的目标。

现代经济学诞生迄今的两百多年间，几乎在每一个重要时代，都有代表一个时代的著名经济学家高度关注长期经济增长问题。从亚当·斯密到马克思，从马歇尔到刘易斯，再到库兹涅茨，再到当今世界最著名的一批经济学家如斯蒂格利茨、巴罗、阿西莫格鲁等，都对长期经济增长问题给予了高度关注。

1971年诺贝尔经济学奖得主西蒙·库兹涅茨著有多部关于长期经济增长的著作，在他的《各国的经济增长》一书中，特别强调长期持续的较高的经济增长率对于一个国家最终经济命运的意义。在库兹涅茨看来，发达国家与欠发达国家最主要的区别，就在于这些国家长期人均产值增长率的差异，如果把时间拉长至一个世纪，那这种差异便大到极其明显。库兹涅茨为了说清这个原理，曾用简明扼要的数学模型说明长期经济增长率对发展结果的影响。当A、B两个国家起始基础一样，如果A国每10年经济增长2%，B国每10年经济增长1%，那即便过了100年，两国也只有10%左右的差异。若A国平均每10年增长10%，而B国平均每10年只增长5%，50年下来就相差26.2%。如果把条件略加改变，即A国每年平均增长10%，B国每年平均增长5%，50年下来就有57.9%的差距；若A国每年平均增长10%，而B国每年只平均增长1%，那50年后的差距就扩大至13倍以上！

其实，两个国家发展的差距不用等待50年那么长的时间，在不同的经济增长率下，二三十年下来，就会有显著的差异。1966年，菲律宾的人均国民收入是200美元，在亚洲是一个不错的经济发展水平，当年韩国的人均国民收入只有140美元。所以，1966年亚洲开发银行正式成立时，要把总部设在亚洲除日本以外的一个经济较为先进的国家，于是选择了菲律宾首都马尼拉，并没有选择韩国。29年之后，到了1995年，韩国经过快速工业化和长达二十多年的高速经济增长，人均国民收入在当年达到了11600美元，进入世界银行划定的高收入国家行列，并于当年申请加入具有世界富国俱乐部之称的经济合作与发展组织（OECD），紧接着在第二年就得到批准，成为世界公认的现代化国家。而菲律宾由于经济增长长期较为缓慢，到1995年人均国民收入才勉强过了1000美元，只有1020美元

（以上数据均来自世界银行数据库）。早在 20 世纪 60 年代，菲律宾就是中等收入国家，但到目前为止，它仍然在中等收入国家行列。

韩国和菲律宾的对比及其反差，充分说明持续的经济增长以及增长率的差异，经过时间的累积，给不同的国家带来完全不同的经济命运。正如世界著名经济学家罗伯特·巴罗所言："每年的增长率看似微小的差异，经过多年的叠加累积，结果可以导致生活水准的巨大差异。"其实，从 20 世纪 60 年代到今天，在大约半个世纪的时间内，世界上的多数国家进行了一次大的分化和重新分类。传统的欧美发达国家，包括澳大利亚和新西兰，由于经济总体上是在持续增长，而且其中有近一半的时间实现了中速的经济增长，所以继续保持了现代化国家的地位。在这半个世纪中，有若干个国家或经济体快速地从一个相对落后的发展阶段一跃迈进现代化阶段，这主要集中在东亚地区，以日本、韩国、新加坡以及中国香港、中国台湾等为代表。这几个经济体迈进现代化阶段所用的时间之短，大大超过绝大部分现代化的欧美国家，后者几乎用了上百年甚至更久的时间。

东亚现代化的奥秘也在于持续的较高速经济增长。虽然两百多年前的工业革命具有划时代意义，但从经济增长率看，远不如今天那么振奋人心。根据经济史学家安格斯·麦迪森的统计和测算，英国在工业革命爆发后的几十年间，年均经济增长率不到 2%。从 1820 年到第一次世界大战之前的 1913 年，也就是"大英帝国"最为辉煌的 100 年内，年均增长率也不到 2%，其中 1820—1870 年为 2.05%，1870—1913 年为 1.9%。考虑到 100 年的时间累积，即使 2% 的经济增长率，其增长结果也是极其巨大的。美国是历史上传统现代化国家中经济增长率最高的，但也仅在 3% 左右。从 19 世纪末到 20 世纪末的一个世纪内，美国的以国民生产总值衡量的年均经济增长率是 3.2%，人均增长率为 1.8%，这已经足以让美国在 20 世纪成为世界上经济最发达、综合实力最强大的国家。相比之下，东亚的这几个国家和经济体曾经在 20 世纪 60 年代到 90 年代的时间内，创造过长达二十多年的接近两位数的经济增长率，其中日本起飞早，高速增长结束也早。亚洲还有几个国家，如马来西亚、泰国、菲律宾、印度尼西亚也曾经一度经济增长业绩惊人，并被一些经济学家和国际经济组织抱有能快速成长为现代化国家的希望，但事与愿违，其原因也在于这些国家的经济过早地结束了高速增长，进入"平庸"增长状态。

具有某种讽刺意味的是，世界上还有一些国家曾经跨入高收入国家行列，距离现代化国家可以说是一步之遥，后来由于经济停滞，甚至出现负增长，又跌回到中等收入国家阵营，而且目前仍在中等收入国家阶段徘徊。例如，阿根廷在2013年人均国民收入就达到12770美元，实现了世界银行的高收入国家标准，后来由于经济停滞和货币贬值，又重新跌回中等收入国家的水平，2016年人均国民收入反而不足12000美元。委内瑞拉前些年凭借国际石油价格高企人均国民收入迅速提升，2012年达到12480美元，正好越过世界银行高收入国家的门槛，但随后因国际石油价格大幅回落，更由于国内经济固有矛盾，经济出现极度紧缩，不仅重回中等收入国家行列，而且面临经济崩溃的风险。世界银行曾经总结过中等收入国家的"归宿"：在20世纪六七十年代，全球共有101个中等收入经济体，但到2008年的时候，世界上只有13个经济体成功地从中等收入阶段晋升到高收入阶段，而其他的经济体仍然在中等收入阶段努力奋斗。正因为中等收入国家顺利迈进高收入国家的少，长期停留在中等收入阶段的多，世界银行把这种现象称为"中等收入陷阱"。

中国不会落入"中等收入陷阱"

应该说，"中等收入陷阱"这个概念揭示了生产要素投入与发展持续性之间的某种内在关系，表明简单的要素投入增长模式难以持续。当经济发展到中等收入阶段后，由于劳动力成本迅速提高，原有的劳动密集型产业不再具有优势，这种优势转移到了收入更低的国家那里；另一方面，技术创新没有相应跟上，与高收入经济的技术差距越拉越大，投资机会越来越少，从而落入发展的陷阱。但必须指出的是，从理论上讲，中等收入并不是发展陷阱的必然条件，也不构成与最终发展结果的必定逻辑关系，一定意义上讲，"中等收入陷阱"之说缺乏严密的学理根基，更不能说是发展经济学的一个基本原理。对于"中等收入陷阱"之说，国内学术界基本是认同的，因此才有了大量的类似文章，但也有一些学者认为此概念比较模糊，难以构成严密的理论。实际上，从过去半个世纪的经济发展史来看，除了像韩国、新加坡以及我国的台湾和香港等经济体成功地从中等收入阶段迈进高收入阶段外，近年来也出现了一批新的国家或经济体人均国民收入超越了中等收入阶段"天花板"的成功事例，如捷克（18130美元，为世界银行2015年统计数据，下同）、智利（14340美元）、波兰（13340美元）等国均是近些年刚迈入高收入经济体行列的。这充分说明，中等收入对于部分发展中经济体可能是难以跨越的门槛，但并非适用于所有的经济体，更不是发展的一个既定规律。真正落入"中等收入陷阱"的国家未能进入高收入阶段各有其原因，并非中等收入本身所致。一批在中等收入阶段的国家不能跃升至高收入阶段，其关键在于未能成功实现经济转型，真正的陷阱在于经济转型艰难，而不在中等收入本身。

"中等收入陷阱"是一个热门话题，中国能否摆脱"中等收入陷阱"，则是热门话题中的大热门。之所以有中国是否会落入或能否摆脱"中等收入陷阱"的命题，还是基于对中国经济长期增长的一种担忧。无论是断定中国会落入"中等收入陷阱"的观点，还是担心中国很难避免这种陷阱的舆论，往往都出自一种推论，即中国已经实现高速增长三十多年了，世界上有保持二三十年高速增长的经济体，但绝没有能够维系四五十年甚至更长久快速发展时期的国家。所以，当中国出现经济放缓的情况时，很多人就会把这种现象与"中等收入陷阱"相联系，认为中国超越不了这个陷阱。

诚然，中国在保持经济社会快速发展上已经创造了全球经济史的奇迹，作为一个大国，能够保持三十多年的高速增长，世界上也是绝无仅有。随着时间的推移以及发展环境的复杂变化，继续保持原有的发展速度已是难度越来越大，未来中长期我们要做好中高速增长是一种常态的思想准备。

不过，我们还是有足够的理由相信，中国还处在发展的通道之中，不会止步于一个特定的阶段。

从中国目前经济发展的态势看，超越中等收入阶段已经为时不远，甚至近在眼前。2016 年中国的人均 GDP 为人民币 53817 元，按当年平均汇率计算，已经超过了 8000 美元，早已处在上中等收入水平。北京、上海、天津、江苏、福建、广东、内蒙古、浙江和山东 9 省市的人均 GDP 则已经超过 1 万美元。如果按年均增长 6% 计算，到 2023 年中国的人均 GDP 可达 12750 美元左右（不考虑汇率变动因素），达到世界银行所确定的高收入阶段。

表 3　中国与东亚 3 国以及西班牙经济发展水平变化情况（人均 GNI，美元）

年份 国家	1978 年	1981 年	1997 年	2014 年	2016 年
中国	200	220	750	7520	8260
马来西亚	1130	1930	4620	11000	9850
泰国	530	729	1238	5122	4905
韩国	1270	2020	13230	26800	27600
西班牙	4040	6320	15830	29290	27520

资料来源：世界银行数据库

不能因为世界上有一些国家长期在中等收入阶段徘徊，而且其中有的国家还曾经有过经济发展的辉煌，就认定"中等收入陷阱"是一个普遍的规律，更不能就此认定中国也会落入"中等收入陷阱"。东亚的马来西亚、泰国等新兴经济体曾经在 20 世纪 70—90 年代取得过骄人的经济发展成绩，以至于世界银行等国际机构都称之为一种增长奇迹，但这些国家后来真的跌入"中等收入陷阱"，那也是各自的原因所致。这些国家在国情和政策选择上不同于后来发展起来的中国，中国所走的道路也和这些国家有根本的不同。表 3 是中国与东亚 3 个国家以及西班牙在过去近 40 年经济发展水平的变化情况。之所以加上西班牙，是因为中国预计建成的现代化国家，在经济发展水平上有可能最接近于西班牙和韩国。从表 3 可以看出，在 1997

年的时候，马来西亚和泰国的人均 GNI 还是明显高于中国，但到了 2014年，泰国已经落后于中国，马来西亚的优势已不明显，中国与西班牙和韩国的差距也大幅缩小。照此趋势发展，中国会在几年内超越马来西亚。

值得一提的是，关于中国的未来长期经济增长的预估，国际上的权威机构往往比国内一些专家持有更为乐观的态度，"中等收入陷阱"主要是国内舆论的担心。世界银行和经济合作发展组织（OECD）都认为，中国近中期能够保持 6%—7% 左右的增长速度。世界银行的《中国：2030》的研究报告预测认为，从现在起到 2020 年，中国能够保持平均为 7% 的经济增速，从 2021 年到 2030 年，可以保持平均为 5.5% 的经济增速。如果以世界银行的预估作为参考值，到 2030 年，中国人均国内生产总值至少比现在增长 1.5 倍以上，可以说肯定不会落入"中等收入陷阱"。

| 中国道路成功在哪里

什么是通向现代化进程中的中国道路？中国道路成功在哪里？对于这样一个宏大的题目，仅凭一篇文章尤其是文章中的一节是难以穷尽的。但是，本文从现代化国家的内涵出发，论及长期经济增长与现代化国家建设的关系，必然联系到中国的长期经济增长之路，联系到中国的发展道路，作为本文的归纳总结，愿意在此作一些必要的探讨。本文讨论的中国道路，主要是指在经济发展方面的道路，尤其是实现长期的持续增长的道路。

毋庸置疑，中国过去近 40 年的发展已经证明了中国走过了一条不同于其他国家的发展道路，一条属于自己的道路。这条道路既不同于欧洲工业革命以来先后实现现代化的经济发达国家所经历的发展之路，也不同于过去 100 年来国际共产主义运动在其他国家的实践之路，是一条独特的发展道路。同样毋庸置疑，中国的这条发展道路是成功的，因为历史上还没有一个国家，能够在长达 40 年的时间内保持明显高于世界平均水平的增长速度。当初的欧美发达国家没有做到，后来追赶上来的韩国、新加坡也没有做到。同样，历史上没有这样一个国家，能够在短短不到 40 年的时间内，就把一个极度贫穷的国家改造发展成一个立身于世界舞台中央的有实力的大国。

概括而言，中国道路在以下七个方面显示出自身的特质，是发展成功的基础。

第一，中国自始至终充分认识到自身的国情，一切从国情出发，制定了与国情相适应的经济发展政策，尤其是充分发挥比较优势的政策。过去40年，世界上有一些发展中国家注重发挥本国的比较优势，还有不少的发展中国家忽视甚至遗忘了比较优势，过早地走上进口替代的工业化道路，结果经济发展进入误区。可以说，在众多发挥本国比较优势的发展中国家中，中国对比较优势的利用是最为充分的，效果也是最好的。劳动力资源丰富且成本低廉以及本国市场潜力巨大，是中国最大的比较优势，中国很好地利用了这一巨大的优势。20世纪70年代末在中国迅速崛起的劳动密集型产业，既是中国真正工业化的成功起步，也是广大农村释放大量劳动力、摆脱贫穷的关键一步，历史上的"苏南模式"就是典型的代表。正因为比较优势发挥得非常充分，使得中国很好地利用了国际市场。1978年中国的货物贸易出口值在全球市场占不到1%，2015年已占到全球市场的13.8%。据联合国贸易与发展组织（UNCTAD）的统计测算，当年中国出口占世界的比重已经创近50年来全球最高，历史上只有美国在1968年达到此比重，其后再无国家有如此地位。即使时代已经跨越到21世纪的第二个10年，中国仍在继续发挥自己的比较优势，只是表现形式有所不同。

第二，中国在经济发展上始终有大国的坐标定位，坚持走一条大国发展的道路。不同于小国和中等规模的发展中国家，中国在经济政策的选择上始终服务于国内经济建设和稳定发展的目标，始终没有依附于外部经济和外部力量。无论是在产业发展上，还是在货币政策上，总的来讲，中国做到了一切以促进国内经济稳定持续发展为考量前提。中国虽然把比较优势发挥得淋漓尽致，充分利用了国际市场，但始终没有忘记尽可能建立自己完整的产业体系，尤其是立足于本土市场规模这一有利条件，采用技术引进和自主研发等多种途径，建立和发展起一批对于发展中国家而言如同梦想的新产业。放眼世界去比较，没有哪个发展中国家能像中国这样建立起如此齐全的产业体系。甚至和发达国家相比，中国产业体系的完整性也有明显的优势。正因为中国产业体系的完整性，加上国内市场广阔，所以中国的经济发展特别有韧性，即抵御经济周期的弹性特别好。也由于中国经济的特有韧性，中国抗外部风险的能力也强于其他国家，所以 1997 年和 2008 年的两次外部金融风暴都没有对中国造成过大的伤害，中国可以继续保持稳定的增长。

第三，正因为中国是一个大国，对国情的认识比较充分，在过去 40 年下大力气建设基础设施，优良的基础设施也成为保证中国经济多年持续增长的一个重要条件。世界上没有哪个国家像中国一样在过去 40 年中对基础设施有如此多的投资，并取得巨大的建设成就。谁都知道基础设施对于长期经济增长的重要性，但世界上只有中国长年坚持对基础设施投以巨资加以建设。虽然不能简单地讲，中国是世界上基础设施最好的国家，但至少有一个基本共识，即在许多领域和方面，中国的基础设施处于世界的先进乃至领先水平。相比之下，欧美等发达国家由于基础设施建造过早，缺乏更新，反倒显示出一定的劣势。在世界经济论坛的《2011 年全球竞争力报告》中，世界最发达的美国在基础设施质量方面仅排名第 16 位。在这个竞争力报告中，中国的基础设施质量综合排名虽然没有美国高，但中国在过去 40 年尤其是新世纪以来的十几年取得了基础设施建设的巨大成绩，形成新的独特的比较优势，有力地促进了长期经济增长。

第四，中国在经济发展的过程中始终坚持了对外开放，并根据国际政治经济形势和国内经济的变化情况不断提高对外开放的程度。在国内的语境环境中，人们习惯了改革开放，即改革在前开放在后的说法，但在实际过程中，很难说清楚两者重要性和时序的前后位置。某种程度上讲，正是国门打开以后，中国的执政党和政府的决策者看到了国外的实际情况，深刻了解到中国与世界的发展差距，才下决心启动改革这一伟大的工程。在过去的 40 年中，既有随着改革的深入需要进一步经济对外开放的内在需要，也有不断的对外开放倒逼经济体制改革向纵深方向发展的力量。经过 40 年的发展，中国的经济对外开放已经达到较高的程度，在许多产业，资源配置已经不局限于国内市场，而是通过更为广阔的国际市场来加以配置，这无疑大大提高了中国的生产效率。中国是世界上最充分、最有效地利用经济全球化的国家之一，同时，积极参与经济全球化也确实促进了中国的长期经济增长。在经济上不断对外开放，积极把握经济全球化的大势，无疑是中国发展道路的又一个显著特点。

第五，中国虽然是一个发展中国家，但较早地意识到创新对一个国家长期发展的独特作用，努力实施各种形式的创新策略，中国道路中有着其他发展中国家发展之路上不曾见到的创新足迹。这既是一个大国的国情所需，也是走自己发展道路的胸怀和抱负所在。发展中国家走创新的道路是十分艰难的，中国也不例外。但在发展道路的选择上，中国没有简单一味地对外来技术采取"拿来主义"，而是区分不同类别和领域，在许多重要领域坚持走自主创新的道路，并通过扶持高新技术产业发展、供给侧结构性改革等一系列有效措施，促进多个产业的技术创新。围绕产业的发展，中国的科技创新水平虽然在整体上还落后于欧美发达国家，但在许多领域已经形成非对称的优势，即一些重要领域的创新能力已经超越经济发展水平。例如，在高速铁路、跨海大桥、超高压输电、电子商务、量子通信等领域，中国的创新能力和水平已居世界领先地位。毫无疑问，随着时间的推移，中国与现代化国家之间的科技创新能力差距会进一步缩小，这也是世界上其他发展中国家难以做到的。

第六，中国的发展伴随着持续的渐进式改革，形成中国道路的显著特色。作为体制转型国家，需要对原有的体制作出有力的变革，甚至是颠覆性的改革。但是，是采用渐进式的改革，还是一夜之间推倒重来，不同的国家，做法可能完全不同，结局也大相径庭。中国采取的长期的渐进式的改革之路，证明社会是稳定的，绩效也是显著的。据林毅夫教授的研究，属于前南斯拉夫的斯洛文尼亚采取的也是渐进式的改革，目前的经济发展状况在巴尔干乃至东欧地区也是最好的。斯洛文尼亚虽然是一个小国，但也不失为一面镜子。相比之下，采用一夜之间推倒重来的"休克疗法"的体制转型国家在数量上更多，但几乎没有成功的，至少没出现比中国成功的国家。

第七，作为最后一点但并非在重要性上排在最后，中国在自身的发展道路上坚持了"与时俱进"的追求，始终围绕发展这一主题和大方向，不断总结经验，也不断调整已有的政策，包括修正发展中出现的偏移，保证中国道路的自我完善。从当初邓小平南方谈话重启改革和发展的大潮，到党的十九大作出我国社会主要矛盾出现历史性转变的重大理论判断，提出要从经济高速增长转向高质量发展，都反映了对发展方向的及时把握。2017年9月，中共中央、国务院专门发布《关于营造企业家健康成长环境弘扬优秀企业家精神更好发挥企业家作用的意见》，引起社会广泛关注，也是坚持问题导向、回应企业家和社会期盼的一种政策完善，使得建立更加透明规范的社会主义市场经济体制向前迈出了重要一步。

中国道路的内涵十分丰富，难以在一篇文章中概括穷尽，上述几点主要是从经济学的语境角度加以阐述。

作为一个世界人口最多、曾经十分贫穷的大国，中国用近40年的时间证明了自己走的是一条独特的道路，创造了人类发展史上的罕见奇迹，这条道路无疑是成功的。中国在通向现代化国家的发展之路上，还会坚持自己的道路。在政治稳定、法治趋于完善的前提下，在坚持社会主义市场经济的原则下，中国将延续自己的持续增长之路，最终建成一个对全球有更大贡献的现代化国家。

（原载于《江海学刊》2018年第1期）

第四篇

★ ★ ★ ★ ★ ★ ★ ★ ★ ★

中国道路成功的意义

作为世界上最大的发展中国家，中国特色社会主义道路的成功拓展了发展中国家走向现代化的途径。其意义不在于将中国的发展道路或者模式移植到其他发展中国家，而是在西方的现代化话语占据主导地位的现实背景下，为发展中国家自主地探寻具有本国特色的现代化道路提供了启发。中国的成功恰恰证明了超越西方模式的现代化之路的可能性。中国特色社会主义道路也为解决人类共同面对的问题贡献了中国智慧和中国方案。现有的由少数发达国家所主导的全球治理机制无法有效应对全球化深入发展带来的很多问题，而中国道路的成功所积蓄的力量以及从中国实践中所酝酿形成的思想为这一机制的创新带来了动力。中国特色社会主义还向世界展示了社会主义的强大生机和活力，并不断开辟发展的新境界，中国的改革开放理论和实践是对世界社会主义和马克思主义理论的重大贡献。

中国崛起之路：三重关系与超越西方

张维为 —— 复旦大学中国研究院院长、教授，国家高端智库理事会理事，上海社会科学院中国学研究所所长。

2016 年是"阿拉伯之春"爆发 5 周年。"阿拉伯之春"爆发后不久，"历史终结论"的作者福山先生和笔者在上海有过一场关于中国模式的辩论。他当时说：一场伟大的民主运动正席卷阿拉伯世界，中国也可能出现"阿拉伯之春"。笔者说，不会，不但不会，而且"阿拉伯之春"本身可能不久会变成"阿拉伯之冬"。谁的预测更为准确，今天看来是不言自明的。为什么阿拉伯世界爆发了"阿拉伯之春"，而中国不会爆发"阿拉伯之春"，或者说即使爆发了这种颜色革命，其失败的概率也是百分之百，原因就在于作为非西方国家，包括埃及在内的阿拉伯国家，还没有找到实现自己崛起的途径，而中国已经找到了实现崛起的道路。

以笔者之见，对于一个非西方国家，乃至对于整个非西方世界，特别对于像中国这样一个文明古国，能否实现自己的崛起梦，关键是要处理好三重关系：即现代化与本国政治制度之间的关系；本国与西方世界和西方模式之间的关系，以及现代化与本国文化传统之间的关系。从过去 30 多年的实践来看，中国在处理这三重关系方面，做得比较成功，所以整个国家迅速崛起。

一、现代化与本国政治制度的关系

在国家现代化与本国政治制度这个方面，中国的探索可谓艰难曲折。1911年辛亥革命后，中国推翻了原来的政治制度，照搬了美国的政治制度，但很快出现了水土不服，整个国家陷入了一盘散沙、军阀混战的境地。1949年新中国成立，开始了中国社会主义建设的新时代，这个过程也非一帆风顺，但中国的探索从未停止，最终应该说找到了一条基本符合中国民情国情的成功之路。中国探索过程的指导思想是"实践理性"，即坚持"实事求是"原则，坚持"实践是检验真理的唯一标准"，这使中国能够从实际出发，总结和汲取自己和别人的经验教训，推动了大胆而慎重的改革和创新。这种"实践理性"的态度使中国成功地避免了政治浪漫主义陷阱，即认为西方民主制度模式可以解决中国所有的政治和社会问题；也避免了经济浪漫主义陷阱，即认为靠市场经济就可以解决中国的所有经济问题。

西方世界一直喜欢用"民主与专制"这个范式来评判世界，它的预设是"民主是好的，专制是坏的"，而"民主"的内涵又只能由西方国家来界定。只要别国的制度和西方制度不一样，别国就是错的，过渡的，转型的，最终要崩溃的。但中国人坚持了自己"实践理性"哲学观，通过观察世界上的各种实践，发现世界上采用西方民主制度而搞得一团糟的国家比比皆是，并进一步得出结论：以西方标准把世界分成"民主与专制"两大类的分析框架，已经无法解释这个复杂多元的世界。

笔者以为，如果一定要把世界上的国家分成两大类，那么这个世界只有良政与劣政两类，而良政可以是西方的模式，西方有为数不多的国家治理的还是可以的，而相当多西方国家也没有治理好，否则不会有这么多的西方国家先后陷入了如此严重的金融危机、债务危机和经济危机。良政也可以是非西方的制度，中国就属于这一类型。同样，劣政也可以是西方模式，采用西方政治和经济模式而失败的国家比比皆是。当然，劣政也可以是非西方模式。

关于现代化与本国政治制度的关系，不妨比较一下中国领导人邓小平和苏联领导人戈尔巴乔夫在这个问题上的立场。邓小平比戈尔巴乔夫高明的地方在于：在西方吹嘘自己政治制度如何优越并要求他国照搬的时候，戈尔巴乔夫完全相信了，而邓小平则说，西方的制度有自己的许多问题，而中国的制度有自己的许多优势，特别是它能代表人民的整体利益，它能集中力量办大事，它能给百姓带来更多实实在在的利益，但邓小平也认为中国制度存有自己的问题，需要汲取他人之长，需要与时俱进，需要通过改革而不断完善，中国在这方面的努力从未停止。

在苏联和东欧于 1992 年前后走向崩溃的时候，整个西方世界欢呼西方政治制度胜利了，历史也因此而"终结"了，但当时邓小平认为，中国的机会来了，中国证明自己政治制度优越性的机会来了。邓小平本人在苏联解体后不到一个月，就专门去中国的南方视察，呼吁中国一定要抓住这个难得的机遇，进一步改革开放，大幅度地加快中国崛起的步伐。

事实证明他是对的。检验一个政治制度是否成功的最好标准，就是它为自己的人民提供了什么：今天的中国光是外汇储备一项几乎就等于前社会主义国家经济规模的总和。中国大多数家庭在过去 20 多年里都经历了一场财富革命，中国今天每年出境访问的人次已超过 1.2 亿，整个国家初步实现了全民医保、全民养老的制度安排。这和西方模式下，多数国家的多数人在过去 20 多年内生活水平毫无提高形成了鲜明的对照。当然，中国自己的制度和工作仍存有不少问题，需要通过改革，才能做得更好。

中国政治制度的一个突出成就是在产生国家领导人方面形成了自己的制度安排，其最大特征是选贤任能，中国最高决策层的成员至少要担任过两任省一级的领导，至少要治理过 1 亿以上人口，在国家治理和为民谋利方面要有十分突出的政绩。这种选贤任能制度也可称为"选拔 + 选举"的制度，这种制度安排既有中国自己的传统，又有对西方制度的某些借鉴，其产生的领导人总体上的素质和水准，明显高于西方光是依靠大众选举产生的领导人。当然中国政治制度在很多方面还需要完善，但它已经不害怕与西方所谓的民主模式进行竞争，实际上，我们非常欢迎这种竞争，竞争可以使自己的制度更为完善。

二、本国与西方世界和西方模式的关系

西方由于是率先实现现代化的国家，所以习惯了以自己的标准来看待整个世界，甚至有一种冲动，非要把自己的模式强加于人。但中国人对世界的研究表明，照搬西方模式的非西方国家大都以失望、失败，乃至绝望而告终。

1988 年 5 月，一位发展中国家的总统来北京，希望邓小平谈谈中国改革开放的主要经验，邓小平回答说："解放思想、独立思考，从自己的实际出发来制定政策。"他还补充说："不但经济问题如此，政治问题也如此。"这位总统接着又询问邓小平应该如何与西方打交道，邓小平的回答是 4 个字："趋利避害。"中国在自己现代化的进程中，从西方借鉴了很多有益的经验，从市场经济的形成到企业管理模式，从科技研发到文化产业，从高速公路到高速铁路，从互联网经济到整个高新产业，可以说我们在几乎所有的行业，所有的领域，所有的部门，都借鉴了西方国家的有益经验，这大大推动了中国方方面面的进步。但更为宝贵的是，在学习和借鉴西方经验的过程中，中国没有失去自我，而是用自己的眼光来判断，博采众长、趋利避害、推陈出新。比方说，中国把加入世界贸易组织的进程变成了一个大规模的学习、适应和创新的过程，使中国的经济和贸易规模很快上了一个新的台阶。再比方说，中国拥抱了信息技术革命为先导的互联网革命，但同时也保持了自己的独立性，最终成为这场革命的佼佼者，今天的互联网世界已主要是英文和中文两个世界，世界最大的 10 家互联网公司中 4 家是中国公司，中国已建成全球最大 4G 网络，中国的手机上网用户已超过 9 亿户。

相比之下，西方显然太故步自封了。不少西方人真以为自己的一切代表了历史的终点，结果骄傲使人落后，特别是美国，小布什执政 8 年，创造了美国国运连续 8 年下降的记录。欧洲多数国家也面临体制僵化、严重缺乏活力等难题。许多发展中国家也不具备学习和创新能力，只知道跟着

西方话语走，结果是各种政治经济社会危机不断，从菲律宾到泰国，从伊拉克到阿富汗，从"颜色革命"的乌克兰到"阿拉伯之春"的埃及都是这样。

三、现代化与本国文化传统的关系

在现代化与本国文化传统关系方面，中国经历了一个曲折的过程。19世纪中叶，英国发动的鸦片战争强行打开了中国的大门，中国当时确实被西方强大的物质力量和军事力量震撼了，这使很多中国人失去了对自己文化传统的自信，甚至产生了中国需要全盘西化的呼声。这方面最极端的例子，就是认为要废除中国的文字，因为汉字阻碍了中国的现代化，中国的文字要拉丁化才行。

但经过一个多世纪的探索，中国人已经看到，自己的文化传统其实是中国现代化事业最为宝贵的资源，我们可以自信地坚持中国文明本位，同时也汲取他人之长，与时俱进，最终实现中国式的现代化，即一种符合中国民情国情的现代化、一种中国人喜欢的现代化。这意味着我们不仅要赶上西方，而且要在许多领域内超越西方和西方模式。

我们可以中国文字为例来说明这个问题。应该说，一个民族的语言文字是本民族文化的精神血脉，是民族认同的利器。保持了汉语，就保持了中国文化的根。在国家现代化的进程中，汉语也不断地与时俱进，它汲取了其他文字的某些长处，从文体修辞到语法词汇，汉语都吸收了大量外国元素。白话文、简化字和汉语拼音等语言方面的创新，大大方便了汉语的学习和推广。

现在看来，今天的汉语一点也不落伍，它十分传统又非常时尚，它能够翻译世界上所有人文和科学的著作，能够与现代科技完全兼容，在互联网为标志的高科技新媒体时代，它甚至展现出很多独特的优势：它有西方语言难以达到的简洁明快，它有西方语言难以达到的丰富形象，它有西方文化难以达到的文化底蕴。汉字紧凑的特点使之特别适合移动互联网时代的沟通：同样大小的手机视频，中文的信息量大概是英文的3—4倍，这也是移动互联网在中国迅速普及的主要原因之一。

更重要的是中国人的文化和信仰就蕴藏在自己的文字中。一个中国人，只要学会了中文，能够听说读写，能够使用一二百个成语，中国文化传统就融化于他的血液中了，他就学会了许多做人做事的基本道理，如与人为善、自食其力、勤俭持家、尊老爱幼、好学不倦、自强不息、同舟共济等，这些中国文化元素已和中国现代化进程融为一体，这不仅使中国能以人类历史上闻所未闻的速度和规模崛起，而且使中国社会保持了比西方社会更多的温馨和更强的凝聚力，这无疑是中国梦最为精彩的内容之一。

四、超越西方：民本主义与综合创新

在较好地处理上述三个问题的基础上，中国迅速崛起，并在越来越多的领域内开始了对西方和西方模式的超越。中华文明是世界上唯一维系了5000多年而没有中断的伟大文明，中国人有超强的历史命运感，因为在数千年的历史长河中，中国在大部分时间内是领先西方的，中国落后于西方是近代发生的事情，而中国人百年奋斗的主要目标就是重返世界之巅，世界上具有这份"天降大任"之光荣与梦想的民族并不多。在这个意义上，中国崛起梦很大程度上就意味着对西方和西方模式的超越。从过去30多年的实践来看，中国民本主义的思想和综合创新的能力无疑是中国超越西方进程中的两个重要特征。

"民惟邦本，本固邦宁"是中国人数千年治国的古训。它把人民看作国家的基石，把民生问题解决得好坏看成决定国之命运的大事，看作"民心向背"和"天命"的关键所在。从《尚书》中的"民惟邦本，本固邦宁"到《礼记》中的"君以民为本"，到孟子的"民贵君轻"，到王阳明的"亲民"思想，到顾炎武的"厚民生，强国家"，到今天的"全面小康"，中国政治文化传统中这种"民本"理念几乎一以贯之。从中国民间到政治精英，"民本"思想可以说是中国政治的最大共识。

中国"民本"思想本身也随着中国梦的实现进程而与时俱进，它已具有更大的包容性和更多的现代性。今天，它指的不仅是国家要致力于改善民生，而且也指一个国家的制度安排要着眼于在更高、更广的层次上提升人民生活的品质，落实到政府为百姓提供更为优质的服务，落实到让人民过上更安全、更自由、更幸福、更有尊严的生活。

中国人的"民本"思想有其独特的价值魅力。西方政治文化中今天谈得最多的还是西方自己界定的"自由、民主、人权"等价值，他们甚至不惜动用武力在世界上推广这些价值，但他们的做法在非西方国家却频频遭遇失败，主要原因就是这一切与这些国家百姓所盼望的改善民生愿望严重脱节，导致了政治机器空转和无穷的政治纷争、动乱，甚至战争。"阿拉伯之春"变成"阿拉伯之冬"，"颜色革命"迅速褪色，本质上都是这个原因造成的。

现在连西方国家自己也面临着类似的情况。西方模式今天的最大困境也是改善民生乏力。金融危机、债务危机、经济危机等已经导致西方国家百姓生活水平长期停滞甚至下降。西方政坛今天也流行着当年美国克林顿竞选总统时的一句名言：It's the economy, stupid！（真蠢，问题出在经济！）绝大多数西方民众关心的也是经济、就业、福利这些民生问题。在这个意义上，中国人的"民本"思想不仅对于实现中国梦意义重大，而且对于解决许多世界性的难题也有重要的启迪。

综合创新能力比较强也是中国超越西方和西方模式的一个重要方面，这与中国善于学习、长于综合的文化传承有关。比较中国与欧洲的历史，我们会发现一个重要差别，即宗教战争的差别。欧洲历史上，不同宗教之间，不同教派之间的战争持续了上千年，今天也留下了很多阴影，克里米亚2014年宣布从乌克兰独立出去，背后就有东正教和天主教之间的矛盾。在中国，印度的佛教传入后逐步与中国的儒学、道教互相渗透，互相综合，最终形成了儒、道、释"三合一"中国传统。相比之下，欧洲延绵不断的宗教战争几乎把西方文明毁于一旦，中国的综合文化使中国避免了欧洲宗教战争的悲剧。从一个更大的范围看，长于综合，长于借鉴别人的有益经验，应该是中国文化中最大的"比较优势"。南怀瑾先生曾这样描述中国的综合文化传统：

　　讲到中国文化，便以儒、释、道三家并举为其中坚代表……如果说中国有哲学思想，却不是独立的专科，中国的哲学，素来是文（文学）哲不分，文史不分，学用不分，无论研究中国哲学或佛学，它与历史、文学、哲学、政治四门，始终无法分解，等于西方的哲学，与宗教、科学和世纪的政治思想，不能脱离关系，是异曲同工之妙。

　　当然，古代中国和古代西方情况类似，由于生产力低下，社会分工少等原因，综合文化在中国和西方都比较普遍。中国的《易经》《道德经》《大藏经》等典籍都属于"综合"性经典。同样，西方的《圣经》《罗马史诗》等也可以算是"综合"性经典，在某种意义上，这也反映了当时的欧洲社会也是"综合"性的社会。

　　进入近代后，西方首先出现了"分"的趋势，最大特征是生产分工的细化，学术学科的分化，政治、经济和社会也日益分离，在现代化基本完成后，西方大众民主政治制度，与经济也相对区隔开来，政治一般不会过分地影响经济。但进入后现代社会之后，我们似乎又看到了"再综合"的大趋势，我们今天面临的国际化和全球化大潮本身就意味着资源在全球范围内的"综合"与"整合"，通信技术的革命性变革使"综合"与"整合"的成本大大降低，世界正日益成为一个地球村，并迅速地进入了大数据时代。从科学角度看，综合与分析相对应。自然科学从"综合科学"走向"分析科学"，现在又在一个全新的基础上走向"再综合科学"。

　　有学者认为"中国文化是世界上罕见的多基因文化"，"古代华夏文明的内吸式壮大过程，使它具有特别突出的宽容精神和强大的包容、吸收与变通能力"。这种基于"多基因文化"的"包容、吸收与变通能力"本质上就是一种特殊的"综合创新能力"。它也体现在中国人特殊的学习能力上。从"寸有所长，尺有所短"到"三人行必有我师"，从"谦受益，满招损"到"他山之石，可以攻玉"，从"推陈出新"到"独辟蹊径"等祖训都反映了这种传统。学者张岱年也一直主张通过综合创新来建设社会主义新文化。

　　历史上，我们从世界不同文明中汲取养分，从世界各国借鉴经验，就像中亚民族发明的二胡，今天成了中国民乐的主要乐器。英国人发明的乒乓球，今天变成了中国的国球，西方人提出的社会主义理念也中国化了。

新中国成立以来，我们借鉴了国外大量的经验，包括苏联的经验和西方国家的经验。改革开放以来，我们有选择地学习了美国在市场经济领域内的经验，日本、德国在企业管理方面的经验，以色列在农业方面的经验，新加坡在开发区建设和反腐倡廉方面的经验，中国香港和中国台湾在房产开发和管理方面的经验。但总体上看，我们没有简单地照搬外部的经验，而是综合了别人的经验，并根据中国的民情国情进行借鉴甚至创新。

在学习的过程中不失去自我，这是中国的一条重要的"赶超"经验。我们在借鉴别人之长的过程中，坚持以我为主，综合创新，其中一个很好的例子就是中国的高铁建设。笔者在《中国震撼》一书中曾这样描述过："我们建设高铁的指导方针是：'引进先进技术、联合设计生产、打造中国品牌'。我们先是利用中国巨大的国内市场优势，通过谈判让世界四大公司转让部分高铁技术；然后是组织自己 10 多万科研人员对引进技术进行消化、整合、创新，最终形成了超越西方水准的新技术和新标准，创造了中国品牌，使中国得以引领今天世界的'高铁时代'。纵观中国过去 30 多年的发展，这也是中国模式的战略思路：既学习别人之长，也发挥自己优势；在对别人之长进行学习、消化与整合的过程中，大胆创新，进而形成自己独特的东西，实现对西方标准的超越，并最终影响世界。"

在一个更大的范围内，我们过去 30 多年最大的成功几乎都是综合创新。在政治领域内，我们把"选拔"和某种形式的"选举"结合起来，这种做法明显好于西方光是依赖"选举"的制度。在社会领域内，我们拒绝了西方主张的那种社会与国家对抗的制度，而是推进社会综合治理，推动社会协商和对话，建立社会与国家高度良性互动的制度，所以我们的国家和社会都比西方更有凝聚力；在经济领域内，我们实行"社会主义市场经济"制度，这是一种"混合经济"，包含了"看不见的手"与"看得见的手"的有机结合，市场与计划的有机结合，国企与民企力量的有机结合等，虽然这个制度还需要完善，但它已经展现了独特的竞争力，带来了中国经济的飞速增长和百姓生活水平的大幅提高。在法律领域内，我们继续推动依法治国，把"法治"与"德治"结合起来，并力求避免西方法条主义等弊病，建设一种比西方更公正、更高效、成本更低廉的新型法治国家。我们还要继续学习和借鉴世界各国和地区的好经验，但一定以我为主，博采众长，洋为中用，自成一家。

中国近代史上，张之洞说的是"中学为体，西学为用"，日本人近代史上提倡的是"和魂洋才"，都有其道理，但我们再回头看，毛泽东主席说的是"古为今用，洋为中用"，眼光似乎更远，气派也更大。毛泽东主席的意思是：中华民族复兴是"本"，其他都是"用"，我们对古今中外的一切借鉴，都是为了更好地发展今天的中国。我们应该从古人那里汲取智慧，从外部世界汲取智慧，让这一切为我所用，为实现中华民族的伟大复兴而"用"，这也应该是我们综合创新的真正要义。

综上所述，对于一个非西方国家，特别是像中国这样一个文明古国，实现自己的崛起梦，关键取决于是否能够正确地处理三重关系：即现代化与本国政治制度之间的关系，本国与西方和西方模式之间的关系，以及现代化与本国文化传统之间的关系。从过去30多年的实践来看，中国在处理这三重关系方面，做得比较成功，所以整个国家迅速崛起并开始了对西方和西方模式的某种超越。在这个过程中，中国源远流长的民本主义思想和综合创新能力发挥了至关重要的作用。可以说，在探索自己的发展道路上，中国已经取得了决定性的成功。人类历史上一个社会主义国家第一次成了世界最大的经济体（按购买力平价），中国已经创造了世界最大的中产阶层，这一切的意义怎么评价都不过分。中国将继续沿着自己探索出来的成功之路前行，直至完全实现中华民族伟大复兴的梦想，为整个人类文明作出更大更新的贡献。

（原载于《黄海学术论坛》2016年第1辑）

中国模式是人类文明的一种崭新形态

王天玺　《求是》杂志原总编辑，原中共云南省委副书记，十届全国人大法律委员会委员。

中国模式的出现是一个客观事实，并已引起世人高度关注。美国全球语言研究所跟踪全球 75 万家主要纸媒体、电子媒体和互联网站，挑选 21 世纪头 10 年中世人谈论最多的 10 大新闻话题，结果发现"中国模式"或"中国崛起"的话题高居榜首，总共被播发了约 3 亿次。

"中国模式"或"中国崛起"为什么会成为新千年以来最大的新闻话题？因为"中国模式"不仅与中国人有关，而且与全人类有关；因为"中国模式"推动世界重心东移，有利于形成平衡而和谐的新世界；因为"中国模式"创造了崭新的社会主义文明，有利于推动人类文明发展到新的阶段。

中国人曾经创造过非常辉煌的古代文明。然而，从 19 世纪初以后，随着工业革命的展开，西方诸国逐渐变强，而中国则已经陷于停滞并向下沉沦，西方人看待中国的心态也从过去的向往变成轻蔑。英国汉学家约翰·巴罗曾在 1840 年出版的一本书中写道，"认为中国很强大，富裕辉煌，这是对常识的公开侮辱"，中华民族是"一个野蛮的异端民族，几乎比野人好不了多少"。这样的话，巴罗说过，其他许多西方人也说过。他们这样说，正是为了把中国人当作"野人"来践踏和屠杀。我们今天没有忘记巴罗之流的谰言，是为了永远警醒自己：国家的强盛从来不是天命注定的，任何不求进取的民族，都会陷入内忧外患、被人蔑视和欺辱的悲惨境地。

我们当然也没有忘记，即使在中国社会最混乱、中华民族最悲惨的时候，西方仍然有一些具有超凡智慧和远大眼光的人，不敢轻视中华民族，并且相信中国将来的位置是在世界的舞台中心。

法国人拿破仑关于当中国觉醒时就将震动世界的名言是众所周知的。

美国人罗斯福也曾在几十年前正确地预测过中国的未来。

美国外交政策专家约翰·伊肯伯里为了撰写《中国的崛起和西方的未来》一文，查阅了许多历史档案，从中发掘出一则宝贵的史料。在第二次世界大战期间，澳大利亚驻美大使欧文·迪克逊爵士曾参加罗斯福总统在白宫主持的一次会议。罗斯福在会上谈到中国未来的崛起和因循守旧的英国首相丘吉尔。迪克逊爵士在他的日记中这样记述当时的情景："罗斯福说，他与丘吉尔多次讨论过中国问题，他感觉丘吉尔在中国问题上落后了40年，还把中国人称为'中国佬'或'华人'。他觉得这样做很危险。罗斯福想要与中国保持良好的关系，因为他认为，四五十年后，中国将很可能成为一个伟大强国。"

英国人丘吉尔在中国问题上的短视不值一提。他的同胞阿诺德·汤因比的智慧和真诚则非常令人感动。作为思接古今的历史学家，汤因比在对人类创造的几十种文明体系作了详尽的比较和研究后，特别推崇中华文明。几十年前，当有人这样问他："如果再生为人，您愿意生在哪个国家，做什么工作？"他稍加沉思就回答说："我愿意生在中国。因为我觉得，中国今后对于全人类的未来将起到非常重要的作用。要是生为中国人，我想自己可以做某种有价值的工作。"说完这些，汤因比意犹未尽，又补充说："就中国人来说，几千年来，比世界上任何民族都成功地把几亿民众从政治文化上团结起来。他们显出这种在政治文化上统一的本领，具有无与伦比的成功经验。这样的统一正是今天世界的绝对要求。"

当历史进入 21 世纪的时候，人们惊讶地发现，当初拿破仑、罗斯福、汤因比等人对中国的预测和猜想全部变成了现实。

2010 年，中国已跃居世界第二经济大国。而且就发展的潜力、态势和增速来说，中国超过美国，成为世界第一经济大国，即使不是指日可待，也是指年可待的。

最近 200 年左右，形成了以欧洲为中心的国际关系，人们习惯了欧美主导的世界格局。然而，在 20 世纪和 21 世纪交替的时节，一个东方大国崛起了，一个曾经被人蔑视、被人践踏的落后国家，猛然之间成为创造人类历史的主角之一。这件事情简直不可思议，太令人震撼了。于是，"中国崛起"就成了前面提到过的"世界第一新闻话题"，"中国模式"就成了政治家和学者们热烈讨论的政治和学术课题。

此时，一个耐人寻味的现象出现了，这就是中国人对"中国崛起"和"中国模式"都显得非常淡定。关于中国经济总量超过日本的信息，在世界其他地方都是大新闻，但在中国只是一个普通的消息，各类传媒上都只是一带而过。

关于"中国模式"的讨论，中国人也是不怎么关心。人民网曾专门做了一个网上抽样调查，结果是 84% 的受访者不认为有"中国模式"。不仅如此，还有中国知名学者不赞成提"中国模式"。有的说，"模式"一词含有示范、榜样的意涵，中国无意输出"模式"，不如用"中国案例"来代替"中国模式"。有的说，我们的体制还没有定型，讲"模式"就有定型之嫌，这很危险，以后就有可能把这个"模式"视为改革的对象。还有人说，"中国模式"是一些别有用心的外国人提出来的，意在遏制中国的进一步发展。

中国人为什么对"中国崛起"的说法如此淡定？一方面，可能是"不识庐山真面目，只缘身在此山中"，我们更多地关注中国社会存在的现实问题，至于中国的发展对外界产生的巨大影响则不容易直接感受到；另外一方面，更重要的是中国人对自己所走的道路非常自信，并且有着远大的目标，在实现中华民族伟大复兴的长征途程中，成为世界第一、第二经济大国，都只是一些不应过度关注的阶段性成果。至于许多中国人不关心"中国模式"的讨论，那可能是误以为"中国模式"同"中国特色社会主义"不相干。

实际上，"中国模式"就是"中国特色社会主义"。"中国模式"最早是邓小平提出来的。

1980年5月，在谈到各国共产党的关系时，邓小平说："中国革命就没有按照俄国十月革命的模式去进行，而是从中国的实际情况出发，农村包围城市，武装夺取政权。既然中国革命胜利靠的是马列主义普遍原理同本国具体实践相结合，我们就不应该要求其他发展中国家都按照中国的模式去进行革命。"邓小平在这里主要讲的是夺取革命胜利的中国模式。

1988年5月，邓小平在接待莫桑比克朋友时说："世界上的问题不可能都用一个模式解决。中国有中国自己的模式，莫桑比克也应该有莫桑比克自己的模式。"邓小平这里讲的是解决国家发展问题的中国模式。

在邓小平的心目中，夺取革命胜利的中国模式，解决国家发展问题的中国模式，本质上是一致的，都是"中国特色的社会主义"。

"中国模式"不是别的什么东西，就是中国人民走出来的社会主义道路，就是中国特色的社会主义。这是中国千百万革命者用鲜血和生命凝结而成的，是十多亿中国人民用勤劳和智慧创造出来的。"中国模式"的创造，毫无疑问是人类历史上最伟大的实践、最辉煌的成就。任何一个中国共产党党员，任何一个中华民族的儿女，都可以为我们创造了"中国模式"而自豪。

我们可以肯定地说，"中国模式"是人类文明的一种崭新形态。

马克思认为，历史上的文明形态都是以对抗为基础的。他说，当文明一开始的时候，生产就开始建立在级别、等级和阶级的对抗上，最后建立在积累的劳动和直接的劳动的对抗上。没有对抗就没有进步。这是文明直到今天所遵循的规律。

马克思对文明历程的观察是深刻的，人类经历过的奴隶社会文明和封建社会文明，都是建立在"级别、等级和阶级的对抗上"。人类正在经历的资本主义文明则是"建立在积累的劳动和直接的劳动的对抗上"。

"中国模式"创造的文明不是建立在对抗的基础上，而是建立在和谐的基础上，这就是社会主义文明，这是区别于以往各种文明的崭新的文明。

像"中国模式"这样的社会主义文明，当然不是某种偶然出现的历史幻象，而是在社会发展的大潮流中千锤百炼而成的必然的历史图景。

塑造和锤炼"中国模式"的是当今世界三大进步潮流：世界实现现代化潮流；社会主义胜利前进潮流；中华民族伟大复兴潮流。当代世界中如果有什么重大的奥秘，那么这三大进步潮流在中华大地上融合为一，共同锤炼出"中国模式"这种崭新的社会主义文明，就是最重大的奥秘。

塑造和锤炼"中国模式"基本特征的是中华复兴的伟大潮流。

中华人民共和国的成立是 20 世纪具有世界历史意义的伟大事件，标志着中国人民经过 100 多年的英勇斗争，终于推翻了帝国主义、封建主义和官僚资本主义的统治，结束了国家四分五裂、民族蒙受屈辱、人民灾难深重的局面，开启了中华民族走向伟大复兴的历史时代。

塑造和锤炼"中国模式"前进方向的是社会主义发展的伟大潮流。

没有压迫、没有剥削、人人都能平等相处、自由发展的社会思想，是一种朴素的社会主义思想。这样的社会理想，在人类文明的发展历程中，不论在东方还是在西方，都是自古就有的。当代社会主义包含着这样的思想元素，但它是作为一种思想体系、一种社会运动、一种国家形式、一种社会形态出现的。也就是说，当代社会主义是作为一种完整的系统的文明的社会形态出现的，它比古代的奴隶社会和封建社会优越，也比当代的资本主义社会优越。

当代社会主义潮流的第一个高潮于 19 世纪中后期出现在欧洲西部。法国的巴黎公社、英国的大宪章运动、德国马克思和恩格斯发表的《共产党宣言》，是第一个社会主义高潮的标志性事件。

社会主义大潮从西向东流，于 20 世纪前期形成以苏联为中心的第二个高潮。俄国十月革命的成功、苏联的壮大、各国共产党的活跃、中国革命的胜利和社会主义阵营的形成，是第二个社会主义高潮的标志性事件。

20 世纪 50 年代中期以后，苏联逐渐演变成社会帝国主义国家，对内思想停滞、体制僵化，对外实行侵略和扩张。中国共产党人看在眼里，想在心里，开始自觉地探索有中国特色的社会主义道路。其间，国际环境非常复杂，国内困难也不少。因为急于求成，制定政策脱离实际，造成了一些重大的挫折。但是中国共产党人把错误当作智慧的源泉，愈挫愈奋，一步一步开辟出建设社会主义的宽广大道。

20世纪90年代初，当克里姆林宫红旗落地，苏联瓦解，整个东欧社会主义阵营改变颜色的时候，世界上许多目光肤浅的人以为社会主义已经失败，资本主义与之竞争的历史终结了。他们没有想到，这只是社会主义与资本主义竞争的新起点；他们没有看到，世界社会主义运动的中心，早已向东转移到了中国；他们更没有看到，在东方、在中华大地上，已经形成社会主义发展的新高潮。

对于社会主义能够对资本主义取得竞争优势，邓小平充满了必胜的信念。他说，我们要用发展生产力和科学技术的实践，用精神文明、物质文明建设的实践，证明社会主义制度优于资本主义制度，让发达资本主义国家人民认识到，社会主义确实比资本主义好。邓小平还说，到中华人民共和国成立100周年的时候，中国将达到中等发达国家水平，国民生产总值位居世界前列。更重要的是向人类表明，社会主义是必由之路，社会主义优于资本主义。

在20世纪和21世纪交替的关键时期，社会主义需要依靠中华民族的复兴开辟胜利前进的大道，中华民族则只能走社会主义道路才能实现伟大的复兴，由此形成的"中国模式"必定以社会主义为根本方向。

塑造和锤炼"中国模式"世界意义的是全球现代化的伟大潮流。

现代化是一个内涵丰富的社会发展过程，但最核心、最基本的是实现工业化，使不同形态的传统经济转变为以工业经济为主干的现代经济。

自工业革命以来，经过300多年的演变，在世界200多个国家和地区中，只有10多个国家实现了现代化；在全球70亿人口中，只有10亿左右的人实现了现代化。

　　这 10 多个国家的现代化，走的都是资本主义道路。这种道路的突出特征有两条，一是通过战争和殖民，大肆掠夺其他国家的财富；二是凭借先发优势和垄断地位，无限制地消耗地球资源，造成生态环境的严重破坏。

　　中国土地面积几乎和欧洲一样大，人口达世界 1/5，根本不能走这样的道路。新中国从现代化建设的第一天起，就摒弃了给人类造成无数灾难的资本主义道路，坚定地走上了社会主义现代化之路。20 世纪 50 年代初期，毛泽东就向全世界宣告，我们的总目标，是为建设一个伟大的社会主义国家而奋斗。我们是一个 6 亿人口的大国，要实现社会主义工业化，要实现农业的社会主义化、机械化，要建成一个伟大的社会主义国家。

　　中国现代化起步的时候，借鉴了苏联的经验，得到了苏联的帮助，但中国从一开始就没有完全照搬苏联的做法，而是自己探索适合中国情况的现代化之路。毛泽东设计了一条"以农业为基础、以工业为主导"，注重农业、轻工业和重工业合理比例的现代化发展道路。实践证明，这样的发展道路优于苏联的道路，因为他们那里重工业太重、轻工业太轻、农业又非常脆弱，经不起经济风浪和政治风浪的冲击。表面强大的苏联国家一夜之间即分崩离析，与此有很大的关系。

　　到了经济全球化和现代科技革命突飞猛进的时代，13 亿多中国人以改革开放的大气魄全面推进现代化进程。这期间，中国与世界各国之间物资的交流、思想的交流、人才的交流达到了前所未有的广度和深度。一个有着最深厚文明底蕴的伟大民族，放下身段，向外部世界学习一切好东西。一个伟大的社会主义国家，解放思想，努力革除一切不利于走向现代化的体制弊端。正如邓小平所说，社会主义要赢得与资本主义相比较的优势，就必须大胆吸收和借鉴人类社会创造的一切文明成果，吸收和借鉴世界各国包括资本主义发达国家的一切适应现代社会化生产规律的先进经营方式和管理方法。这样的学习，这样的改革，有利于中国，也有利于世界，并且彰显出"中国模式"的世界意义。

　　当今世界，中华民族伟大复兴、社会主义胜利前进和全人类实现现代化这三大进步潮流汇合在中华大地，奔腾在中华大地，不是一个短期的、偶然的现象，而是一个符合人类发展规律的长期的、必然的现象。从 20 世纪 50 年代到 21 世纪 50 年代，三大进步潮流的交汇形成一个高潮期。三大进步潮流在这 100 年左右的高潮期，塑造"中国模式"，锤炼"中国模式"，推动人类发展走向社会主义文明的光辉境界。

"模式"本身是一个高度哲理性的概念，它表明事物内在本质的全面展现，表明事物特殊性和普遍性的具体统一，表明模式是可以借鉴可以学习的。"中国模式"是中国特色社会主义的全面展现，是中华文明特殊性和人类文明普遍性的具体统一。作为走向现代化的崭新道路，"中国模式"是可以为其他国家、其他民族借鉴和学习的。

人们可以从不同侧面去研究"中国模式"。本文提出"一、二、三、四、五"的中国模式图。

"一"是一条道路，即中国社会主义的科学发展之路；"二"是实现两大目标，即实现中华民族伟大复兴和社会主义胜利前进；"三"是坚持党的领导、依法治国和人民当家做主三者有机统一，实现先进生产力、先进文化和人民利益三者有机统一，注重改革、发展、稳定三者有机统一；"四"是实行四大制度，即人民代表大会制、共产党领导的多党合作制、民族区域自治和基层民主自治；"五"是建设五大文明，即建设经济文明、政治文明、精神文明、社会文明和生态文明。按照一即是多，多即是一的道理，五大文明又总归为社会主义文明，从而回到"中国模式"的本质。

中国模式在成长的过程中，来自西方世界的不是掌声和喝彩，更多的是批判和制裁。由于西方国家控制着国际话语权，几十年下来，中国发展的真情被严重扭曲，社会主义中国的形象遭恶意贬损。为了让世人看清真实的中国模式，本文在研究过程中运用了比较的方法，就是把西方模式和"中国模式"放在一起进行比较，并且立足于用事实说话，让客观实际检验不同的思想理念，让社会实践评判不同的发展模式。

（原载于《红旗文稿》2013 年第 7 期）

中国复兴：独特的大国之路

王帆　外交学院副院长、教授、博士生导师，中国国际关系学会副会长，享受国务院政府特殊津贴。

关于中国复兴的讨论自"冷战"后即开始兴起，一直到 21 世纪的今天仍是一个热门话题。尤其是在美国出现衰落迹象，而中国将强未强的时期，这一讨论更是引人关注。本文集中讨论的问题是：中国复兴的含义究竟是什么，中国复兴的进程会怎样展开？本文力图纠正已有的一些思维定势，同时也强调中美在所谓崛起与衰落的过程中并没有对应关系，并试图从群体性、制度性、合作性复兴这三个方面分析中国复兴的特色路径。

一、中国复兴的含义

在国际经济和国际政治领域，关于美国是否衰落存在诸多争议，但关于中国复兴似乎已经形成共识，而对于中国复兴的意义和影响却又是众说纷纭。

那么，什么是中国复兴？中国复兴意味着什么？中国复兴的标志是什么？答案各不相同，显然对于中国复兴存在着不同认识甚至是针锋相对的观点。一些美国学者按照权力学说的逻辑指出，GDP 总量已经是世界第二的中国，如果还不算崛起，什么样的标准才算是崛起？只有完全超越美国、成为世界第一才是崛起吗？以前中国的目标是屹立于世界民族之林，而这个目标已经实现了，新的目标究竟是什么？

国际社会对于中国复兴含义的认识呈多元化态势，但有一点是肯定的，即认为中国变量将对未来的国际社会产生重大影响，同时也认为中国复兴具有一定的不确定性，包括中国复兴的方式、路径及影响都存在多种可能性。

国际社会对于中国复兴的评介可简单分为乐观派与悲观派两种。悲观的看法认为，中国的崛起必然带来大国现有格局和国际秩序的颠覆性改变，中国复兴的过程将会与现有主导国家形成零和博弈，进而引发不可避免的冲突甚至战争。中美之间是零和的，中国复兴意味着美国领导力的削弱。这一派观点以美国进攻性现实主义代表人物约翰·米尔斯海默和防御性现实主义代表人物斯蒂芬·沃尔特等为代表。米尔斯海默认为，中国崛起后会在地区建立霸权，同时确保在该区域内没有竞争性大国。沃尔特认为，面对中国的强势崛起，美国应当重新注重以权力政治应对权力政治的道路。柯庆生强调，中国复兴意味着美国影响力的抵消，中国外交是"战略性和平进攻"。"权力转移理论"代表人物奥甘斯基和库格勒等人均认为，从历史上看，大国崛起常常伴随着与守成大国之间基于权力竞争的摩擦。

还有一些相对中立的看法认为，中国经济发展速度之快出乎想象，而且是以非西方的发展模式发展起来，这增加了国际社会的不适应感和担忧。中国的崛起打破了欧美在世界经济中的特权和在国际政治中的主导地位，冲淡了欧美成熟社会模式的示范效果……简言之，欧美社会模式面临着生存危机，与中国的崛起形成了鲜明的对比，中国复兴将带来新的发展模式之争。但这一派观点并没有认定中国模式是以取代西方模式为目的的。

乐观主义者认为，由于相互依存和制度性约束，也由于中国力量和目标的有限性，领土争端引发战争的可能性越来越小。中国的崛起将保持足够的理性，中国正以积极的姿态参与国际事务，承担大国责任，其崛起不是零和博弈。约瑟夫·斯蒂格利茨表示，在全球治理方面，中国复兴给世界带来了正能量，而不是零和博弈。他还表示，人民币国际化有助于全球金融稳定和经济复苏。杰弗里·萨克斯指出，世界经济正进入可持续发展时期，在新的"可持续发展目标"中，中国将起领导作用。全球经济要摆脱危机导致的困境，无论美国、中国还是欧洲都需要新的合作增长模式，才能实现安全增长，而亚洲基础设施投资银行在可持续发展融资方面将是一个完美的示范。

尽管以上分析各不相同，中国自身对于中国复兴的表述是明确而清楚的，也即实现中国梦。中国梦的基本内涵是实现国家富强、民族振兴、人民幸福，也就是实现两个百年的目标，即中国共产党成立一百年时全面建成小康社会，新中国成立一百年时建成富强民主文明和谐的社会主义现代化国家。可见，中国复兴是一场伟大的历史征程。

显然，中国复兴只是成为世界强国之林中的一员，成为对世界和平与发展作出积极贡献的国家之一。中国复兴的含义不是取代现有霸权，而是自我发展与自我壮大。在未来相当长的时间内，中国复兴对内体现为国富民强，对外则体现为国际地位和国际影响力提升到与自身责任相匹配的程度，同时能够在一些与中国相关的国际事务中发挥积极的建设性影响。

中国复兴的标志不是成为世界霸主，而是不断深化改革，推进"四个全面"战略布局，达到中等强国的水平。邓小平强调，"我们摆在第一位的任务是在二十世纪末实现现代化的一个初步目标，这就是达到小康的水平。""如果能实现这个目标，我们的情况就比较好了。更重要的是我们取得了一个新起点，再花三十年到五十年时间，接近发达国家的水平。我们不是说赶上，更不是说超过，而是接近。"

中国实现中等发达国家的目标以及"四个全面"的提出，说明中国意识到中国社会实现现代化是一个中长期目标，定位是理性而明确的。两个百年的目标也只是小康水平，即中等发达国家水平，这一目标将更多地把发展聚焦于国内生活水平的提高，减少并消除贫富分化，而不是对外巧取豪夺、扩张权力。两个百年的目标与称霸毫无关系，只是获取尊严感、安全感、成就感的国家使命追求。中国的国际影响力将更多立足于自身形象和能力的改善，而不是削弱他国的影响力。中国的发展不是赢者通吃或独占，而是共赢，不是战胜他国，而是完善自己、超越自己。

中国过去30多年的改革开放取得了巨大成就，保持了高速发展，这既源于中国民众的勤奋努力和改革开放的正确引导，也有全球化大背景提供的特殊机遇。中国的发展有助于民族自信心的提升，但这种提升更多是对妄自菲薄的失败情结的纠正，并没有导致中国整体上的妄自尊大。我们清楚地看到，中国没有先发优势，也没有领先国家所具有的优势基础，中国在所有核心领域都仍处于追赶阶段，个别领域的一流水准还没有形成国家综合创新能力的飞跃。"中国制造"并不如想象中那么强大，西方工业也没有衰退到依赖中国的程度。我们的制造业还没有升级，制造业者已开始撤离，在全球制造业的四级梯队中，中国处于第三梯队，而且这种格局在短时间内难有根本性改变，要成为制造强国至少要再努力30年。因此，中国的目标只是成为中等发达国家，只是谋求国内小康水平的实现，同时在国际上发挥建设性影响，并没有能力和意愿挑战所谓霸权国家。

从世界综合发展状态来看，现代化程度高的国家较之现代化程度低的国家更具影响力优势，而从现代化程度的划分来看，欧洲处于后现代化时期，美国处于现代化中后期，而中国等后发国家处于现代化发展的初期。尽管欧美等国面临金融危机、竞争乏力、福利陷阱等困境，但这并不意味着处于上升期的中国等国已经具有领先优势。欧美等国面临的治理难题与中国等国面临的问题处于不同的发展阶段，并不意味着中国已经完全走出了这些现代化困境，固然，中国通过自身道路的探索有可能避免一些传统发达国家所走过的弯路，实现后来居上，但在整体上中国的追赶之路尚未完成。虽然中国在一些重大的全球性问题上所能发挥的引导作用正在不断增强，但正如习近平在2017年2月召开的国家安全工作座谈会上指出的，"要引导国际社会共同塑造更加公正合理的国际秩序"，"引导国际社会共同维护国际安全"，强调"共同塑造"和"共同维护"，表明中国仍需要与其他国家共同合作，而无法凭借一己之力达到变革世界的目的。在环境保护、全球金融稳定、公共卫生等领域，中国还处于追赶现代化标准的阶段，无法承担与自身实力不符的全球责任。

总之，中国的复兴是相对于中国的落后状况而言的，中国复兴意味着中国成为国际社会中一个负责任、有担当，与他国平等相待、一道推动国际秩序向着更加公平合理的方向发展的大国。中国的崛起意味着中国不再是国际社会中需要救助的贫弱之国，而是推动国际社会走向更加繁荣的积极力量。中国的崛起与称霸无关，也无意与霸权国争夺世界领导地位。有学者指出：尽管近年来中国经济实力增长，但中国本身还缺乏履行国际责任的手段，更不用说领导权了，中国在很大程度上还是需要通过美国确立的机制体系来履行自己的国际责任。按照布热津斯基的说法，"全球性强国意味着真正在全球军事能力方面占有绝对优势、重大的国际金融和经济影响力、明显的技术领先地位和有吸引力的社会生活方式——所有这些必须结合在一起，才有可能形成世界范围的政治影响力"。

二、中国复兴过程分析

中国复兴必须走一条与他国不同的路，也必将通过不断努力实现优选之路。

从复兴的进程和影响来看，中国复兴首先是内部复兴。这是一种内化的、内向的发展壮大。围绕"四个全面"战略布局，在经济上表现为发展结构的完善、发展模式的升级、管理模式的创新、内部市场的增容、人均GDP 的提高。实现国内结构性变革的任务十分繁重，既需要全神贯注、集中投入，也需要努力营造良好的外部合作环境。

其次是国际体系内复兴。中国需要国际市场，以外贸为导向的中国经济离不开国际市场的需求。第二轮"走出去"不再是简单的对外部市场的需求，而是需要加大技术和投资的力度。中国虽然努力在高科技领域实现飞跃，但还无法挤占发达国家的高端科技产品市场，而是偏重于相对传统的能源、运输和基础设施建设等合作，"一带一路"倡议就是这一合作构想的体现。由于对外部市场、新的技术和投资的需求依然十分强烈，中国对国际社会安全与稳定的需求也在上升。由此，中国不可能通过利用或制造外部区域的动乱而获取经济收益，更不可能通过战争或军事手段拓展市场，有限的军事能力是保障投资和人力安全的必要举措，不会构成军事威胁。

最后，中国复兴是在全球化条件下、相互依存背景下的发展。中国过去30多年的建设成就，依赖于全球化所带来的全球产业分工，也依赖于相互依存所造就的互利共赢的国家间良性关系。相互依存虽然无法抑制竞争与危机，但在一定程度上限制了国家间竞争与冲突的强度，塑造了一荣俱荣、一损俱损的国家间共同意识。"人类命运共同体"理念表明，中国的发展将伴随着共同体意识的成长，有助于中国形成和平互利的世界观，也使得中国的发展能够造福于他国，更易于为国际社会所接受。

这3个条件决定了中国复兴的循序渐进、有章可依、路径清晰、损害性小、确定性强。换言之，中国复兴的过程既是主观意愿的选择，也有客观条件的限定，并不是可以轻易改变的。

（一）中国不具备以传统大国方式崛起的可能性

中国已经失去了通过战争方式谋取霸权的可能性。中国复兴并非谋霸，中国更不可能通过战争方式谋霸。

虽然以往任何一次赢取霸权的机会都是通过大国战争直接或间接获得的，但如今，人类已经进入核时代，中国直接策动或参与任何这样的大国战争，都只能以极大的代价换来自毁的命运，造成两败或多败的结局，失去人类文明的一切成果。"今天没有哪个国家有挑起世界大战的野心，军事技术的发展减少了大国发生战争的可能性。"

以奥甘斯基和库格勒为代表的一些西方国际关系学者总喜欢议论霸权国与守成国之间不可避免的冲突，并把这种冲突视为历史的惯性。但近百年来两次国际格局转型表明，即使是霸权国与挑战国之间的权力转换，也并非是通过直接战争实现的，美英霸权之间的转换表明，霸权国英国与挑战国德国之间的战争导致第三方国家美国崛起为霸权，而并没有实现霸权国与挑战国之间的转换，这其中的原因是深刻的，挑战国不仅很难实现夺取霸权的目的，反而可能因为不断的挑战而导致自身的衰落。"1914 年灾害前，帝国主义列强向英国发起了挑战，不过一战是出于其他原因爆发的。1991 年苏联相对和平的解体表明，力量不断削弱的大国及其竞争对手之间的战争并不是无法避免的。"即使存在历史惯性，当代世界的危机管控能力也有了极大的提升。我们只要看一下冷战时期有多少次美苏危机被化解、多少次军事冲突的迎头相撞被避免，就可以明白这一点。当然，大国也有可能出现刹车失灵的情况，但所有大国均出现失灵的可能性则微乎其微。自冷战以来，军事在大国间的作用已经发生重大嬗变，由征服变为威慑；特别是人类进入核时代以来，大国发展的成败除了别国的外部压力，更多取决于自我发展和纠错的能力。从根本上说，没有一个大国的命运能够被另一个大国所决定，苏联的解体并不是战争导致的，也不完全是由于外部力量强加所致。大国不可能通过战争被击败，大国战争只能是两败俱伤，不再有幸免者和赢家。

传统的强权政治也不适用于中国。中国历来反对强权政治，反对向他国强制输出价值观和政治制度，"中国在第一次崛起的 1000 多年中并无滥用权势的记录"，"大部分国际关系学者对现今中国的忧虑都是来自苏联的经验，苏联（从斯大林到勃列日涅夫）推动或赞助了共产主义的扩张。但中国与苏联不同，即使在激进的'文革'时代，也没有实际证据表明其向其他国家全盘输出共产主义革命。总体说来，在与美国试图输出民主制度相比时，现今中国的记录并不是那么糟糕。"那种认为中国有可能成为潜在的修正主义国家的观点，所依据的只是中国常常谴责美国霸权和权力政治。"北京的言语之中常常谴责美国霸权和权力政治，意味着中国有可能拥有一个潜在的修正主义议程——挑战美国创造并领导的国际秩序的长远之计。"中国谴责权力政治却被当成中国热衷于权力政治，这显然是荒谬的。权力政治的逻辑恰恰是中国和平发展所希望避免的。

其实，改革开放以来，中国的崛起方式一直是避战、避险的，在竞争的危机中努力运用化解之道。邓小平"搁置争议、共同开发"和"一国两制"等构想，习近平强化捍卫主权的意志和能力，都绝非是挑起战争和事端，而是不得不回应外来因素对国家主权的侵害。基于中国近代屈辱的历史，在中国由弱到强的进程中，中国人对于稳定与尊严的诉求表现得尤其强烈。在捍卫主权压力加大的情况下，强化自身领土范围内的军事防御能力无可厚非，维护国家稳定、防范外部侵略仍是国家安全战略的核心。而中国之所以推进新型大国关系，其目的也是解决霸权国与新兴大国之间的潜在冲突问题。正是为了实现和平崛起，中国才强调不断融入现有国际体系，在现有体系内发展壮大。

（二）中国复兴将是内外良性互动的过程

中国的复兴将是继续坚持改革开放、推进现代化的过程。在这一过程中，内外两个大局的互动是不可回避的，国内问题国际化、国际问题国内化的相互内嵌，使得中国的国内发展与国际社会密不可分，处理好这一关系有助于内外关系的良性互动，有助于中国塑造自身形象，形成互利合作的国际环境，反之，则可能导致内外因素的对立、排斥，形成负相关关系。

中国的复兴必然受制于内外部各种因素的影响，积极正面地看待内外互动的影响，扬长避短、趋利避害，同时积极承担国内与国际社会所赋予的责任就显得尤为重要。对外合作的不断深化显然有助于中国对外影响力的提升，但也意味着责任的大大提升。在国际合作的进程中，中国所承担的责任先于也远远多于对他国的影响力，这就要求中国必须避免权益多于责任的期待，保持战略定力与克制。如同基辛格在《世界秩序》中所言："秩序永远需要克制、力量和合法性三者间的微妙平衡。"

中国自身发展基础以及全球化相互依存等诸多因素的影响，使中国复兴的过程更长。在扩大国际影响力的过程中，中国不仅受到国际社会的规范和约束，也将受到其他大国的限制和制约，以和平方式成为世界强国的过程将是可接受、可监督的，而不是为所欲为的、破坏规范的过程，只有经历国内社会与国际社会双重规范互塑的国家，才能成为未来世界的真正大国。因此，中国复兴必将经历自我修炼与自我完善，而这一进程本身是以中国与国际社会的良性互动为条件的。

总之，中国复兴是内外互通、由内向外的跨界溢出过程，是时间、空间多层次、多场域的多维互动过程，是全球责任和影响同步扩大的过程，也决定了中国复兴将是稳步的、可控的过程。

（三）中国复兴必将经历艰巨的探索

中国没有作为一个现代大国的历史积淀和经验积累，也即中国并没有战胜或超越比自己更为先进的国家而成为世界强国的历史经验。在现代国际政治体系中，几乎所有的国际政治、经济、安全规则都是由西方国家设计和制定的，中国的遵约实践是在长期的学习和借鉴过程中完成的。21世纪以来，中国开始对国际体系作出有中国特色的贡献，在完善与变革现有国际体系中发挥越来越大的建设性作用，然而并非替代或主导现有体系，也难以另起炉灶。这种"先天不足"和后发劣势，使中国的复兴必将经历容错和纠错的过程，面临更高的标准，付出更巨大的代价，进行邓小平所说"摸着石头过河"式的探索。这就要求我们在制定政策的过程中，必须长期保持理性、审慎、创新的态度，在大国竞争的复杂关系中寻找非零和的路径，不断探索和开拓新途。

中国的复兴必须是综合崛起，这样才能成为真正的强国。苏联失败的教训表明，任何单一领域的优势都无法长久支撑一个国家的整体发展，结构合理的均衡发展才能造就和维护一个大国的强国地位。全面综合发展需要一个较长的时间周期，必须结合自身特点不断探索创新。"一带一路"倡议是中国避开与传统大国相争相撞的新尝试，是与发展中国家群体共享资金技术、共担责任、互联互通、共同完成经济结构转型的可持续发展战略。"一带一路"构想庞大、过程漫长、充满挑战和风险，也是新兴大国发展的创造性尝试。

│三、中国复兴的路径选择

近年来，国际形势出现了前所未有的新变化。随着金融危机持续发酵，传统大国普遍陷入困境，全球治理赤字严重，反全球化、逆全球化的势头上升。中国等新兴大国实力虽有所提升，但在全球经济困境中也面临新的挑战。对中国而言，美国等大国施压的势头有增无减，周边形势处于新的不确定期，而自身经济也面临着新一轮结构性调整，内部变革需要落实，中国进入了新一轮改革开放的关键期。可以说，在世界历史上大国崛起各不相同、各擅胜场，而中国崛起是大国崛起中最复杂、最困难的。

中国复兴是一个发展中大国的复兴，也是一个非西方国家的复兴，无论国际社会是否注意到这一点，中国自身充分意识到了这一进程的特殊性和敏感性。中国复兴必然冲击既有的国际权力格局和利益格局，给国际体系带来巨大的震撼。

在复杂的内外部环境中，中国要走一条与传统大国不同的强国之路，中国的复兴战略如何规划与设计，通过什么样的路径来加以实施，是一个重大的战略议题和历史课题。为此，有两个核心议题摆在中国面前：一是中国能否超越所谓权力政治的永恒的魔咒，二是中国化解冲突推进合作能否真正落到实处。牢牢把握共同发展这个核心，处理好自我与他者的关系，注重本国利益与他国利益的协调，正是中国复兴之路的关键所在。

为了化解中国复兴的两大难题，中国只能立足于群体性崛起、制度性崛起、合作性崛起，以保障最终实现和平崛起。

（一）群体性崛起

群体性崛起的构想基于共同性和整体性原则。其基本理念是：一个国家的发展不能建立在周边国家贫穷的基础上，一个国家的强盛必须伴随着其他国家的共同发展。在相互依存日益密切的世界里，一个国家的可持续发展必须与国际社会的整体发展与繁荣相伴。中国变量是整体中的变量，只有立足于发展的整体才能赢得更大的机遇。中国的崛起是群体性崛起的组成部分，中国不可能单独崛起，必须与他国共同崛起。

中国立足于群体性崛起，首先是与发展中国家群体共谋发展、共享发展成果，"一带一路"是与发展中国家谋求共同发展，而不是确立新的中心；其次是在更大范围内推进以区域一体化为基础的周边命运共同体及至人类命运共同体建设。

（二）制度性崛起

制度性崛起是基于整体性与互动性原则而设计的，是基于内外协同而展开的。中国对于国际体系的态度，由新中国成立初期的"与国际对立"，到改革开放时期的"体系共存"，再到新世纪以来的"体系完善"，表明中国的一切与世界息息相关，与世界加深联系的进程不可逆转。

中国融入国际体系，显然不再是策略性的举动，而是根本的战略性选择。中国不可能将融入国际体系建立在利用国际体系为自身服务的基础上，而只能在享受平等待遇的同时承担相应的国际责任，尊重国际制度，适应国际规范。责任意识和遵约意识是制度性崛起的关键所在，制度性崛起意味着中国的发展更具确定性、更可预期，更有助于世界的整体稳定。

在制度性崛起的过程中，中国也在经历制度约束和制度内化的过程。熟悉适应国际规则，更加有效地遵约守信，积极正面地看待一切有利于改革开放的积极因素，以实现更高标准的现代化，始终是中国崛起过程中不可或缺的要义。发展才是硬道理，不仅适用于中国复兴的内部变革，也适用于中国与国际社会的有效对接与互通。更为重要的是，中国也在为国际体系的发展完善发挥着建设性的作用。

中国为国际体系的和平转换提供了一个价值目标，即国际关系民主化。中国参与了国际体系的一系列改革，如联合国改革（包括维和机制的改革与创新、防扩散与集体安全制度的改革等）、国际货币基金组织改革、世界银行代表权改革、世界贸易组织改革，表明中国在参与国际体系构建的过程中，通过对国际体系规则的内化以及自己的国际实践，对国际体系产生了深远的影响。中国和平参与国际体系、塑造国际体系，是一个"双向社会化的过程"，是"相互影响、相互作用、相互适应和相互改变的过程"，是一个辩证统一的过程。

（三）合作性崛起

合作性崛起基于互动性与协调性，强调利益协调、互促互益。合作性崛起是化解冲突的有效方式，也是操作难度较大的方式，它需要凝聚高度共识、更新旧有观念、强化实施举措才能成功。

新型合作观。必须严格遵循互利共赢的合作模式。一国合作的意愿绝不能强加于别国，而必须基于共识和共同意愿，绝不利用合作谋取一方利益最大化，而是强调共同受益。共赢在于既要善于寻找和敏锐把握共同利益，扩大共同利益，促进互补利益，也要在差异化的前提下，保持和尊重彼此的核心利益。尊重他人利益，在缺乏共同利益和无法互补的情况下仍然能够实现共赢，这才是更高的智慧。

新型竞争观。合作并不排斥竞争，新型合作观包容良性竞争。在以往的国际关系演变中，促进自身发展、延缓别人发展是一个基本的竞争法则，也是战略法则。然而，究其本质，竞争是要使自己变得更好，而不是使对方更差。一国发展不可能以抵制或削弱他国为条件。中国只能在新的竞争观之下实现发展，即通过竞争的驱动使自身变得更强，而不是通过恶性竞争抑制或削弱对方。中国提出的互利共赢理念是对国际社会的一个重大贡献。

新型发展观。"一带一路"的倡议和实践表明，一国发展不可能建立在周边贫穷的基础之上，发展是可持续的共赢的发展。中国追求更公正均衡的发展观，强调富帮贫，缩小贫富差距，力图改变富国更富、穷国更穷的局面。中国向发达国家学习、借鉴，实现与富有国家的合作，也向落后的发展中国家慷慨施援，实现与贫穷国家的共同致富。

新型安全观。正如中国不可能孤立地发展，也不可能仅仅依靠自身就可以实现总体安全和可持续安全。中国从不制造和利用矛盾，也不制造和利用危机，中国不把安全建立在别国不安全的基础之上，不划分势力范围，不搞集团政治，不以结盟应对传统联盟的围堵，坚持不结盟政策。

　　总之，中国复兴是和平、合作的复兴。中国的发展强调义利和利他原则，是基于共同收益而不是以牺牲他国利益为前提的掠夺式发展。中国努力提升自身地位，避免零和博弈式的大国冲突。中国一直在努力走出一条周全而审慎的复兴之路。

（原载于《外交评论》2017 年第 2 期）

中国特色社会主义的世界意义

秦宣
——
曾任中国人民大学马克思主义学院院长，现任中国人民大学《教学与研究》杂志社主编，中央马克思主义理论研究与建设工程课题组专家。

2017 年 7 月 26 日，习近平总书记在省部级主要领导干部"学习习近平总书记重要讲话精神，迎接党的十九大"专题研讨班开班式上发表了重要讲话。习近平总书记明确指出："中国特色社会主义不断取得的重大成就，意味着近代以来久经磨难的中华民族实现了从站起来、富起来到强起来的历史性飞跃，意味着社会主义在中国焕发出强大生机活力并不断开辟发展新境界，意味着中国特色社会主义拓展了发展中国家走向现代化的途径，为解决人类问题贡献了中国智慧、提供了中国方案。"这"三个意味着"，深刻揭示了中国特色社会主义不断开辟发展新境界的历史意义、时代意义、世界意义，为我们坚定中国特色社会主义道路自信、理论自信、制度自信、文化自信注入了新的思想动力。以下将主要结合党的几代中央领导集体特别是十八大以来习近平总书记有关中国特色社会主义的论述来阐释中国特色社会主义的世界意义。

| 一、中国特色社会主义使我们这个世界超级人口大国实现了从站起来、富起来到强起来的历史性飞跃

中国有 960 万平方公里的土地，56 个民族，人口规模约占世界 1/5。中国摆脱了贫穷，就意味着世界上 1/5 的人口摆脱了贫穷；中国实现了现代化，就意味着世界上 1/5 的人口实现了现代化；中国坚持走社会主义道路，就意味着世界上至少有 1/5 的人口在坚持社会主义。因此，中国共产党的领导人总是从推进人类历史发展的高度来认识中国经济社会发展问题。中国改革开放的总设计师、党的第二代中央领导集体的核心邓小平同志曾说过："我们有我们的责任，要对世界上五分之一的人负责，要发展经济，使他们生活得更好。"党的第三代中央领导集体的核心江泽民同志也曾说过："改革开放，是我们党在新的历史条件下实现中华民族伟大复兴的开创性事业。争取改革开放和现代化建设的成功，实现中华民族的全面复兴，使世界五分之一的人口根本改变贫困落后的状态，是我们中国共产党人义不容辞的历史责任。"进入 21 世纪以来，以胡锦涛同志为总书记的党中央和以习近平同志为核心的党中央也在不断强化这种历史责任。正是本着这种责任，中国共产党带领全国各族人民在改革开放的伟大实践中开辟了中国特色社会主义道路，创立了中国特色社会主义理论体系，确立了中国特色社会主义制度。

事实胜于雄辩。改革开放以来，在探索中国特色社会主义的过程中，"我们围绕建立社会主义市场经济体制这个目标，推进经济体制以及其他各方面体制改革，使我国成功实现了从高度集中的计划经济体制到充满活力的社会主义市场经济体制、从封闭半封闭到全方位开放的伟大历史转折，实现了人民生活从温饱到小康的历史性跨越，实现了经济总量跃居世界第二的历史性飞跃，极大调动了亿万人民的积极性，极大促进了社会生产力发展，极大增强了党和国家生机活力"。

第一，经济快速发展，综合国力和国际竞争力由弱变强，成功实现从

低收入国家向上中等收入国家的历史性跨越。

从增长速度看，改革开放以来，经济保持快速增长，综合国力大幅提升。党的十八大以前，从 1979 年到 2012 年，中国国内生产总值（GDP）年均增长速度为 9.8%，同期世界经济年均增速只有 2.8%。党的十八大以来，虽然受国际金融危机影响，我们的经济增速有所放缓，但仍然以接近 7% 的增长速度高于同期其他国家。改革开放以来，中国国内生产总值由 1978 年的 3645 亿元迅速跃升至 2016 年的 744127 亿元。1986 年首次突破 1 万亿元，1991 年达到 2 万亿元，2001 年突破 10 万亿元大关，2006 年超过 20 万亿元，2012 年超过 50 万亿元，2016 年超过 70 万亿元。中国经济增长速度之快、持续时间之长在当今世界是十分罕见的，可以说是创造了人类经济发展史上的新奇迹。

从经济总量和人均国内生产总值看，改革开放以来，经济总量居世界位次稳步提升，人均国内生产总值不断提高，成功实现了从低收入国家向上中等收入国家的跨越。1978 年，中国经济总量排在世界第十位；2008 年超过德国，居世界第三位；2010 年超过日本，成为仅次于美国的世界第二大经济体；经济总量占世界总量的份额由 1978 年的 1.8% 提高到 2016 年的 14.8%。1978 年，中国人均国内生产总值只有 381 元，属绝对贫困国家；1987 年突破 1000 元，达到 1112 元；1992 年突破 2000 元，达到 2311 元；2003 年突破万元大关至 10542 元；2012 年接近 4 万元；2016 年超过 5 万元，达到 53980 元。按照世界银行的划分标准，中国已经由低收入国家跃升至上中等收入国家。

从财政收入看，国家财政实力显著提升，政府对经济和社会发展的调控能力日益增强。1978 年国家财政收入仅 1132 亿元，随后逐年增加。到 1999 年，大致翻了 10 倍，跨上 1 万亿台阶，达到 11444 亿元；2011 年超过 10 万亿元；2016 年达到 159552 亿元。国家财力的迅速增加对中国促进经济社会发展，有效应对各种风险和挑战提供了有力的资金保障。

从外汇储备来看，改革开放以来，中国成功实现了从外汇短缺国到世界第一外汇储备大国的巨大转变。1978 年，中国外汇储备仅 1.67 亿美元，位居世界第 38 位，1990 年外汇储备超过百亿美元，1996 年超过千亿美元，2006 年超过万亿美元，超过日本位居世界第一位，2011 年超过 3 万亿美元，此后一直稳定在 3 万亿美元以上，2016 年国家外汇储备达 30105 亿美元。中国已连续十多年稳居世界第一位。

第二，工业生产能力迅速增强，成功实现由一个落后的农业国向世界制造业大国的历史性飞跃。

实现工业化是中国现代化的一项重要任务。改革开放以来，中国工业化进程不断加快，工业化水平不断提高，主要工业产品产量迅猛增长。根据世界银行数据，2010 年中国经济总量超过日本成为世界第二时，制造业增加值占世界的比重已达到 17.6%，钢铁、汽车、水泥等 200 多种工业品产量居世界第一位，华为、联想、中石油等一批具有国际竞争力的大企业迅速成长起来。

基础设施和基础产业大发展。改革开放以来，中国基础设施和基础产业发展迅速，能源、交通、通信等快速发展，逐步建立了比较完善的基础设施和基础产业体系。随着工业化进程的加快，中国逐步发展成为能源消费大国。与此同时，能源生产能力也不断提升，能源自给率不断提高，交通运输设施日益完善。改革开放以来，中国交通网络不断完善，运输能力不断增强，效率不断提高。到 2016 年年底，全国铁路营业里程达 12.4 万公里，居世界第二位，其中高速铁路营业里程达 2.2 万公里以上，居世界第一位。邮电通信业突飞猛进，规模不断扩大，推动中国信息化水平不断提高。

党的十八大以来，在以习近平同志为核心的党中央的正确领导下，中国始终坚持中国特色社会主义事业的全面发展。经济结构不断优化，经济发展的协调性和可持续性不断增强：产业结构日趋合理；需求结构明显改善；区域发展的协调性增强；城镇化步伐明显加快。城镇化水平由 1978 年的 17.9% 上升到 2016 年的 57%，上升了近 40 个百分点。门类齐全、布局合理的产业体系逐步建立起来，主要工农业产品产量跃升到世界前列。农产品供给不仅解决了占世界 1/5 人口的温饱问题，还为工业化和其他事业发展提供了重要支撑。

第三，对外经济大飞跃，实现了从封闭半封闭到全方位开放的伟大历史转折。

改革开放以来，伴随着经济全球化进程的加快，中国日益融入国际市场，对外开放的广度和深度不断拓展，对外贸易总量不断攀升。1978 年，中国货物进出口总额只有 206 亿美元，世界排名第 29 位；1988 年突破了 1000 亿美元；2004 年突破了 1 万亿美元大关；2012 年，货物进出口总额接近 4 万亿美元，达到 38671 亿美元，比 1978 年增长了 186 倍，仅次于美国，位居世界第二位。党的十八大以来，受国际金融危机影响，货物进出口总额虽有所下降，但仍然位居世界前列，2016 年，全年货物进出口总额达 243386 亿元。

引进外资与对外投资活动日益频繁。改革开放以来，中国充分发挥了资源、劳动力等要素优势和巨大的潜在市场优势，成为国际直接投资的热土，利用外资规模不断扩大。1979—2012 年，中国实际利用外资 12761 亿美元，成为吸收外商直接投资最多的发展中国家，世界排名也上升至第二位。近年来，随着中国企业实力的提升，"走出去"的步伐明显加快。中国对外直接投资净额由 2007 年的 265 亿美元快速提高到 2016 年的 1701 亿美元，中国对世界经济增长的贡献率不断增加。

第四，人民生活实现了从温饱不足到总体小康并向全面小康迈进的历史性跨越。

改革开放以来，人民群众生活水平显著提高，城乡居民生活实现由温饱不足到总体小康并向全面小康迈进的飞跃。

——就业规模持续扩大。就业是民生之本，党中央、国务院始终把就业问题摆在十分重要的位置。1978—2016 年，中国就业人员从 40152 万人增加到 77603 万人，城镇登记失业率长期保持基本稳定。与此同时，大量农村富余劳动力向非农产业有序转移。2016 年，中国农民工数量达到 28171 万人。

——城乡居民收入显著提高。改革开放以来，党中央、国务院不断深化收入分配制度改革，确保了城乡居民收入和财富的快速增长。2016 年，城镇居民人均可支配收入 33616 元，比 1978 年增长 97 倍；农村居民人均纯收入 11149 元，增长 81 倍。

——居民生活水平和质量极大改善。改革开放以来，人民生活水平不断提高。党的十八大以来，居民生活水平进一步改善。从 2012 年到 2016 年，城镇居民人均现金消费支出从 16674 元增加到 23079 元；农村居民人均消费支出从 5908 元增加到 10130 元。城乡居民消费结构明显优化。2016 年，城镇居民恩格尔系数为 29.3%，比 1978 年下降 35.1 个百分点；农村居民恩格尔系数为 32.2%，下降 35.5 个百分点。居住条件极大改善，2016 年全国居民人均住房建筑面积为 40.8 平方米，其中，城镇居民人均住房建筑面积 36.6 平方米，比 1978 年增加 29.9 平方米；农村居民人均住房建筑面积 45.8 平方米，增加 37.7 平方米。

——消费领域不断拓展，物质生活极大丰富。彩电、电冰箱、空调等耐用消费品逐步普及，汽车、电脑、智能手机等高档耐用消费品拥有量大幅提高。到 2016 年年底，全国移动电话普及率达 96.2 部 / 百人，互联网上网人数 7.31 亿人，互联网普及率达到 53.2%。全国民用汽车保有量 19440 万辆，其中私人汽车保有量 16559 万辆。

——社会保障事业全面推进。改革开放以来，中国社会保障事业经历了一个从低层次到全面高质量推进的演变过程，目前覆盖城乡的社会保障体系已基本建成。2016 年年末，全国参加城镇职工基本养老保险人数 37862 万人，比 1989 年年末增加 32151.7 万人；参加城乡居民基本养老保险人数 50847 万人；参加城镇基本医疗保险人数 74839 万人。其中，参加城镇职工基本医疗保险人数 29524 万人，比 1994 年增加 29149.4 万人；参加失业保险人数 18089 万人，比 1994 年增加 10121.2 万人。

——扶贫工作取得举世瞩目的成就。从 1978 年到 2016 年，中国先后采用过不同的农村贫困标准。根据 1978 年的标准，当年全国农村绝对贫困人口约 2.5 亿人，约占全部人口的 1/4，2007 年下降为 1479 万人，平均每年脱贫近 800 万人。按照 2008 年的标准，2007 年农村贫困人口为 4320 万人，2010 年下降为 2688 万人，平均每年脱贫超过 500 万人。按照 2010 年制定的新扶贫标准，2010 年农村贫困人口为 16567 万人，2016 年农村贫困人口为 4335 万人，平均每年减少超过 2000 万人。中国扶贫开发取得的辉煌成就，为人类减贫事业作出了巨大贡献。

第五，社会事业不断进步，实现由社会事业发展相对滞后向经济社会全面协调持续发展的转变。

改革开放以来，随着我们党对社会主义建设规律认识的深化，中国特色社会主义建设布局不断拓展，在注重经济建设这个中心的同时，中国科教文卫等各项社会事业也取得长足进展，经济社会发展协调性和持续性也在不断增强。

教育事业成绩显著，正在实现从教育大国向教育强国的转变。改革开放 30 多年来，党中央、国务院坚持把教育摆在优先发展的战略地位，不断加大教育投入，深化教育领域综合改革，取得了一系列成绩。教育普及程度明显提高，城乡免费九年义务教育全面实现。2016 年，全国普通本专科招生 748.6 万人，比 1978 年增长了 17.5 倍；在校生 2695.8 万人，增长了 30 倍；毕业生 704.2 万人，增长了 41.7 倍。可以说，改革开放取得突出成绩与教育事业的发展是分不开的。

科技事业成果丰硕，科学技术作为第一生产力的地位充分显现。30 多年来，科技事业取得了丰硕成果。2016 年，研究与试验发展（R&D）经费支出 15500 亿元，比 1995 年增长 43 倍，占国内生产总值的 2.08%，上升了 1.5 个百分点。中国科技实力日益强大，高性能计算机、载人航天、探月工程、量子通信、北斗导航、载人深潜等尖端成就相继问世，高铁走向世界，自行研制的大飞机首飞成功。科技创新不断推进其他领域的创新，从而带动了社会的全面发展。

此外，改革开放以来，中国文化事业得到了长足发展，中国体育事业实现了连续跨越。

数字是枯燥的，但数字却最能说明问题。"我们用了 30 多年时间，使中国经济总量跃居世界第二，13 亿多人摆脱了物质短缺，总体达到小康水平，享有前所未有的尊严和权利。这不仅是中国人民生活的巨大变化，也是人类文明的巨大进步，更是中国对世界和平与发展事业的重要贡献。"这些成就的取得"从根本上改变了中国人民和中华民族的前途命运，不可逆转地结束了近代以后中国内忧外患、积贫积弱的悲惨命运，不可逆转地开启了中华民族不断发展壮大、走向伟大复兴的历史进军，使具有 5000 多年文明历史的中华民族以崭新的姿态屹立于世界民族之林"。

二、中国特色社会主义向世界展示了社会主义的强大生机活力并不断开辟发展新境界

建立比资本主义更加美好的制度是自资本主义产生以来许多仁人志士和广大劳动人民的梦想。500 年前，空想社会主义的鼻祖托马斯·莫尔在《乌托邦》一书中深刻揭露了资本主义形成时期原始积累过程中"羊吃人"的悲惨景象，第一次给人们描述了一个废除私有制、产品归全社会所有、公民在政治上一律平等、人人参加劳动的理想社会。此后的几百年间，空想社会主义者不断揭露资本主义的种种罪恶，论证了未来社会代替资本主义的必然性和合理性，对未来社会提出了一些积极主张和有价值的设想。马克思、恩格斯在继承前人思想成果的基础上，创立了科学社会主义理论，实现了社会主义从空想到科学的伟大飞跃。科学社会主义深刻揭示了资本主义产生、发展、灭亡和共产主义取代资本主义的历史必然性，勾画了未来社会的美好蓝图，指明了实现美好社会理想的正确途径。社会主义实现了从理论到实践、从一国实践到多国实践、从一种发展模式到多种发展模式的历史性飞跃。100 年前首个社会主义国

家的诞生开启了人类历史的新纪元。

　　但20世纪的社会主义也遭遇了重大挫折。苏联曾出现过肃反扩大化等严重错误，中国曾经历过长达十年的"文化大革命"。更为严重的是，在20世纪80年代末90年代初，东欧发生剧变，再接着是苏联解体。社会主义国家由原来的15个缩减到5个，陆地面积由占全球的24%缩小为占7%，共产党数量由国际共产主义运动高潮时期的180多个减少为90年代初期的130多个。德意志民主共和国在统一的旗帜下被德意志联邦共和国吞并，且被资本主义化。苏联、波兰、捷克、匈牙利、保加利亚、罗马尼亚、阿尔巴尼亚和蒙古先后发生剧变，共产党丧失了政权，这些国家大多开始效法民主社会主义，实行以多党制为基础的议会民主制、以私有制为基础的社会市场经济，都转向了资本主义。南斯拉夫解体，分裂成五个民族国家。共产党执政的社会主义国家的力量和影响明显减弱，社会主义一度处于低潮。正是在这种背景之下，世界范围内的社会主义"历史终结论""马克思主义过时论"甚嚣尘上。一时间，世界范围内反马克思主义、社会主义的人士弹冠相庆，并预言中国会随欧洲的剧变而"崩溃"；拥护社会主义的人士忧心忡忡，把社会主义复兴的希望寄托在中国共产党身上，并预言只有中国才能救社会主义。

　　中国特色社会主义就是在这样复杂的国际国内形势下向前推进的。东欧剧变之后，邓小平曾明确表示："别人的事情我们管不了，只讲一个道理：中国的社会主义是变不了的。中国肯定要沿着自己选择的社会主义道路走到底。谁也压不垮我们。只要中国不垮，世界上就有五分之一的人口在坚持社会主义。我们对社会主义的前途充满信心。"江泽民也曾指出：东欧剧变之后，"社会主义国家依然存在。中国在建设社会主义，古巴在建设社会主义，还有亚洲一些国家在走社会主义道路。许多亚非拉国家仍向往社会主义。当今世界上包括西方国家中，信仰马克思主义、社会主义的仍大有人在。只要中国的旗帜不倒，世界上就有五分之一的人口在坚持社会主义"。正是在这种坚定的信仰之下，中国共产党既不走改旗易帜的邪路，也不走僵化的老路，成功把中国特色社会主义推向了 21 世纪，并取得了成功。

2016 年，习近平同志在庆祝中国共产党成立 95 周年的讲话中指出："我们要建设的是中国特色社会主义，而不是其他什么主义。历史没有终结，也不可能被终结。中国特色社会主义是不是好，要看事实，要看中国人民的判断，而不是看那些戴着有色眼镜的人的主观臆断。中国共产党人和中国人民完全有信心为人类对更好社会制度的探索提供中国方案。"回顾总结改革开放以来中国特色社会主义近 40 年的发展历程，我们提供的"中国方案"越来越清晰，对推进世界社会主义发展的作用越来越明显。

党的十八大明确指出：中国特色社会主义是由道路、理论体系、制度构成的，其中，中国特色社会主义道路是实现途径，中国特色社会主义理论体系是行动指南，中国特色社会主义制度是根本保障，三者统一于中国特色社会主义伟大实践之中。习近平同志指出："中国特色社会主义是实践、理论、制度紧密结合的，既把成功的实践上升为理论，又以正确的理论指导新的实践，还把实践中已见成效的方针政策及时上升为党和国家的制度。所以，中国特色社会主义特就特在其道路、理论体系、制度上，特就特在其实现途径、行动指南、根本保障的内在联系上，特就特在这三者统一于中国特色社会主义伟大实践上。"中国特色社会主义对于推进世界社会主义发展的主要贡献在于：

第一，中国特色社会主义道路开辟了人类创造美好生活之路。中国特色社会主义的伟大实践表明，"中国特色社会主义道路是实现我国社会主义现代化的必由之路，是创造人民美好生活的必由之路"。这条道路是"1840年以来特别是甲午战争以来，中国人民对其他救国途径的尝试全部碰壁之后作出的历史性选择，是中国共产党和人民历尽千辛万苦、付出巨大代价取得的根本成就"。这条发展道路在指导思想上坚持马克思主义一元主导和多元文化并存的统一，在发展路径选择上坚持社会主义方向的坚定性和途径的灵活性的统一，在总体布局上坚持发展内容的全面性与发展战略的重点性的统一，在制度安排上坚持社会主义的原则性与民族性的统一。总的来看，中国特色社会主义道路既坚持科学社会主义基本原则，又具有鲜明的中国特色，体现了普遍性与特殊性的统一。中国特色社会主义道路是一条实现民族振兴、国家富强、人民幸福、社会和谐的发展道路。这条道路的开辟，标志着中国共产党人经过90多年的实践探索，对社会主义建设规律和中国社会主义发展道路形成了系统的认识，也标志着我们党初步破解了社会主义发展史上的一个"历史难题"，即在经济文化比较落后的国家如何建设、巩固和发展社会主义的难题，从而实现了科学社会主义在当代中国的新发展。正如习近平同志所说："中国特色社会主义道路，使社会主义这一人类社会的美好理想在古老的中国大地上变成了具有强大生命力的成功道路和制度体系。这不仅为中华民族实现伟大复兴提供了重要制度保障，而且为人类社会走向美好未来提供了具有充分说服力的道路和制度选择。"

第二，中国特色社会主义理论体系是当代中国的马克思主义，"是根植于中国大地、反映中国人民意愿、适应中国和时代发展进步要求的科学社会主义"。中国特色社会主义理论体系是马克思列宁主义与中国实际和时代特征相结合的产物，是科学社会主义理论逻辑与中国经济社会发展历史逻辑的统一。习近平同志指出：中国特色社会主义理论体系是对马克思列宁主义、毛泽东思想的坚持和发展，"是指导党和人民沿着中国特色社会主义道路实现中华民族伟大复兴的正确理论，是立于时代前沿、与时俱进的科学理论"。中国特色社会主义理论体系系统地解决了在中国这样人口多底子薄的东方大国建设什么样的社会主义、怎样建设社会主义这个根本问题，使中国快速发展起来，使中国人民生活水平快速提高起来，为社会主义摆脱困境、向健康方向发展提供了一个成功的范例，为一些国家的探索和对历史经验的反思提供了可借鉴的经验。今天，中国改革开放的成功实践已经证明：当今世界，马克思主义并没有过时，社会主义取代资本主义仍然是人类社会发展的基本规律。这必然有助于世界上的共产党人坚定对马克思主义的信仰、对社会主义的信念，努力去探求适合本国国情的社会主义理论和社会主义道路，从而推进世界社会主义运动的发展。

第三，中国特色社会主义制度为人类对更好社会制度的探索提供了中国方案。党的十八大对我们党长期探索确立的中国特色社会主义制度作了明确的阐释，强调"中国特色社会主义制度，就是人民代表大会制度的根本政治制度，中国共产党领导的多党合作和政治协商制度、民族区域自治制度以及基层群众自治制度等基本政治制度，中国特色社会主义法律体系，公有制为主体、多种所有制经济共同发展的基本经济制度，以及建立在这些制度基础上的经济体制、政治体制、文化体制、社会体制等各项具体制度"。党的十八大之后，习近平同志对这一制度的特色和优势作了更深入的阐释。他指出："中国特色社会主义制度，坚持把根本政治制度、基本政治制度同基本经济制度以及各方面体制机制等具体制度有机结合起来，坚持把国家层面民主制度同基层民主制度有机结合起来，坚持把党的领导、人民当家做主、依法治国有机结合起来，符合我国国情，集中体现了中国特色社会主义的特点和优势，是中国发展进步的根本制度保障。"

1985年，邓小平曾预言："我们的改革不仅在中国，而且在世界范围内也是一种试验，我们相信会成功。如果成功了，可以对世界上的社会主义事业和不发达国家的发展提供某些经验。"邓小平的这段预言已经被30多年的实践所证实。中国特色社会主义的成功，"使具有500年历史的社会主义主张在世界上人口最多的国家成功开辟出具有高度现实性和可行性的正确道路，让科学社会主义在21世纪焕发出新的蓬勃生机"。

三、中国特色社会主义拓展了发展中国家走向现代化的途径

实现现代化是近代以来世界各国发展的必由之路。但由于不同国家国情不同、历史文化传统不同，走向现代化的时机选择、道路选择和制度安排也不一样。在世界现代化的历史进程中，中国属于后来者。习近平同志曾明确指出："中国实现现代化，是人类历史上前所未有的大变革。中国实现了现代化，意味着比现在所有发达国家人口总和还要多的中国人民将进

入现代化行列。"这表明，中国实现现代化，对中华民族乃至对整个世界都具有十分重要的意义。但像中国这样一个人口众多、经济文化落后的发展中大国实现现代化，在人类历史和世界现代化史上没有任何先例可循。中国"独特的文化传统，独特的历史命运，独特的国情，注定了中国必然走适合自己特点的发展道路。我们走出了这样一条道路，并且取得了成功"。

经过新中国成立以来近70年的曲折探索和改革开放40年的实践，中国人民在中国共产党的领导下，走出了一条适合中国国情的社会主义现代化道路。

——这是一条从本国国情出发确立的现代化道路。新中国成立之后，我们曾试图照搬苏联社会主义现代化模式，但由于苏联模式不适合中国，我们的现代化走了一段不小的弯路，致使我们与西方发达国家的差距进一步拉大了。改革开放之初，以邓小平同志为核心的第二代中央领导集体总结了中国社会主义建设正反两方面的历史经验，根据中国国情的特殊性，提出要探索"中国式的现代化"道路。经过30多年的实践探索，我们终于开辟了中国特色社会主义现代化道路。在西方学者看来，中国改革开放取得的成就与中国选择适合中国国情的现代化道路是分不开的。习近平同志指出："中国立足自身国情和实践，从中华文明中汲取智慧，博采东西方各家之长，坚守但不僵化，借鉴但不照搬，在不断探索中形成了自己的发展道路。"中国现代化的成功实践表明，一切民族国家都将走向现代化，但现代化的道路是多样的，绝不是只有西方现代化一条道路。中国现代化的成功实践给发展中国家一个重要启迪：只有适合本国国情的现代化道路才是最好的。

——这是一条以人民为中心、把人民利益放在首位的现代化道路。以人民为中心，实现好维护好发展好最广大人民的利益，是马克思主义关于实现人类解放和实现人的自由全面发展思想的体现，是无产阶级政党的根本特性，是中国共产党全心全意为人民服务宗旨的体现。带领人民创造幸福生活，是我们党始终不渝的奋斗目标，是我们一切工作的出发点和落脚点。改革开放初期，邓小平就曾明确指出："社会主义现代化建设是我们当前最大的政治，因为它代表着人民的最大的利益、最根本的利益。"习近平同志在谈到中国道路时指出："中国秉持以人民为中心的发展思想，把改善人民生活、增进人民福祉作为出发点和落脚点，在人民中寻找发展动力、依靠人民推动发展、使发展造福人民。"这种以鲜明的人民立场确立的现代化道路与西方资本主义现代化道路具有明显的不同。资本主义现代化道路是以资本为本确立的发展道路，最终目的是帮助银行家、金融家。中国的现代化实践表明，只有坚持以人民为中心，坚持人民的主体地位，发挥人民群众的首创精神，现代化才能获得不竭的动力，才能实现新的跨越。

——这是一条改革创新的现代化道路。在现代化进程中，我们党始终视创新为民族进步的灵魂和现代化的动力，弘扬改革创新的时代精神，努力把社会主义制度优势与市场经济配置资源的优势结合起来，把经济持续高速增长与社会全面协调发展结合起来，把政府宏观调控与市场微观运行结合起来，把效率与公正协调起来，把传统与现代结合起来，把国外现代化的成功经验与中国的具体实际结合起来，努力探索改革创新的发展道路。在现代化实践过程中，经过长时间的探索，我们走出了一条"生产技术先进、经营规模适度、市场竞争力强、生态环境可持续的中国特色新型农业现代化道路"；我们把生态文明理念和原则全面融入城镇化全过程，努力探索"集约、智能、绿色、低碳的新型城镇化道路"；我们充分借鉴和吸收先进国家的经验，根据本国国情选择了适合自身特点的工业化道路。习近平同志指出："中国坚持通过改革破解前进中遇到的困难和挑战，敢于啃硬骨头、涉险滩，勇于破除妨碍发展的体制机制障碍，不断解放和发展社会生产力，不断解放和增强社会活力。""中国现代化的实践表明，创新是一个民族进步的灵魂，是一个国家兴旺发达的不竭动力。面对当今世界经济增长乏力的困境，我们必须在创新和变革中寻找出路。"只有敢于创新、勇于变革，才能突破世界经济增长和发展的瓶颈。"

——这是一条跨越式的现代化发展道路。世界现代化的历史进程表明，经济文化落后国家要想迅速实现现代化，必须制定切合实际的赶超战略。正因为如此，第二次世界大战之后，在民族解放运动中诞生的一系列经济文化落后国家都先后制定了赶超战略，但绝大多数国家由于脱离本国实际没有取得成功，仍然未能改变贫穷落后的状况。"中国是世界上最大的发展中国家。中国发展取得了历史性进步，经济总量已经跃升到世界第二位。作为有着 13 亿多人口的国家，中国用几十年的时间走完了发达国家几百年走过的发展历程，无疑是值得骄傲和自豪的。"中国现代化的实践表明，发展中国家实现跨越式发展是可能的，中国的成功给占世界总人口 3/4 的发展中国家走出了一条新路。

——这是一条在开放中谋求共同发展的道路。改革开放以来，"中国从一个积贫积弱的国家发展成为世界第二大经济体，靠的不是对外军事扩张和殖民掠夺，而是人民勤劳、维护和平"。中国倡导的"和谐世界"理念和正在走的"和平发展"道路，对于应对全球危机、解决全球性问题、维护世界和平具有重要的启示意义。习近平同志指出："中国坚持对外开放基本国策，奉行互利共赢的开放战略，不断提升发展的内外联动性，在实现自身发展的同时更多惠及其他国家和人民。"国际金融危机之下西方现代化遭遇的困境和中国现代化的成功实践表明，西方现代化道路并非人类通向现代化的唯一道路，中国现代化道路是有别于西方现代化道路的另一种选择或另一种方案，必将在广大发展中国家产生一定的示范效应。

（原载于《当代世界与社会主义》2017 年第 5 期）

改革开放的成功为解决人类问题贡献了中国智慧中国方案

严书翰——　中共中央党校（国家行政学院）教授，博士生导师，中央马克思主义理论研究和建设工程专家，中国社会科学院世界社会主义研究中心副主任。

为什么中国一定要而且能够为人类社会作出重要贡献？如何理解中国改革开放的成功为解决人类问题贡献了中国智慧中国方案？这是许多人十分关心因而需要作出进一步回答和阐析的重要问题。

一、中国一定要而且能够为人类社会作出重要贡献

简要地讲，这是由中国特色社会主义的制度性质和我们党的历史使命所决定的。展开来讲，这是因为中国特色社会主义是社会主义而不是其他什么主义。而社会主义从本质上讲，它是开放的、世界性的，绝不是封闭的、地域性的。这是马克思恩格斯世界历史理论的重要内容。中国共产党是以马克思主义理论武装起来的无产阶级政党，为中国人民谋幸福，为中华民族谋复兴，为世界作贡献，这是它的历史使命。我们中华民族历来有自立于世界民族之林的雄心壮志。为人类社会作出重要贡献，是中华民族

的决心，也是中国共产党人的庄严承诺。

（一）党的十八大之前中国共产党关于中国应当对于人类有较大贡献的重要论述

1956年，毛泽东在《纪念孙中山先生》一文中就指出："事物总是发展的。一九一一年的革命，即辛亥革命，到今年，不过四十五年，中国的面目完全变了。再过四十五年，就是二千零一年，也就是进到二十一世纪的时候，中国的面目更要大变。中国将变为一个强大的社会主义工业国。"据此毛泽东豪迈地提出："中国应当对于人类有较大的贡献。"20世纪60年代，毛泽东在谈到"三个世界"划分和支持被压迫民族和人民斗争时多次强调了这个论断。

改革开放之初，邓小平在接见外宾时也多次讲到这个问题。他指出，中国"对人类做出贡献，我是从两方面来讲的：一是我们摆脱了贫困，表明占人类四分之一人口的国家做到了这件事，就可以给人类做更多贡献。这种贡献，包含对不发达的国家提供如何发展自己国家的经验，也可以对他们的发展提供比较多的帮助。二是中国每发展一步，就使国际的和平力量增加一分。中国是一个和平稳定的力量"。党的十四大是在世界社会主义运动遭受严重挫折的背景下召开的，江泽民在党的十四大上指出："任何新兴社会制度的产生、巩固和发展，必然是充满牺牲奋斗，交织着成功和失败的曲折过程。""有中国特色的社会主义事业蓬勃发展，必将对世界社会主义事业和人类进步事业做出重大贡献。"胡锦涛在党的十七大上强调："中国发展离不开世界，世界繁荣稳定也离不开中国。中国人民将继续同各国人民一道，为实现人类的美好理想而不懈努力。"

（二）党的十八大之后中国共产党关于中国应当对于人类有较大贡献思想的进一步发展

"十八大以来，国内外形势变化和我国各项事业发展都给我们提出了一个重大时代课题，这就是必须从理论和实践结合上系统回答新时代坚持和发展什么样的中国特色社会主义、怎样坚持和发展中国特色社会主义。"围绕这个重大时代课题，以习近平同志为核心的党中央坚持以马克思主义为指导，坚持解放思想、实事求是、与时俱进、求真务实，坚持辩证唯物主义和历史唯物主义，紧密结合新的时代条件和实践要求，以全新的视野深化对共产党执政规律、社会主义建设规律、人类社会发展规律的认识，进行艰辛理论探索，取得重大理论创新成果，形成了习近平新时代中国特色社会主义思想。中国应当对于人类有较大贡献是新思想的重要内容。

党的十八大后，习近平提出要实现中华民族伟大复兴的中国梦，这是中华民族雄心壮志的集中体现，也是中国共产党人的精神旗帜。"习近平总书记多次宣示：中国梦是和平、发展、合作、共赢的梦，与世界各国人民的美好梦想息息相通。"这是因为在"中国梦"中包含中华民族要为人类社会作出重要贡献的思想，这一珍贵思想源自于中华优秀传统文化。自古以来，"以和为贵""天下大同""和谐万邦"等理念深深熔铸于中华民族的精神世界之中。海纳百川、有容乃大。中华优秀传统文化是一种包容性文化。2100多年前，中国人就开通了丝绸之路，推动了东西方文明的交流。600多年前，郑和率领强大船队"七下西洋"，远涉亚非30多个国家，留下了与沿途各国人民友好交往的佳话。中华优秀传统文化是一种具有超越性特点的文化，它能超越文明隔阂、文明冲突和文明优越，因而能源远流长、影响世界。正如习近平指出的那样，中华民族"曾经谱写了万里驼铃万里波的浩浩丝路长歌，也曾经创造了万国衣冠会长安的盛唐气象"。正是中华民族的变革和开放精神，"使中华文明成为人类历史上唯一一个绵延5000多年至今未曾中断的灿烂文明"。中国提出共同构建人类命运共同体和共建"一带一路"，符合中华民族历来秉持的"天下大同"理念，符合中国人民"怀柔远人、和谐万邦"的天下观，从而占据了人类社会道义的制高点。

习近平在庆祝建党95周年大会上指出："为人类不断作出新的更大贡献，是中国共产党和中国人民早就作出的庄严承诺。"2017年1月，习近平在联合国日内瓦总部的演讲中全面论述了中国提出的共同构建人类命运共同体的构想，呼吁世界各国共同建设持久和平、普遍安全、共同繁荣、开放包容、清洁美丽的世界，受到国际社会高度评价和热烈响应。此后，共同构建人类命运共同体被多次写入联合国文件。习近平在党的十九大上指出：中国特色社会主义的成功和不断发展，"拓展了发展中国家走向现代化的途径，给世界上那些既希望加快发展又希望保持自身独立性的国家和民族提供了全新选择，为解决人类问题贡献了中国智慧和中国方案"。

二、中国改革开放的成功为当今世界作出了重要贡献

中国特色社会主义道路也就是改革开放的道路，中国改革开放的成功，为解决人类问题贡献了中国智慧和中国方案。

（一）改革开放的成功为发展中国家走向现代化提供了全新选择

现代化是世界历史潮流，当今世界上共有200多个国家和地区，没有哪个国家说自己是拒绝现代化的。但是，由于西方发达国家先于发展中国家走上现代化道路近200年之久，还由于制度和价值观的差异，西方发达国家尤其是美国总认为他们的现代化模式是最成功的，世界各国都应当效法"西方模式""美国模式"，这样的主张体现在价值观上就形成了"普世价值"。我们是坚决反对"普世价值"的。这是因为西方国家尤其是美国所讲的"普世价值"，是把他们的价值观加以包装然后说成是对世界各国都普遍适用的价值观，还要求各个国家都要实施。如果有些国家对此说"不"，他们就对这些国家进行攻击、污蔑，有的甚至以此为借口对这些国家实行武力干涉。我们坚决反对这样的"普世价值"，但我们并不否认或反对人类社会存在的共同价值。

对于广大发展中国家而言，面对不可阻挡的世界现代化历史潮流，他们既希望加入现代化进程又希望保持自身独立性。当然，要实现这样的选择并非易事，我们看到的现实是：一些发展中国家照搬西方现代化模式如西方政治制度和政党制度模式，结果如何呢？很多国家陷入政治动荡、社

会动乱，人民流离失所。活生生的例子就在眼前，已经屡见不鲜。

我们并不笼统地反对西方现代化模式，我们所讲的大胆吸收和借鉴人类社会创造的一切文明成果，就包括西方现代化创造的文明成果。但是，历史、现实和理论都告诉人们：现代化绝不是只有西方模式。中国古人早就说过"橘生淮南则为橘，生于淮北则为枳"，"物之不齐，物之情也"等，这些话是很有哲理的。它告诉人们包括现代化模式在内的一切事物的发展都是多样的、丰富多彩的。

中国改革开放 40 年的实践，就是一种非常成功的现代化模式。我们既强调要解放思想又要求必须实事求是，既强调独立自主、自力更生又注重对外开放、合作共赢，既坚持社会主义制度又坚持社会主义市场经济改革方向，既"摸着石头过河"又加强顶层设计等。正如习近平指出的："中国人民的成功实践昭示世人，通向现代化的道路不止一条，只要找准正确方向、驰而不息，条条大路通罗马。"党的十九大指出了以改革开放为鲜明特征的中国特色社会主义道路开辟的世界意义。

（二）如何理解中国改革开放的成功为解决人类问题贡献了中国智慧和中国方案

中国改革开放的成功为解决当今人类问题作出了重要贡献，在这些贡献中，有些是可以用数据来表达的。比如，今天的中国已经成为世界第二大经济体、第一大工业国、第一大货物贸易国、第一大外汇储备国（简称四个"大"），220 多种产品产量居世界第一。40 年来，按照可比价格计算，我国国内生产总值年均增长约 9.5%；以美元计算，我国对外贸易额年均增长 14.5%。国际金融危机爆发以来，中国经济增长对世界经济增长的贡献率年均在 30% 以上。中国人民的生活从短缺走向充裕、从贫困走向全面小康，提前完成联合国"千年发展目标"和"可持续发展议程"中对发展中国家消除贫困人口的要求。

还比如，中国目前已经是联合国会费的第三大承担国，联合国维和行动捐款的第二大贡献国，联合国安理会常任理事国中派出维和部队最多的国家，对世界经济增长和全球减贫贡献最大的国家等。据统计，自2013年至2018年，"我们同'一带一路'相关国家的货物贸易额累计超过5万亿美元，对外直接投资超过600亿美元，为当地创造20多万个就业岗位，我国对外投资成为拉动全球对外直接投资增长的重要引擎"。

又比如，1950年至2016年，中国在自身长期发展水平和人民生活水平不高的情况下，累计对外提供援款4000多亿元人民币，实施各类援外项目5000多个，其中成套项目近3000个，举办11000多期培训班，为发展中国家在华培训各类人员26万多名。改革开放以来，中国累计吸引外资超过1.7万亿美元，累计对外直接投资超过1.2万亿美元，为世界经济发展作出了巨大贡献。这些数字，在世界上都是名列前茅的。

还比如，党的十八大以来，我国已举办了6场大型主场外交活动和首届中国国际进口博览会。2014年11月，在北京举行亚太经合组织领导人峰会；2016年9月，在杭州举行二十国集团领导人峰会；2017年5月，在北京举行"一带一路"国际合作高峰论坛；2017年9月，在厦门举行金砖国家领导人会晤；2018年6月，在青岛举行上海合作组织成员国元首理事会；2018年9月，在北京举行中非合作论坛峰会。11月5日，首届中国国际进口博览会在上海开幕，这是迄今为止世界上第一个以进口为主题的国家级展会，是国际贸易发展史上一大创举。体现了中国支持多边贸易体制，推动发展自由贸易的一贯立场，是中国推动建设开放型世界经济、支持经济全球化的实际行动。

我国连续举办这些大型主场外交活动和首届进博会，一方面体现了我国社会主义制度可以集中力量办大事的优势，另一方面表明了中国为构建人类命运共同体和推进"一带一路"建设正在扎扎实实地作贡献。

中国改革开放的成功对当今人类社会所作的贡献有些虽然不能用数据表达，但是这些贡献是极为重要的，因为它为解决人类问题作出了具有原创性、时代性的贡献。

首先，如何对待经济全球化，这是困扰当今世界各国尤其是广大发展中国家的两难问题。中国也是发展中国家而且现在仍然是世界上最大的发展中国家。中国改革开放 40 年实践，成功地解决了这个问题，当然这也经历了一个过程，不是一蹴而就的。

在改革开放初期，我们对是否要参与经济全球化也有过疑虑，对加入世界贸易组织也有过忐忑。在解放思想和总结改革开放实践经验基础上，我们的思想迅速地赶上了时代。我们认为，经济全球化是社会生产力发展的客观要求和科技进步的必然结果，不是哪些人、哪些国家人为造出来的。经济全球化为世界经济增长提供了强劲动力，促进了商品和资本流动、科技和文明进步、各国人民交往。同时，我们也看到经济全球化确实是一把"双刃剑"，是有负面影响的。但是我们认为不能因噎废食，融入经济全球化这是历史发展的大方向。

在改革开放过程中，我们体会到中国经济要发展，就要敢于到世界市场的汪洋大海中去游泳，如果永远不敢到大海中去经风雨、见世面，总有一天会在大海中溺水而亡。所以，中国勇敢迈向了世界市场，加入了世界贸易组织，毅然选择了积极参与全球化。当然，在这个过程中，我们呛过水，遇到过漩涡，遇到过风浪，但是我们在游泳中学会了游泳。这是正确的战略抉择。正如习近平指出的那样，世界经济的大海，你要还是不要，都在那儿，是回避不了的。想人为切断各国经济的资金流、技术流、产品流、产业流、人员流，让世界经济的大海退回到一个一个孤立的小湖泊、小河流，是不可能的，也是不符合历史潮流的。

世界上没有十全十美的事物，因为事物存在优点就把它看得完美无缺是不全面的，因为事物存在缺点就把它看得一无是处也是不全面的。习近平深刻指出："经济全球化确实带来了新问题，但我们不能就此把经济全球化一棍子打死，而是要适应和引导好经济全球化，消解经济全球化的负面影响，让它更好惠及每个国家、每个民族。"

人类历史告诉我们，有问题不可怕，可怕的是不敢直面问题，找不到解决问题的思路。面对经济全球化带来的机遇和挑战，正确的选择是，充分利用一切机遇，合作应对一切挑战，引导好经济全球化走向。既要积极参与经济全球化，又要努力消解其负面影响，这是中国在总结改革开放 40 年实践经验基础上形成的对待经济全球化的态度和对策，这是中国改革开放为解决人类问题提出的中国方案，而这样的贡献是具有原创性、时代性的。

其次，既消除了国内贫困，又为世界减贫事业作出贡献。这个贡献也是具有原创性和时代性的。消除贫困，这是自古以来人类梦寐以求的理想，是各国人民追求幸福生活的基本权利。中国在消除国内贫困上充分彰显了中国特色社会主义制度的优越性，从而为世界减贫事业作出重大贡献。

2000 年 9 月，在美国纽约联合国总部召开了有 180 多个国家代表（其中包括 150 多个国家元首或政府首脑）参加的会议，通过了《联合国千年宣言》（亦称"千年发展目标"），制定了消除极端贫困和饥饿、普及初等教育、促进两性平等并赋予妇女权益等一系列具体指标，多数指标以 1990 年为基准年、2015 年为完成年。根据联合国"千年发展目标"的规定，到 2015 年中国只要脱贫 3 亿多人口即达标，但我们实际脱贫人口达 7 亿多，占同期全球减贫人口总数 70% 以上。

2015 年 9 月，联合国召开由 193 个国家参加的峰会，会上达成了《2030 年可持续发展议程》，其中规定：到 2030 年所有发展中国家的贫困人口基本脱贫。党的十八大以来，中国的扶贫脱贫工作取得了历史最好成绩。有 6000 多万农村人口稳定脱贫，年均减贫 1391 万人，贫困发生率由 2012 年的 10.2% 下降到 2017 年的 3.1%。根据党的十九大部署，我国到 2020 年将实现农村人口全部脱贫，这比联合国《2030 年可持续发展议程》对发展中国家减贫目标的规定又提前了 10 年，再次为人类减贫事业作出重大贡献。

此外，我们还要看到，60 多年来，中国先后 7 次宣布无条件免除重债穷国和最不发达国家对华到期政府无息贷款债务。中国积极向亚洲、非洲、拉丁美洲和加勒比地区、大洋洲的 69 个国家提供医疗援助，先后为 120 多个发展中国家落实"千年发展目标"提供帮助。中国提出共建"一带一路"，倡议筹建亚洲基础设施投资银行，设立丝路基金等，就是要支持发展中国家开展基础设施建设，帮助他们增强自身发展能力，更好融入全球供应链、产业链、价值链，这些倡议和举措都为国际减贫事业注入新活力。今天中国正在落实联合国《2030 年可持续发展议程》，为实现全球范围平衡发展而努力。总之，中国为全球减贫事业提出了中国方案，作出了重大贡献。

三、坚持人类社会共同价值观，构建人类命运共同体

在中国为解决人类问题所贡献的中国智慧中，最卓越的智慧就是提出了共同构建人类命运共同体。这个伟大构想顺应了历史潮流，契合了各国人民要发展、要合作、要和平生活的美好愿望。自提出以来，得到越来越多国家和人民的欢迎和认同，并被多次写进了联合国重要文件。"一带一路"则是在共同构建人类命运共同体伟大构想指引下的重大倡议。自提出以来，已有 100 多个国家和国际组织同中国签署了合作协议。总之，共同构建人类命运共同体伟大构想和"一带一路"倡议的提出，对人类社会所作的贡献是具有原创性和时代性的。

（一）提出共同构建人类命运共同体的依据和内涵

习近平提出共同构建人类命运共同体是经过深思熟虑而且有充分依据的。首先，宇宙只有一个地球，人类共有一个家园。这是提出共同构建人类命运共同体的首要依据。习近平指出："这个世界，各国相互联系、相互依存的程度空前加深，人类生活在同一个地球村里，生活在历史和现实交汇的同一个时空里，越来越成为你中有我、我中有你的命运共同体。"因此，"各国之间的联系从来没有像今天这样紧密，世界各国人民对美好生活的向往从来没有像今天这样强烈，人类战胜困难的手段从来没有像今天这样丰富。"我们应当抓住这个历史机遇，毅然作出正确选择，推动共同构建人类命运共同体，共同开创人类更加光明的未来。

其次，这是回答时代之问得出的正确结论。习近平指出："当今世界充

满不确定性，人们对未来既寄予期待又感到困惑。世界怎么了、我们怎么办？这是整个世界都在思考的问题，也是我一直在思考的问题。"

回答这个时代之问就必须看到，当今人类社会正处在大发展大变革时期。世界多极化、经济全球化深入发展，社会信息化、文化多样化持续推进，新一轮科技革命和产业革命正在孕育发生，各国相互联系、相互依存更加紧密，全球命运与共、休戚相关，和平力量上升大大超过战争因素的增长，和平、发展、合作、共赢的时代潮流更加强劲。

同时还必须看到，当今人类社会正处在挑战层出不穷、风险日益增多的时代。2008 年国际金融危机虽然已过去 10 年，但世界经济增长乏力，金融危机随时都可能再次爆发，发展鸿沟日益突出，贫富分化严重，兵戎相见常常发生，冷战思维和强权政治阴魂不散，恐怖主义、网络安全、气候变化、重大传染性疾病等非传统安全威胁持续蔓延。国际格局中以西方占主导、国际关系理念中以西方价值观为取向的"西方中心论"已难以持续，西方国家的治理理念和模式越来越不适应当今国际格局变化和时代潮流发展。和平赤字、发展赤字、治理赤字等，是摆在全人类面前的严峻挑战。

回答这个时代之问的结论只能是：坚持和平发展、携手合作，才能实现共赢、多赢，世界各国必须同舟共济，共同维护和促进世界和平发展。总之，共同构建人类命运共同体的伟大构想，是习近平着眼人类发展和世界前途提出的中国理念、中国方案，反映了人类社会共同的价值追求，汇聚了世界各国人民对和平、发展、繁荣向往的最大公约数，为人类社会实现共同发展、持续繁荣、长治久安绘制了蓝图，指明了前进方向，使社会主义中国站在了真理和人类社会道义的制高点。

共同构建人类命运共同体内涵丰富，它至少包括共同构建人类命运共同体的目标，以及为达到这个目标的路径。习近平提出的要"建设持久和平、普遍安全、共同繁荣、开放包容、清洁美丽的世界"，这就是共同构建人类命运共同体要达到的目标。为达到这个令人向往的目标，需要共同努力沿着以下这五条基本路径（即五个"坚持"）前进。

第一，坚持对话协商，建设一个持久和平的世界。相互尊重、平等协商，坚决摒弃冷战思维和强权政治，走对话而不对抗、结伴而不结盟的国与国交往新路。这是我们在总结人类历史上战乱频发、生灵涂炭的惨痛教训后得出的结论，国家斗，则世界乱，国家和，则世界安。这也是世界各国人民的共同希望；第二，坚持共建共享，建设一个普遍安全的世界。总结漫长的国际关系史尤其是第一次世界大战爆发以来的国际关系史，可以清楚地看出：一国的安全不能建立在别国的动荡之上，他国的动荡也可能导致对本国的挑战。要真心合作，坚持以对话解决争端，以协商化解分歧，共同应对传统和非传统安全威胁。单则易折、众则难摧，更不能搞以邻为壑。国家不论强弱、贫富、大小以及历史文化传统、社会制度等方面存在多大差异，都要尊重和照顾其合理安全关切。各国都应树立共同、综合、合作、可持续的新安全观；第三，坚持合作共赢，建设一个共同繁荣的世界。要推动经济全球化朝着更加开放、包容、普惠、平衡、共赢的方向发展。各国尤其是主要经济体要加强宏观政策协调，着力解决深层次问题，抓住新一轮科技革命和产业变革的历史性机遇，转变经济发展方式，坚持创新驱动，进一步发展社会生产力。经济全球化是历史发展的趋势，要加强协调、完善治理，引导经济全球化健康持续发展；第四，坚持交流互鉴，人类文明多样性既是当今世界的客观现实，又是基本特征。多样带来交流，交流孕育融合，融合产生进步。第二次世界大战以来尤其是冷战结束以来的世界历史发展的经验和教训，告诉人们：一定要尊重世界文明多样性，要以建设一个开放包容的世界为目标。以文明交流超越文明隔阂，以文明互鉴超越文明冲突，以文明共存超越文明优越。只有这样才能建设开放包容的世界；第五，坚持绿色低碳，建设一个清洁美丽的世界。从全球角度看绿色低碳，更能清楚领会人与自然是生命共同体。伤及自然最终也会伤及人类自身，建设生态文明关乎人类未来。人类决不能吃祖宗饭、断子孙路，用破坏性方式搞发展。要牢固树立尊重自然、顺应自然、保护自然的意识，倡导绿色、低碳、循环、可持续的生产生活方式，走生产发展、生活富裕、生态良好的文明发展道路，构筑尊崇自然、绿色发展的全球生态体系。

共同构建人类命运共同体，建设持久和平、普遍安全、共同繁荣、开放包容、清洁美丽的世界，是人类社会的美好目标，实现这个目标是一个很长的历史过程。当前应把推动建设相互尊重、公平正义、合作共赢的新型国际关系作为首要原则。建设新型国际关系就是各国要秉持相互尊重原则，共同追求国际关系和国际秩序中的公平正义，携手合作、同舟共济、互利共赢。其中相互尊重是前提，公平正义是准则，合作共赢是目标。积土成山，集水成河。世界各国共同努力建设新型国际关系，就能为共同构建人类命运共同体开辟道路、创造前提条件。

（二）中国在共同构建人类命运共同体中积极作为

共同构建人类命运共同体是中国首先提出来的，中国有能力而且已经为这个美好目标的实现积极行动、作出贡献。

1. 提出并实施"一带一路"倡议。"一带一路"倡议是 2013 年秋天习近平访问哈萨克斯坦和印度尼西亚时提出来的，也就是共建"丝绸之路经济带"和"21 世纪海上丝绸之路"。这是一个在共同构建人类命运共同体目标指引下功在当代、利在千秋的重大倡议。提出"一带一路"倡议站位很高、立意深远并且已经初见成效。

我们说提出"一带一路"倡议站位很高，这可以从现实和发展的维度来理解。当今世界正发生百年未有之大变局，人类面临众多共同挑战。面对世界多极化、经济全球化、社会信息化、文化多样化深入发展，该怎样减少和平赤字、发展赤字、治理赤字？应当以互联互通为着力点，促进生产要素自由便利流动，打造多元合作平台，习近平提出"一带一路"倡议，正是要开辟一条人类社会相遇相知、共同发展之路，实现共赢发展和共享发展。

"发展是解决一切问题的总钥匙。"当今世界的很多难题，如恐怖主义、政局动荡、冲突战乱、难民危机等，其深层次原因就在于发展不足。和平与发展互为条件，没有和平，发展无从谈起；没有发展，也难有和平安宁，更不会有应对全球共同挑战的基础。在发展问题上，各国相互依存，谁也不可能独善其身。"一带一路"倡议之所以能成为"最受欢迎的国际公共产品"，之所以应者云集，就是因为它找到了发展这个最大公约数，回应了各国人民的共同期待。

我们说提出"一带一路"倡议立意深远，是指它既顺应了历史潮流的趋势，又是面向未来的正确抉择。习近平指出："古丝绸之路绵亘万里，延续千年，积淀了以和平合作、开放包容、互学互鉴、互利共赢为核心的丝路精神。这是人类文明的宝贵遗产。"古老的大陆，辽阔的大洋，丝路精神跨越地域、跨越民族、跨越文化、跨越宗教。我们的祖先挽起人类友好交往的纽带，写下文明交流的历史篇章。千古常新的丝路精神告诉人们，无论相隔多远，只要我们勇敢迈出第一步，坚持相向而行，就能走出一条相遇相知、共同发展之路，走向幸福安宁和谐美好的远方。

习近平还提出要把"一带一路"建设成为和平之路、繁荣之路、开放之路、创新之路、文明之路，这是中国提出"一带一路"倡议的真诚初衷。回答了建设什么样的"一带一路"、怎样建设好"一带一路"等重大问题。"一带一路"建设植根于历史，但是是面向未来的；"一带一路"源自中国，但是是属于世界的。数百年来，殖民主义者杀戮掠夺、巧取豪夺的历史，在各国人民心中留下了深深伤痕。今天的经济全球化，决不能让这样的历史悲剧重演。我们这一代人要接过历史接力棒，继续在和平与发展的道路上奋勇向前，这也是世界各国人民的共同愿望。和平之路，意味着构建以合作共赢为核心的新型国际关系，打造和平安宁的发展环境。繁荣之路，聚焦发展这个根本性问题，目标在于实现经济大融合、发展大联动、成果大共享。开放之路，要求以开放为导向，解决经济增长和平衡问题，携手构建广泛的利益共同体。创新之路，意义在于坚持创新驱动发展，倡导绿色、低碳、循环、可持续的生产生活方式。文明之路，追求以文明交流超越文明隔阂、文明互鉴超越文明冲突、文明共存超越文明优越，推动各国相互理解、相互尊重、相互信任。以此为蓝图，沿途各国共同努力，"一带一路"建设必将开启新的征程，必将开创发展的新机遇、新动力、新空间，造福世界、造福人民。

从站位很高和立意深远的维度分析"一带一路"，从中我们可以清楚地看出：这是习近平深刻思考人类前途命运以及中国和世界发展大势，为促进全球共同繁荣、打造共同构建人类命运共同体的重要平台作出的重大战略决策，开辟了我国参与和引领全球开放合作的新境界，在世界发展史上具有里程碑意义。

由于"一带一路"包含着共商共建共享的原则和互利共赢的理念，呈现出开放包容的特征，从而使"一带一路"倡议展现出强大吸引力和感召力。5年来，全球100多个国家和国际组织积极支持和参与"一带一路"建设，联合国已将"一带一路"纳入重要决议。"一带一路"已经从"政策沟通、设施联通、贸易畅通、资金融通、民心相通"的理念层面转化为行动、从愿景层面转化为现实，"一带一路"建设已初见成效。其中包含的中国贡献，可以从这一系列靓丽的数据、扎实的举措中体现出来。2017年，中国又向丝路基金新增资金1000亿元人民币，向南南合作援助基金增资10亿美元，在沿线国家实施100个"幸福家园"、100个"爱心助困"、100个"康复助医"等项目。我国鼓励金融机构开展人民币海外基金业务，建设"一带一路"自由贸易网络，启动"一带一路"科技创新行动计划，在沿线国家开展科技人文交流、共建联合实验室、科技园区合作、技术转移4项行动等。这些掷地有声的举措在给沿线各国人民带来实实在在利益的同时，也让中国百姓享受到了发展的红利。

事实充分说明，"一带一路"发展战略顺应时代潮流，适应发展规律，符合各国人民利益，具有广阔前景。正如有的国际媒体所说："一带一路"建设正书写经济全球化的新篇章。中国将继续同参与各方携手同行，努力开掘推动世界经济持续增长的动力源泉，为构建和平繁荣的人类命运共同体提供强大的动力支撑。

2.积极参加全球治理体系的改革和建设。以 2001 年加入世界贸易组织为标志，中国已主动融入经济全球化。加入经济全球化就是要参加全球治理，这是权利和义务的统一。既然要加入全球治理，首先要提出全球治理观，因而中国提出了共商共建共享的全球治理观。正如习近平所指出的："中国秉持共商共建共享的全球治理观，倡导国际关系民主化，坚持国家不分大小、强弱、贫富一律平等，支持联合国发挥积极作用，支持扩大发展中国家在国际事务中的代表性和发言权。中国将继续发挥负责任大国作用，积极参与全球治理体系的改革和建设，不断贡献中国智慧和力量。"

当前世界各国相互联系相互依存度日益加深，但是现行全球治理体系跟不上时代发展，不适应现实需要的地方越来越多。突出体现在三大矛盾上：一是全球增长动力不足，难以支撑世界经济持续稳定增长。二是全球经济治理滞后，难以适应世界经济新变化。三是全球发展失衡，难以满足人们对美好生活的期待。这些问题反映出，当前世界经济增长、治理、发展模式存在必须解决的问题。国际社会对变革全球治理体系的呼声越来越高，推动全球治理体系朝着更加公正合理有效的方向发展，符合世界各国的普遍要求。

那什么样的全球治理体系对世界好呢？对世界各国好，要由各国人民商量，不能由一家说了算，不能由少数人说了算。因此，推动全球治理体系改革和建设是国际社会大家的事，要坚持共商共建共享的原则，把关于全球治理体系变革的主张转化为各方共识、形成一致行动。中国赞同并主张要推动全球治理体系改革，但不能对现有治理体系推倒重来，也不能另起炉灶，而是要创新完善，使全球治理体系更能适应世界格局的变化，最大限度地反映大多数国家特别是发展中国家的愿望和利益。中国是现行国际体系的参与者、建设者、贡献者，是国际合作的倡导者和国际多边主义的积极参与者。在推动全球治理体系改革方面，中国坚定维护以《联合国宪章》宗旨和原则为核心的国际秩序和国际体系，坚定维护第二次世界大战胜利成果，积极维护开放型世界经济体制，提高国际法在全球治理中的地位和作用，推动建设和完善区域合作机制，加强国际社会应对资源能源安全、粮食安全、网络安全，应对气候变化，打击恐怖主义，防范重大传染疾病等全球性挑战的能力。中国已经并且将继续在创新完善全球治理体系方面贡献中国智慧、中国方案、中国力量。

（原载于《文化软实力》2018 年第 4 期）